PER UN CARO AMICO
CON AMICIZIA E STIMA

"Lo straordinario flusso di emigrazione dall'Italia è stato un capitolo essenziale della storia d'Italia.
Quindi, nel momento in cui ci apprestiamo a celebrare il 150° anniversario dell'Unità, non possiamo dimenticare che nell'Italia, pur unita, tanti italiani non poterono trovare lavoro e modo di vivere e furono costretti a partire.
È stato un flusso straordinario che ha seminato tracce della presenza italiana in tutto il mondo.
Quello che sono oggi gli italiani all'estero, e quello che è oggi il patrimonio di simpatia e di amicizia per l'Italia in tutti i Paesi che ho visitato, ha anche il segno di ciò che hanno fatto i nostri emigranti quando sono andati in quei Paesi.

Sono andati in quei Paesi in condizioni durissime, che non dovremmo mai dimenticare."

"I connazionali residenti all'estero costituiscono per l'Italia un patrimonio prezioso: contribuiscono al buon nome del nostro Paese, distinguendosi nel campo della cultura, dell'imprenditoria, della scienza e della politica; creano una rete di relazioni che fornisce, ovunque nel mondo, un grande sostegno all'azione internazionale dell'Italia e contribuisce allo sviluppo dei Paesi di accoglienza.
Le nostre collettività all'estero conoscono bene, per averle affrontate con successo, le difficoltà insite nella ricerca di un equilibrio fra una sempre più efficace integrazione nelle realtà locali ed il mantenimento non retorico di legami affettivi, culturali e sociali con la madrepatria.
Si tratta di una delle sfide più importanti ed attuali delle nostre società, non solo di quella italiana, nelle quali la gestione dei fenomeni migratori richiede una forte presa di coscienza ed un'assunzione di responsabilità delle istituzioni rappresentative.
Per un Paese come l'Italia, che conosce storicamente il significato dell'emigrazione, si tratta oggi di concorrere, insieme ai propri partner europei, a fare in modo che il pieno rispetto dei principî di accoglienza e di asilo nei confronti di coloro che cercano al di fuori della Patria di origine un futuro migliore per sé ed i propri figli si concili con le esigenze di salvaguardia dei valori culturali della nostra società e di tutela del diritto alla sicurezza di tutti i cittadini."

Giorgio Napolitano
Presidente della Repubblica Italiana

PRESENTAZIONE

"Dalla valigia di cartone all'impresa"

"Dalla valigia di cartone all'impresa" di Fernando Catalano è un'opera autentica, senza remore, sulle vicissitudini che hanno contrassegnato parte dell'emigrazione italiana a partire dagli anni dell'Unità.
I motivi di interesse, offerti dal volume, sono molteplici, a cominciare dalla narrazione storica, ed in alcuni tratti dettagliata, del fenomeno.
La ricchezza di costituenti decorativi, come le testimonianze dirette di coloro che hanno, in prima persona, valicato i confini alla ricerca di un avvenire migliore per la famiglia e l'accostamento di bellissime foto, coeve, nobilitano l'intero percorso informativo.
Avventure, passioni, circostanze straordinarie quanto sorprendenti, animano le pagine del libro concedendo al lettore la reale possibilità di immedesimarsi nei personaggi e nell'epoca.
Mai come oggi, di fatto, si rende necessario il bisogno di presentare ai posteri, in modo sostanziale e affascinante, un periodo storico che ha attraversato l'intero territorio della penisola, dalle impervie Alpi alle zone più profonde del Sud.
All'epoca, nulla venne tralasciato al caso, ma lo straordinario risultato conseguito dai nostri avi, eroi del lavoro, primi attori acclamati, nella ricostruzione europea e portatori di sane braccia, sino alle lontane lande delle Americhe, è dovuto all'immane sacrificio di una genesi di persone dotate di coraggio e spirito d'iniziativa, senza cui è inimmaginabile poter affrontare qualunque rischio in nome di un bene comune.
Spesso, nelle scorrevoli pagine del volume, ci si imbatte in situazioni drammatiche, incidenti sul lavoro che hanno decimato intere famiglie, sconvolto gli equilibri di intere genti, inciso in maniera determinante sull'assetto organico di piccole comunità emigrate ma, nonostante tutto, rappresentano una ricchezza culturale indelebile che merita, oggi nel XXI° secolo, di essere portata alla ribalta, senza il timore di apparire retorici.
Attualmente, i nostri connazionali all'estero hanno la casa di proprietà,

frutto di avveduta temperanza e sacrifici, ed in buona parte trascorrono la villeggiatura nel paese d'origine, leggono i quotidiani, guardano, considerato che la moderna tecnologia lo consente, i programmi della Rai ed in tal modo sentono più vicine le proprie radici.

I termini emigrazione ovvero emigrante sembrano, ormai, appartenere al passato.

I giovani della terza generazione, quelli ovverosia nati nei paesi esteri, vivono del progresso guadagnato da chi, legata con lo spago la valigia di cartone, partì per ignoti lidi.

L'unione tra il vecchio ed il nuovo stimola ed appassiona, sempre più, la ricerca degli storici del fenomeno che, alle soglie del nuovo millennio, ritengono di non avere, ancora, concretamente risposto ai quesiti noti o mantenuti nascosti dal tempo e dalle circostanze.

Ciò pur in presenza di qualcuno pronto a sostenere, a spada tratta, che una buona parte dei problemi connessi alla prima emigrazione sono, ad oggi, rimasti irrisolti.

Il numero di italiani che abbandonano la propria terra alla ricerca di migliori opportunità lavorative oltreconfine è fortemente diminuito.

Un sostanziale mutamento, al contrario, s'è avuto nelle qualifiche di chi espatria.

Sono aumentati i tecnici, gli operai specializzati, gli alti dirigenti che al seguito di formali richieste o alle dipendenze di grandi multinazionali trovano impiego oltralpe.

Nell'ultimo periodo, poi, si è registrata una costante crescita di imprese con capitale umano e di sostanze da parte di italiani residenti all'estero.

La lunga permanenza nel luogo, il rispetto delle regole vigenti e verso la comunità accogliente, l'attenta capacità di cogliere l'attimo fuggente hanno contribuito in maniera determinante alla volontà di mettere a rischio le proprie finanze con l'obiettivo primario di creare occupazione e prosperità.

Altro tassello importante è la nascita delle associazioni degli emigranti e delle imprese ad essi collegate, come l'Assoii-Suisse, volte a tutelarne gli interessi.

Il volume "Dalla valigia di cartone all'impresa" offre una panoramica, a

tratti dettagliata, di simile associazione, offrendo, all'interno delle righe, abbondante spazio, dialettico e d'immagine, a quanti hanno deciso di contribuire, con limpide ed autorevoli testimonianze, alla diffusione di informazioni, costrutti storici, episodi imprevisti, personali e d'impresa, sgorgati dall'intimo percorso formativo.
Le pagine dell'opera non intendono lanciare uno specifico messaggio, bensì portare alla luce tante meravigliose storie, strappate al silenzio, e creare l'immagine positiva di un argomento immortale, avvicinando i lettori al rugoso volto di chi, pur ultracentenario, non tramonterà mai.
Con l'approssimarsi dell'anniversario, il 150°, dell'Unità d'Italia corre l'obbligo rimarcare, utilizzando il decoroso strumento della penna, le gesta e le sofferenze dell'altra Italia, altrettanto dignitosa, mai disunita e distante dalle tricolori vibrazioni patriottiche.
Il volume, infine, è comprensivo di preziosi contributi letterari scritti da personalità di altissimo profilo istituzionale che, cortesemente, hanno accettato di nobilitarne i versi.

L'editore

EDIZIONI ATENA
Via F. Crispi, 7 Poggiardo (Le) Italia
Tel./Fax +39 0836904174 - +39 3452191487
ISBN 88730 – info@ediizoniatena.it   www.ediziioniatena.it

FERNANDO CATALANO

Dalla valigia di cartone all'impresa

Analisi sul fenomeno dell'emigrazione
dall'Unità d'Italia ai giorni nostri

Noi di Assoii-Suisse

La storia racconta
Per capire chi sei, devi sapere da dove vieni.

New York - Ellis Island

La funzione dell'emigrare sembra radicata nell'essere umano.
Notizie di trasferimenti migratori possono ritrovarsi nei racconti delle epopee riferite alle stirpi della terra, di cui lo stesso popolamento pare abbia la genesi dagli spostamenti dal nucleo autoctono del primitivo insediamento.
Persino nelle pagine di uno dei testi più antichi, e conosciuti, la Bibbia, si legge di un popolo, gli Ebrei, in fuga dal loro paese, l'Egitto, verso la terra promessa: la Palestina.
Già durante il medioevo le ricche città del settentrione d'Italia fungono da territorio di ricezione per chi dimora nelle campagne, separato da ogni forma di civiltà.
I numerosi mercanti italiani, poi, al fine di acquistare e vendere le merci si muovono verso i paesi dell'Europa ed oltre, dando origine, spesso, come i veneziani, a vere e proprie colonie.
Non di minore intensità appare il movimento generato da eserciti di

ventura, religiosi missionari alla continua ricerca di anime da coltivare ed avventurieri spinti oltre confine dal desiderio di conoscere l'altrui ed approfondire la propria cultura.

Superata la fase medievale, le città danno inizio al lento, ma inesorabile, regresso.

L'Italia appare divisa in tre distinti raggruppamenti: il nord, in stadio avanzato di sfollamento affida le proprie sorti, come ripiego economico, all'emigrazione verso gli stati confinanti, il centro, contraddistinto dalla forte presenza dei mezzadri e la propensione all'allontanamento, di breve durata ma molto spesso risolutivo ed infine il sud, zona tipica del latifondo laddove si assiste, periodicamente, ad un vasto movimento di braccianti agricoli dovuto al ritmo della stagioni.

Le isole, invece, rappresentavano una zona difficilmente comprensibile: la Sardegna non offriva spostamenti, degni di nota, legati a partenze o arrivi, la Sicilia, terra florida ed eccellente per vivere, grazie alla sua posizione geografica, al clima ed alla fusione delle diverse culture, costituiva la bella fata morgana e luogo d'attracco di piemontesi, liguri, lombardi, mentre la Corsica, all'epoca facente parte del territorio italico, godeva reputazione di possedere, tra i propri abitanti, esperti militari su cui, a richiesta, si poteva contare.

Tutta la penisola, allora, dal settentrione al sud comincia ad assuefarsi all'idea che l'espatrio oltreconfine potrà offrire lavoro e benessere per se stessi ed il proprio, adorato, focolare domestico, dando vita alla più grande diaspora migratoria della storia moderna.

I dati statistici hanno consegnato alla memoria dei discendenti numeri straordinari.

A partire dall'anno 1861, e sino al 1985, dall'Italia si sono registrati circa trenta milioni di allontanamenti, quasi l'equivalente della popolazione censita al momento dell'unificazione.

Ciò basta ad evidenziare e dimostrare la vastità del fenomeno.

Nel decennio 1840/50 si poté assistere ad una forma di emigrazione, di tipologia, all'epoca definita "disonorevole", in quanto rappresentata da mendicanti, suonatori ambulanti, venditori di stracci e di statuette che, in un certo senso, funsero da apripista alle partenze di massa.

Emigranti italiani in America

Già il cattivo raccolto degli anni 1815 e '16 e la conseguente carestia proposero ai braccianti agricoli l'alternativa della "Merica"; ma si trattò, in quel momento, di un semplice abbaglio poiché la ferma opposizione dei governi e l'ottimo raccolto del 1818 allontanarono tale ipotesi.
L'esodo toccò quasi tutte le regioni italiane; dal Veneto, Friuli Venezia Giulia, Lombardia e Piemonte, regioni socialmente più sviluppate e con popolazione più consistente rispetto alle altre zone del regno, partì il 47% della forza lavoro emigrante.
Nelle regioni meridionali, il fenomeno rimase, ancora per lungo tempo, praticamente debole considerate le scarse strade di comunicazione

Gruppo di lavoratori vicino alla baracca

presenti, l'analfabetismo dominante e la segregazione, ininterrotta, dal resto del paese.
La chiave di lettura di tale arretratezza può trovarsi all'interno del tradizionale radicamento alla propria terra, alla propria, piccola e povera, casa nonché alla capacità di privazioni straordinarie derivanti da un regime di vita prevalentemente agricolo.
Successivamente si verificò il fenomeno inverso allorquando il primato della partenze passò alle regioni del meridione, prima fra tutte la Sicilia. Dal punto di vista della destinazione, l'Italia contribuì, con percentuali analoghe alla diaspora migratoria verso l'Europa e l'America, mentre vi fu una notevole differenza per le zone di partenza; quasi il 90% della forza lavoro esiliante, originaria del sud peninsulare, preferì varcare l'oceano, spesso ammassata, in condizioni disumane, nelle stive, o in cabine di terza classe, dei stracolmi bastimenti, alla volta degli Stati Uniti d'America.

Il viaggio, per raggiungere la terra di Colombo, era lungo, faticoso e durava, molto spesso, più di un mese.
Altrettanto lungo era quello con il treno per raggiungere i paesi del nord Europa, con l'aggiunta di una sostanziale differenza: la tratta del mare costava di meno.
Si dormiva nelle stive trasformate in camerate, senza oblò, in assurde e spaventose condizioni di promiscuità con gli altri emigranti, in spazi pressoché inesistenti; il cibo, preparato, sommariamente, in giganteschi pentoloni, consisteva in un piatto unico, non si utilizzavano posate e le condizioni igieniche erano scarse, considerato che, per respirare una boccata d'aria pura, le persone si vedevano costrette a raggiungere, quando la situazione climatica lo consentiva, la coperta della nave.
In caso di avverse condizioni meteorologiche il cibo era servito presso le brande in cui si dormiva.
Solo più tardi, dopo incidenti di bordo e lamentele, i governi tennero conto delle necessità vitali dei passeggeri ed obbligarono le compagnie di navigazione a riconoscere vitto e alloggio più dignitosi, ed il pranzo da servirsi in appropriate mense.
Inoltre, alla luce dei frequenti decessi, solitamente di piccoli appena nati e pertanto più indifesi, che accadevano durante il viaggio, per la mancanza di assistenza medica o perché colpiti da qualche malattia contagiosa, fu stabilito, con un regolamento emanato dal governo, che su ogni piroscafo, in partenza per le Americhe, fossero imbarcati un medico militare, con il compito di sorvegliare che le norme igieniche rispondessero alle normative, nonché prestare il primo soccorso, ed un rappresentante del "Commissariato per l'Emigrazione" istituito a tutela del passeggero.
Gli annali parlano dei Veneti che preferirono il Brasile, i Piemontesi guardarono all'Argentina, mentre nelle regioni del centro Italia prevalse l'equità: l'emigrazione, allora, si divise tra località europee e del nuovo continente.
Analizzando i tratti somatici del fenomeno migratorio corre l'obbligo evidenziare che inizialmente prevalse la forza maschile, con indici di età molto giovani e con successivo rientro in patria, determinato da vari

fattori, per 2/3 della popolazione espatriata.

La maggioranza della forza lavoro era costituita da analfabeti, contadini in fuga dalle proprie terre che non offrivano più il sostegno per loro e le famiglie, ma a costoro si accompagnarono anche muratori, operai ed artigiani.

Dopo l'unificazione del paese il settore agrario fu gravato da imposte praticamente insostenibili che generarono una profonda crisi, seguita dal degradamento di antichi mestieri artigiani.

L'alta pressione fiscale esercitata dallo stato per finanziare lo sviluppo economico ed industriale del paese costrinse una buona parte della popolazione a cercare la fortuna in terre lontane, di cui, alcuni, prima di allora, ignoravano persino l'esistenza.

Le piccole proprietà terriere, non riuscendo più a garantire degnamente il sostegno vitale del mezzadro e le spese del latifondo, finirono per essere abbandonate a se stesse, proiettandosi verso la rincorsa dell'Eden rappresentato dal richiamo di manodopera che, senza tregua, giungeva dall'Europa, Francia e Svizzera in testa, e dalle Americhe.

Furono quindi le sfavorevoli circostanze ambientali congiuntamente al sottosviluppo di tecniche capaci di velocizzare e qualificare il lavoro a costringere intere compagini ad inseguire, in altro luogo, ciò che veniva a scarseggiare nella terra d'origine.

Nel 1860 già diecimila italiani avevano varcato i confini per recarsi nella vicina Svizzera.

Costoro sono impiegati principalmente nella costruzione della nuova linea ferroviaria.

Nel decennio dal 1872 al 1882 fu costruito il traforo del San Gottardo, laddove gli italiani ebbero un ruolo dominante per lo spirito di sacrificio con cui affrontarono asperità e pericolo, pagando, in alcuni casi, con la vita.

Quasi tutte le grandi opere della viabilità elvetica sono state realizzate usufruendo di manodopera italiana.

Qualche anno dopo, il numero aumenterà sino ad oltre duecentomila, la maggior parte dei quali provenienti da regioni vicine quali il Piemonte, la Lombardia ed il Veneto.

La campagna e la società agraria divennero il serbatoio inesauribile dell'emigrazione.

L'invasione del grano americano, che giungeva in Europa sfruttando lo sviluppo della navigazione a vapore ed un'alta, per l'epoca, tecnologia meccanica, che consentiva prezzi di produzione decisamente più bassi, misero in ginocchio l'economia agricola di molte strisce dell'Italia e del vecchio continente.

A ciò si aggiunsero, poi, le frequenti epidemie calamitose che colpirono le piante.

Colture pregiate come la vite furono danneggiate dalla fillossera, la sericoltura fu bersagliata dalla pebrina che annientò i bachi da seta e di conseguenza tutte le post-lavorazioni tessili, mentre la mosca olearia

Famiglia di emigranti

fece scempio degli ulivi privando in tal modo i contadini, soprattutto meridionali, del poco reddito su cui confidavano alla fine della stagione di lavoro agricolo.
Innumerevoli furono i tentativi, spesso molto disperati, dei contadini di salvare la terra, le semine ed i raccolti; ma prevalse la carta di riserva, rappresentata dall'emigrazione.
Quando, infatti, i coltivatori si resero conto di dover combattere contro i mulini a vento, senza alcuna possibilità di vittoria, la soluzione legata alla partenza dal proprio focolare s'impennò.
Alcune nazioni latino-americane, come l'Argentina e lo stesso Brasile, incoraggiarono l'immigrazione con la promessa della colonizzazione territoriale; intere famiglie furono reclutate in regime di mezzadria, favorendo, in tal modo, successive e numerose adesioni.
Negli Stati Uniti, la forza italiana, si concentrò nelle grandi città e fu occupata in fabbriche, nelle miniere, nella costruzione di nuove strade e ferrovie.
Qui prevalse l'idea di un salario che avrebbe, in futuro, consentito il rientro in patria.
Non mancarono, inoltre, episodi legati allo sfruttamento dell'emigrante, da parte di fantomatici pseudo agenti dell'emigrazione, che in patria, finanziavano il credito attraverso il biglietto transoceanico; una volta giunto in America il lavoratore trovava ad accoglierlo un padrone che lo obbligava a pagare una tangente per ottenere un lavoro ed una casa oltre al vincolo di acquistare beni di consumo e merci nello spaccio di riferimento.
In un particolare momento di crisi economica, infatti, una volta scelta la destinazione ed ottenuto il consenso dalla famiglia si dovevano reperire i fondi necessari per pagarsi il biglietto e finanziarsi il primo periodo di soggiorno nella nuova terra.
I più fortunati erano in grado di provvedere alle spese del biglietto ed al sostentamento delle prime settimane, il periodo necessario a trovare un'idonea sistemazione.
Spesso si ricorreva alla vendita del bestiame o degli attrezzi da lavoro, o finanche alla cessione del piccolo, caro, podere di proprietà, inutilizzato perché ormai infruttifero.

Arrivo a Ellis Island

Chi, invece, non poteva permettersi di pagare il biglietto transoceanico e le prime spese doveva ricorrere ad altri espedienti come affidarsi alle agenzie di colonizzazione che anticipavano il tutto ed assumevano, al proprio servizio, il lavoratore.
Costui, forzato a svolgere mansioni pesanti, con salario molto basso, impiegava diversi anni per estinguere il debito, concludendo che forse, non valeva la pena spostarsi dal territorio nativo per patire lacerazioni e sofferenze in cambio di nulla.
Alcuni fecero ricorso al prestito d'usura, pagando tassi impraticabili, mentre altri furono sostenuti dalla dote della propria moglie, venduta per pochi spiccioli.
Da annotare che, negli ultimi anni del 19° secolo, gli emigranti italiani furono oggetto di episodi d'intolleranza e xenofobia, ed in alcuni casi, gli scontri, da inizialmente verbali, sfociarono in violenze al punto che

si contarono perdite di vite umane; a tal proposito corre l'obbligo citare un episodio verificatosi in Francia laddove, nel 1893, alcuni lavoratori italiani furono assaliti, colpevoli, secondo gli aggressori, di acconsentire paghe più basse rispetto ai francesi.
Gli scontri determinarono la morte di nove lavoratori italici.
Nello stesso anno, a Berna e, poco più tardi, nel 1896, a Zurigo si ebbero disordini fomentati da lavoratori svizzeri contro gli italiani.
Durante gli scontri, furono saccheggiati negozi, bar e ristoranti gestiti da italiani.
Per paura, molti di loro abbandonarono la Svizzera nottetempo.
Molte pagine di storia vissuta in oltre un secolo e mezzo d'emigrazione risultano, ad oggi, ancora oscure.
Ci sono vicende che sono sfuggite alla cronaca, per mera dimenticanza o volontà di segretezza, e, pertanto, non fanno parte del patrimonio nozionistico legato alla storia d'Italia e degli Italiani.
Molti, forse, non sono a conoscenza che le vittime del più grande linciaggio degli Stati Uniti, esattamente a New Orleans, nel 1891, furono italiani.
Nello stesso periodo, in alcune piantagioni, l'italica manodopera si sostituì alla schiavitù dei negri, divenuti, nel frattempo, emancipati.
Tante volte l'italiano fu definito un popolo a metà strada tra i bianchi ed i neri.
Nei primi anni del novecento, una commissione governativa americana, istituita al fine di analizzare il fenomeno dell'immigrazione nel paese, tacciò calabresi e siciliani come punti cardine della crescita criminale.
"L'America è diventata la terra promessa dei tanti delinquenti italiani" dichiarò, nei primi anni del '900, il capo della polizia di New York.
Anche il razzismo entrò nel lessico dell'emigrante.
In America, i lavoratori del nord Italia erano definiti come razza celtica, mentre i meridionali, ed in particolar modo i siciliani, furono registrati "non bianchi" a causa della loro pelle, leggermente più scura.
Le righe di una minuziosa relazione dell'Ispettorato per l'Immigrazione del Congresso americano sugli immigrati italiani, redatta nell'ottobre 1912, recitano:

Emigranti sulla nave

"Generalmente sono di piccola statura e di pelle scura.
Non amano l'acqua, numerosi di loro puzzano perché tengono lo stesso vestito per molte settimane.
Si costruiscono baracche di legno ed alluminio nelle periferie delle città dove vivono, vicini gli uni agli altri.
Quando riescono ad avvicinarsi alle zone centrali cittadine affittano, a caro prezzo, appartamenti fatiscenti.
Si presentano, di solito, in due e poi cercano una stanza con l'uso della cucina.
Dopo qualche giorno diventano quattro, poi sei, dieci.
Tra di loro parlano lingue per noi indecifrabili, forse antichi vernacoli.
Parecchi bambini, sono utilizzati per domandare l'elemosina ma spesso, dinanzi alla chiese, le donne vestite di nero, ed uomini perlopiù anziani invocano la carità con toni lamentosi e petulanti.

Fanno molti figli che stentano, poi, a mantenere e sono molto uniti tra di loro.
Si dice di loro che sono dediti al furto e, se sulla loro strada incontrano ostacoli, diventano violenti.
Le nostre donne li evitano non solo perché sono poco attraenti e selvatici ma in quanto circolano voci di alcune violenze sulle donne, consumate, dopo precisi agguati, in strade periferiche, quando cioè costoro tornano a casa dal lavoro.
I membri del nostro governo hanno spalancato troppo le porte delle frontiere, ma soprattutto, non hanno saputo distinguere e selezionare tra coloro che entrano nel nostro paese per lavorare e quelli, invece, che pensano di poter vivere di espedienti o, perfino, con attività criminali.
Si consiglia di incoraggiare l'approdo a veneti e lombardi, tardivi nella comprensione ed ignoranti, ma dediti più di altri al lavorare.
Costoro si adattano ad abitazioni che gli americani rifiutano purché le famiglie restino unite ed inoltre, non contestano il salario proposto.
Gli altri, ovverosia coloro i quali è riferita, in massima parte, questa prima relazione provengono dal sud dell'Italia.
Si invita a controllarne i documenti di provenienza e rimpatriarli in massa.
La nostra sicurezza deve essere la prima preoccupazione".
Un cronista, nel 1920, così descrive, in diretta, l'arrivo di un piroscafo carico di emigranti:
"Sono tremila, sono arrivati, sono tutti sulla banchina, stanchi, affamati, con in mano il *libretto rosso* (che sta ad indicare lo status di analfabeta) o il *foglio giallo* che dà qualche maggiore speranza; ma per tutti c'è ora la quarantena, un'attesa lunga, snervante e per alcuni, che prima di partire hanno venduto alloggi e poderi, o si sono indebitati per fare il viaggio, non è solo snervante ma è un'attesa angosciante."
Allo stesso modo, nel 1908 ed in cerca di tanta fortuna, erano giunti in America, senza conoscersi ancora, gli italiani Nicola Sacco e Bartolomeo Vanzetti.
Ecco cosa racconterà Vanzetti al giudice, del suo arrivo, nel corso del processo che lo vide imputato, più tardi, insieme all'amico:

Nicola Sacco (1891-1927) Bartolomeo Vanzetti (1888-1927)

"Al centro immigrazione, ebbi la prima sorpresa.
Gli emigranti venivano smistati come tanti animali.
Non una parola di buona creanza, o di incoraggiamento, per alleggerire quel fardello degli abbattimenti che pesa, realmente, così tanto su chi è appena arrivato in America".
Ed in seguito scriverà:
"Dove potevo andare? Cosa potevo fare? Quella era la Terra Promessa.
Il lesto treno della sopraelevata passava sferragliando e non rispondeva niente.
Le automobili e i tram passavano oltre senza badare a me".
Sacco e Vanzetti furono arrestati nell'anno 1920 con la pesante accusa di aver commesso, in correità, una sanguinosa rapina in cui morirono due

Manifestanti durante il processo a Sacco e Vanzetti

persone.
Le prove certe, a loro carico, erano pressoché inesistenti, ma il processo, protrattosi per sette lunghi anni, si trasformò in una seguita campagna di pesante rappresaglia, contro l'anarchia rivoluzionaria italiana.
Lo stato americano, in quel preciso momento, aveva la reale necessità di mostrare la robustezza per calmare moti di massa, proteste operaie e propositi di prevaricazione dei poteri istituzionali, molto influenzati dal comunismo.
Nonostante interventi a loro favore, da ogni parte del mondo, compreso il governo italiano per mano di Benito Mussolini, furono giustiziati, nel penitenziario di Charlestown, il 23 agosto 1927.
Rivolto al giudice, dopo la lettura del verdetto Vanzetti ebbe a dire:
"Io non augurerei a un cane o a un serpente, alla più bassa e disgraziata creatura della terra – io non augurerei a nessuna di queste ciò che io ho dovuto soffrire per cose di cui io non sono colpevole.
Ma la mia ferma convinzione è che ho sofferto per cose di cui io sono colpevole.
Io sto soffrendo perché io sono un radicale, e per davvero io sono un radicale; io ho sofferto perché ero un italiano, e per davvero io sono un italiano […]"

Ecco cosa scrisse Nicola Sacco al figlio Dante prima di essere giustiziato:
"Ricorda, figlio mio, la felicità dei giochi non tenerla tutta per te".
Ed ancora:
"Si, Dante mio, essi potranno ben crocifiggere i nostri corpi, come già fanno da sette lunghi anni: ma essi non potranno giammai distruggere le nostre idee, che rimarranno ancora più belle per le future generazioni a venire."
E Bartolomeo Vanzetti:
"Mai, vivendo l'intera esistenza, avremmo potuto sperare di fare così tanto per la tolleranza, per la giustizia, per la mutua comprensione fra gli uomini".
Il 23 Agosto 1977, esattamente cinquant'anni dopo l'esecuzione capitale, il governatore in carica del Massachusetts Michael Dukakis diffuse una solenne ordinanza che assolveva i due italiani da ogni crimine.
Così espressamente recitava:
"Io, oggi, dichiaro che ogni stigma ed ogni onta vengano, per sempre, cancellati dai nomi di Nicola Sacco e Bartolomeo Vanzetti".
Le musiche del compositore Ennio Morricone e la grande voce di Joan Baez hanno prodotto, per Sacco e Vanzetti, questi storici versi:
"Vi rendo omaggio Nicola e Bart, per sempre riposate nei nostri cuori, il momento estremo finale è vostro, quell'agonia è il vostro trionfo!
Il 4 Agosto dell'anno 1906, accadde un naufragio in cui persero la vita oltre cinquecento emigranti, molti dei quali erano italiani.
Il piroscafo Sirio, orgoglio e vanto della marina transoceanica del Regno d'Italia, partì da Genova alla volta delle Americhe.
A bordo vi erano oltre milleduecento emigranti con in cuore la speranza che quel viaggio potesse realizzare il sogno tanto sospirato.
La nave procedeva a tutta velocità, la visibilità era buona, il mare era in bonaccia, quando per cagioni, ancora oggi ritenute inconcepibili, andò a schiantarsi su una delle secche più note del mare Mediterraneo.
Ancora più incredibile la posizione che assunse la nave dopo l'urto; aveva la prua rivolta verso il cielo e la poppa adagiata sugli scogli, a circa tre metri di profondità.
Vi rimase per sedici giorni e da più parti giunsero critiche secondo cui

quasi tutti i passeggeri avrebbero potuto salvarsi.

Ecco uno stralcio della deposizione rilasciata, alle autorità, dall'unico testimone oculare della sciagura, il capitano Vranich, comandante del piroscafo austro-ungarico Buda, che al momento dell'impatto si trovava a poca distanza dal Sirio:

"Alle ore 16.00 del 4 Agosto 1906, al traverso delle Grandi Hormigas, (presso Capo Palos - Spagna Mediterranea) avvistai il Sirio e giudicai subito che passasse troppo vicino alla costa.

Poco più tardi, incrociatesi le rotte, intravidi sollevarsi la prora del Sirio fortemente sull'acqua, sbandarsi a sinistra ed abbassarsi di poppa …

Lo giudicai incagliato e feci rotta verso di lui ordinando tutte le lance in mare.

Il Sirio camminava a tutta forza e l'urto fu così violento che le lance di sottovento, smosse, furono poste fuori servizio.

La parte poppiera era tutta allagata e sommersa.

Nave Sirio

Di conseguenza molti passeggeri non ebbero il tempo di risalire in coperta.
Il locale macchine fu allagato e buona parte del personale vi perì.
Calammo due lance che effettuarono molti salvataggi ..."
All'epoca si disse:
"Avrebbero potuto salvarsi quasi tutti, perché il Sirio non andò subito a fondo, ma rimase in agonia ben sedici giorni, prima di spaccarsi in due ed affondare.
Purtroppo, le operazioni di salvataggio furono così caotiche e disperate che ci furono 293 morti, (riconosciuti ufficialmente secondo i Registri del Lloyd's di Londra) ma secondo la stampa, e non fu mai smentita, le vittime superarono le 500 unità, gran parte delle quali fu pietosamente composta lungo la banchina del porto di Cartagena e poi tumulata nei cimiteri della zona.
Le lapidi sono ancora leggibili e portano nomi e cognomi italiani".
A Capo Palos, in Spagna, nel museo cittadino consacrato al piroscafo Sirio, sono ancora conservati quei volantini che pubblicizzavano le soste "fuori programma" per caricare i clandestini.
Alcuni sostennero che senza quelle fermate "sottocosta" la nave sarebbe passata al largo, ben lontana dalla funesta scogliera denominata Bajo de Fuera, luogo in cui avvenne il disastro.
Altra tragedia proverbiale, degna di nota, è il naufragio del Titanic.
A bordo del grandioso e celebrato transatlantico, infatti, la maggioranza dei passeggeri erano emigranti, in cerca di fortuna nelle Americhe.
Dopo la terrificante collisione con l'iceberg, e la conseguente richiesta di soccorso, il primo piroscafo a giungere sul posto fu il Carpathia, che da Trieste, carico di emigranti, faceva rotta per New York.
L'epilogo della vicenda è stato più volte descritto e mostrato, facendo leva sull'effetto cinematografico, ma le vere cause, forse, sono nascoste, ancora, sul fondale dell'oceano laddove riposano, senza pace, le anime di 1523 persone.
La descrizione di tempeste o burrasche era molto frequente sui giornali di bordo dei comandanti.
Sulle condizioni climatiche cui versavano gli oceani, le compagnie

cercavano di minimizzare, per non creare allarmismo nei passeggeri e perdita di profitti agli armatori, ma il rischio di incidenti a bordo, o di affondamenti era elevato.

Gli sfrontati armatori dell'epoca, pur di accrescere la propria ricchezza, approfittando dello stato di povertà ed assoluto analfabetismo degli emigranti, utilizzavano, per le traversate oceaniche, vecchi piroscafi che avevano parecchie possibilità di naufragare o, per motivi connessi alla situazione degli oceani, sbarcare in paesi diversi da quelli previsti dal programma.

Nel 1907, la mattina del 6 dicembre il mese che, di solito, porta nelle case il sorriso, la felicità e la distensione del Natale, Monongah, una piccolissima cittadina nel West Virginia, che conta duemila abitanti e la cui ubicazione geografica diventa difficile localizzare, balza agli onori della cronaca per essere il luogo della più dolorosa sciagura mineraria avvenuta negli Stati Uniti e secondo gli storici, del mondo.

Stati Uniti - La miniera di Monongah

Minatori

Alle ore dieci e otto minuti, una sequenza di improvvise e spaventose esplosioni provenienti dal ventre della miniera gettano a terra tutto ciò che incrociano, mentre il cielo, terso, si copre di una colossale nuvola di fumo che infonde la paura.
Dopo il boato, da una fessura, sul fianco di una delle gallerie interessate all'esplosione, emergono, feriti e frastornati, quattro minatori che non riescono a fornire nessuna notizia sul destino dei compagni di lavoro, intrappolati sottoterra.
Il bilancio ufficiale fu di 362 morti, tra cui 171 italiani originari della Calabria, Molise, Campania, Puglia, Piemonte, Lombardia, Basilicata e Abruzzo, ma tenuto conto che i minatori registrati erano appena un terzo della forza lavoro, gli studiosi della tragedia suppongono che a perdere la vita siano state circa mille persone.

Un dato inquietante è la presenza, all'interno delle miniere, di bambini, di dieci anni o poco più, spinti dalla fame e dalla disperazione, costretti a lavorare, coricati, in cunicoli, a volte, alti appena quaranta centimetri.

La causa scatenante dell'esplosione non fu mai provata; si pensò alla rottura di una lampada o al brillare di una potente carica di dinamite al momento sbagliato.

Il rapporto stilato dal governo federale cita testualmente:

"[….] carenza di normative minerarie adeguate e assenza di indicazioni sul corretto uso del materiale esplosivo [….]".

Qualche anno dopo, nell'ottobre del 1913, a Dawson, nel New Mexico, accadde un altro disastro minerario, di colossali, dolorose proporzioni, che coinvolse, ancora una volta, la maestranza italiana.

Una gigantesca esplosione trascinò con sé la vita di 250 minatori, di cui 146 italiani; sempre nella stessa miniera, nel 1923, un'altra esplosione causò la morte di 20 lavoratori nostri connazionali.

L'esodo, tuttavia, non si interruppe e con la fase successiva nacquero le belle canzoni dedicate al paese natale, autentiche nostalgie scritte con il cuore, tra cui le celeberrime *Santa Lucia luntana* e *Mamma mia dammi cento lire*.

Sino al 1915, negli Stati Uniti d'America, che nel pieno del rinnovato programma di sviluppo capitalistico aprirono le porte all'immigrazione, sbarcarono circa quattro milioni di Italiani dei nove milioni che scelsero di traversare l'oceano.

Le navi, all'epoca facevano la spola tra l'Europa, dove sbarcavano merci e prendevano a bordo gli emigranti, ed i porti statunitensi come Ellis Island, detta l'Isola delle Lacrime per le sofferenze che vi si pativano, a breve distanza dalla Statua della Libertà, dove ad attendere i passeggeri c'erano controlli medici e burocratici rigorosi.

Già all'attracco portuario, qualunque fosse, l'emigrante cominciava a rendersi conto di essere giunto nell'America quale in realtà fosse e non quella che aveva sognato o che gli avevano, con frasi esaltanti, descritto.

Coloro che facevano ritorno in Italia, dopo un lasso di tempo trascorso oltreoceano, tendevano, quasi sempre, ad accentuare i lati positivi del paese forestiero ridimensionando o addirittura celando lati oscuri o disfatte individuali.

Controlli a Ellis Island

Quel lontano ed immenso paese colpiva l'immaginario collettivo per la disponibilità di terreno fertile, da adibire liberamente a coltivazione, un autentico, felice, traguardo per l'esperto contadino, abituato, in patria, a sottostare alle limitazioni imposte dal feudatario di turno.
Ma, le immagini dell'Eden che si riflettevano negli occhi e nella mente, prima della partenza, trovavano una realtà ben diversa, sovraccaricata da pesanti formalità burocratiche e respingimenti di massa, in nome di pretesti, assai spesso sormontabili.
Le domande, con sguardo accigliato, rivolte, dai funzionari, ai poveri disgraziati erano sempre le stesse qualunque fosse la terra d'approdo:
- Avete un lavoro o un punto di riferimento preciso in questo paese?

- Avete avuto in passato problemi con la giustizia?
- Siete iscritti a partiti politici, sovversivi o anarchici?
- Avete o avete avuto malattie infettive?
- Siete affetti da disturbi mentali?

Semmai qualche risposta non era sufficientemente esaustiva o incuteva degli strani sospetti all'esaminatore, iniziava per lo sventurato straniero un deprimente percorso di approfondimenti ed ostinate visite mediche, affrontate, tuttavia, con dignità, coraggio indomito e volontà, autentiche virtù dell'italico cuore, bramoso di dare inizio alla nuova esperienza di lavoro, appena superata quella valle di lacrime, in nome di coloro che attendevano con inquietudine, dall'altra parte dell'oceano, notizie e frutti, dopo enormi sacrifici.

Ancora oggi, nel Museo dell'Emigrazione, a New York, sono visibili le valigie di cartone, piene di qualche suppellettile e meschini indumenti appartenuti alle persone che, non avendo oltrepassato i controlli furono reimbarcate per l'Italia; nella disperazione di un ritorno al passato, nella terra del nulla, depredata e dissanguata dal potere feudale e laddove non vi erano più le premesse per migliorare la condizione, si gettarono nelle acque gelide della baia andando incontro, nella maggioranza dei casi, alla morte.

Chi riusciva a restare si trovava di fronte una terra diversa, sconosciuta, di idioma incomprensibile e con la difficoltà di reperire un letto dove riposarsi dalle fatiche del lungo viaggio.

Spesso costoro s'imbattevano in individui privi di ogni scrupolo che li accompagnavano in luoghi fatiscenti, fatti passare, per la conveniente occasione, come locande.

Chi possedeva un recapito, o un nome, poteva computare sull'appoggio concreto di altri emigranti che, con assistenza e protezione, gli facilitava l'inserimento.

Incominciava, in tal modo, per i nuovi arrivati, il piano d'integrazione, in ambienti che riflettevano, in buona parte, i valori ed i comportamenti originali, poiché ogni tipologia di rapporto, ogni incombenza ed ogni riposta trovavano sbocco solo grazie all'ausilio del conterraneo, già da tempo in loco.

L'obiettivo principale dell'emigrante, vale a dire cercare la fortuna in un paese lontano dalle origini e risparmiare quanto più denaro possibile da inviare alla famiglia, cominciò a produrre i primi risultati.

A tal proposito, il contadino si mise in evidenza nel saper risparmiare il denaro guadagnato con duro lavoro, spesso fino allo stremo delle forze giornaliere.

I primi quattrini mandati alla famiglia, solitamente, erano utilizzati per onorare il debito contratto per fare fronte alle spese di viaggio, poi, per assicurarle un'abitazione decente o per acquistare un fertile terreno da coltivare, casomai, al ritorno in patria.

Nel corso dei primi anni del '900 il fenomeno dell'emigrazione comincia a maturare.

Donna in attesa di notizie

Si assiste, infatti, ad un aumento consistente del numero delle partenze con una leggera flessione durante il primo conflitto bellico, a causa della chiamata alle armi, per poi riprendere il flusso alla fine della guerra.

A partire sono sempre giovani provenienti, in prevalenza, dalle regioni del meridione; la meta di preferenza è sempre transoceanica, maggiore verso gli Stati Uniti.

E' necessario sottolineare come questa fase coincida con l'avviamento dell'industrializzazione italiana; ma l'incapacità del nostro sistema di sviluppo, poco convincente e discordante sul territorio, di assorbire la manovalanza esuberante darà origine al fenomeno definito "Grande Emigrazione".

Anche le donne hanno rivestito un ruolo importante nel fenomeno della "Grande Emigrazione".

La maggioranza di esse fu costretta a rimanere a casa, considerato che il contratto di lavoro all'estero, per la maggior parte dei consanguinei, era temporaneo; alla stagionale occupazione, fuori dei confini, conseguiva un lungo periodo di rientro in patria.

Chi rimaneva in attesa, nel focolare d'origine, doveva provvedere alla famiglia, alla casa, alla terra, nonché alla cura dei pochi beni rimasti ed alla gestione del denaro che i mariti o figli spedivano dall'estero.

Agricoltura nel primo '900

Ciò permise loro di guadagnare uno strato di emancipazione superiore, improponibile prima di allora.

Cominciarono a frequentare le banche, gli uffici postali, le botteghe e gli sportelli pubblici per il disbrigo di attività burocratiche, producendo un mutamento di abitudini degno di cronaca nella circoscritta popolazione agreste dell'epoca.

Le donne, invece, che seguirono i compagni all'estero s'imbatterono in una tipologia di vita quasi simile a quella lasciata nel paese d'origine.

Alcune di loro, forti del remunerativo lavoro assicurato dai compagni, continuarono a svolgere il ruolo di buona moglie e madre;

altre preferirono lavorare "in casa" realizzando fiori di carta o capi di abbigliamento, altre ancora furono occupate nelle fabbriche, laddove, private dei più elementari diritti del lavoratore, erano costrette a turni massacranti che, alla lunga, ne fiaccarono la condizione fisica.

Nelle immense zone campestri dell'Argentina, le donne degli emigranti si occupavano delle faccende domestiche, dell'orto, dell'allevamento di pollame e, all'occorrenza, lavoravano nei campi, a fianco degli uomini.

Gli storici conventillos di Buenos Aires, abitazioni in legno e lamiera

Argentina - I Conventillos

costruite dagli stessi emigranti, in cui ogni famiglia disponeva di una stanza, con bagno e cucina in comune, accolsero migliaia di persone.
Gli ambienti, privi di aria e luce elettrica, erano delimitati da un ampio cortile, luogo di sfogo, di scambio e, per alcune di loro, posto all'aperto dove poter svolgere qualche mansione lavorativa.
Nel 1907, nei quartieri di La Boca e Barracas, di Buenos Aires, vi fu una singolare protesta che vide coinvolti donne e bambini.
"La huelga de las escobas" ovverosia "lo sciopero delle scope" si rese necessario per protestare contro l'aumento dell'affitto nei conventillos.
Le donne, in assenza degli uomini che lavoravano nei campi, assunsero l'iniziativa e consegnarono ai portieri degli stabili, incaricati di ritirare la pigione mensile, una lista di dure lamentele in funzione delle quali l'aumento richiesto suonava come un imbroglio.
Altri conventillos si aggiunsero alla ribellione ed il fenomeno traboccò dando origine alla celebre marchas de las escobas, ossia le marce delle scope durante cui donne e bambini marciarono, per le strade di Buenos Aires, armati di scope.
Più volte la polizia locale tentò di sedare i disordini ma fu prontamente cacciata dai conventillos a suon di colpi di ramazza e secchiate d'acqua fumante.
Purtroppo la situazione degenerò e durante uno degli scontri con le forze dell'ordine perse la vita un ragazzo quindicenne al cui funerale, trasformatosi in imponente manifestazione di protesta capeggiata dalle donne, parteciparono quindicimila persone.
Corre l'obbligo, tuttavia, porre l'accento su coloro, le meno fortunate, che conobbero gli aspetti peggiori del fenomeno migratorio.
Le cronache, riferite ai primordi del '900, parlavano degli episodi di sfruttamento delle "giovinette" nelle filande o fabbriche d'oltralpe o di organizzazioni votate alla prostituzione guidate da conterranei italiani che, con la lusinga di un lavoro e di un guadagno, carpivano la buona fede delle ragazze, conducendole, al contrario, sui viali del malcostume e della criminalità.
Dopo la grande guerra ricomincia il flusso migratorio.
All'inizio del conflitto, numerosi italiani furono richiamati in patria per combattere nell'esercito.

La grave crisi americana del 1929, allorquando crolla ogni possibilità di trovare lavoro, contribuisce, incisivamente, al cambiamento della rotta di destinazione; non più gli Stati Uniti, laddove, alla crisi economica si aggiunge l'introduzione di leggi condizionanti contro l'immigrazione di massa, quasi una chiusura totale degli accessi, ma le mete preferite, ora

Emigrazione durante il fascismo

diventano l'Europa, l'Argentina, il Canada e l'Australia.
In questo periodo, la ben nutrita collettività della manovalanza italiana, impossibilitata, dalle nuove e severe norme, ad allontanarsi e rientrare, a piacimento, negli Stati Uniti, e timorosa di rimetterci i diritti acquisiti, incomincia a radicarsi sul territorio e forte, oramai, di due generazioni dà origine alla comunità Italo-Americana.
Il ventennio fascista, con il programma politico di sviluppo territoriale, organizzato e realizzato da Benito Mussolini, contribuisce, in parte, alle migrazioni interne.

Allargamento delle città e tentativo di popolare vecchie colonie attirano un'abbondante flusso di lavoratori, ma una politica ritenuta di regime, concorre, in modo determinante, alla nascita del fenomeno migratorio antifascista con conseguenti fughe all'estero di migliaia di persone, in totale disaccordo con il governo.
Costoro, per sfuggire a rappresaglie durissime preferirono, utilizzando canali segreti, raggiungere, oltreconfine, i gruppi italiani ivi presenti e ben disposti ad accogliere i connazionali.
In Europa, il punto d'approdo fondamentale diviene la Francia che non viene intaccata dalla crisi del 1929, in quanto alla inferiore proposta di impieghi in alcuni settori come quello edilizio e manifatturiero risponde con il reclutamento per i lavori agricoli.
Il regime fascista, sull'onda dell'entusiasmo emigratorio verso il paese transalpino, tentò di intromettersi con esortazioni, talvolta ai limiti della legalità, ed opposizioni alle partenze.
Ma, l'esodo, anziché diminuire, aumentò sensibilmente sospinto da un forte vento idealista che soffiava a favore della fraterna adesione, dei partigiani francesi, accomunati dalla lotta antitedesca nonché di sempre più frequenti matrimoni misti e delle conseguenti naturalizzazioni.
La seconda destinazione europea, della fuoriuscita migratoria, diviene la Svizzera, mentre altri paesi, come la Germania, la cui fine dell'impero Asburgico e la conseguente disorganizzazione interna non attraggono, per il momento, forze lavoro dall'estero, o la Gran Bretagna ed il Belgio, pur riscontrando arrivi stranieri, non incidono, in maniera significante, sulle grandi cifre.
La politica del fascismo nei confronti dell'emigrazione può, in un certo senso, ispirare modelli paradossali; se da un lato il governo combatte, con ogni mezzo, le partenze, dall'altro finisce per costituire il volano che ha spinto, celermente e significativamente, il flusso migratorio.
Il tentativo di incoraggiare gli spostamenti, di integrali nuclei familiari, verso le lontane colonie italiane si rivela, quasi subito, una disfatta.
Un pregevole successo, in termini di spostamento della manodopera da ogni parte della penisola, otterranno, al contrario, la crescita di Roma capitale e le bonifiche territoriali della Sardegna e dell'Agro Pontino.

Tuttavia ciò non basta ad esaudire le continue richieste di lavoro e frenare gli allontanamenti; ecco, allora, che un accordo speciale, per gran parte della popolazione rimasto pressoché sconosciuto considerata l'assoluta insufficienza di mezzi comunicativi, con il cancelliere tedesco Adolf Hitler consente a circa quattrocentomila italiani di essere inviati in Germania in cambio di materie prime necessarie allo sviluppo del paese, ed in modo specifico, di carbone.
Il governo, inoltre, cerca di politicizzare gli emigranti inviando in loco dei rappresentati con il compito di inquadrare i lavoratori italiani in appositi Fasci e costituire associazioni giovanili e dopolavoristiche.
Ma tale iniziativa, tendente a screditare le associazioni cattoliche, sino a quel momento sano luogo di conforto e rifugio dei lavoratori, si rivela un fiasco totale.
Le tante comunità emigrate, infatti, in fase avanzata di radicamento sul territorio, finiscono per nutrire un attaccamento viscerale nei riguardi della terra di accoglienza, quasi una nuova patria, e mostrano un totale disinteresse verso tali iniziative, cui si aggiunge una forma di censura verso l'ingerenza fascista, dei governi locali.
Da sottolineare, poi, che una buona parte dell'emigrazione legata a quel periodo era costituita da persone allontanatesi dall'italico focolare per sfuggire alle dure leggi del fascismo.
Comunque, se inizialmente, il governo dei fasci, grazie al momentaneo successo repressivo contro la sinistra, rea di fomentare disordini in ogni dove, ottiene un discreto consenso internazionale, entro breve, si assiste all'inversione di tendenza.
La guerra d'Etiopia sarà fatale al regime poiché svela le vere intenzioni del governo in esteriorità, secondo alcuni stati europei ed americani, tendenti a strangolare la democrazia, in sostanza, invece, a denigrare i poteri vigenti in loco.
Succede, allora, che gli esponenti italiani di rilievo, emigrati in paesi esteri, che, in maggior misura, hanno abbracciato la causa del regime, sono messi sotto stretta, rigorosa sorveglianza, in alcuni casi obbligati a dichiarazioni di sana fedeltà a quei governi, o addirittura imprigionati perché ritenuti pericolosi e pronti a tessere trame eversive.

Nave Arandora Star

In Gran Bretagna, specificatamente, dopo la dichiarazione di guerra di Benito Mussolini, il primo ministro Sir Winston Churchill ordina di requisire un transatlantico, l'Arandora Star e di imbarcarvi 700 italiani e 500 tedeschi, accusati di spionaggio, con destinazione un lontano porto del Canada laddove avrebbero scontato la pena detentiva ingiunta loro.
Le cronache risalenti all'epoca raccontano di una retata anti-italiana, in quanto molti degli imbarcati erano totalmente indifferenti alla politica, vivevano nello stato inglese da molti anni, avevano dei figli arruolati nell'esercito britannico o addirittura si trattava di persone, di origine ebrea o esiliati, fuggiti dall'Italia dopo l'emanazione delle leggi razziali del 1938.
A costoro fu negato ogni diritto, finanche quelli riconosciuti ai militari dalla convenzione di Ginevra, confiscati i beni ed ai familiari fu tenuta nascosta la deportazione.
L'Arandora Star non giungerà mai in Canada; partito il 1° Luglio 1940,

senza scorta, con, a bordo, 1.500 persone da rinchiudere in un campo di prigionia canadese, a largo della costa dell'Irlanda, fu intercettato da un sommergile tedesco, e colpito da un siluro.

L'equipaggio dell'U-Bot 47 silurante, manifestò l'errore di valutazione dovuto al colore della nave, un grigio molto somigliante ai mercantili provvisti di armi, in dotazione alla marina britannica, con cui era stata, senza giustificazione alcuna, dipinta alcuni giorni prima.

Nella tragedia persero la vita più di 800 persone, tra cui 446 italiani di età compresa tra i 16 ed i 75 anni.

Lo scoppio della seconda guerra mondiale interruppe, di fatto, gli esodi costringendo i popoli europei, belligeranti e non, a non oltrepassare i confini.

Alla fine del cruento conflitto, il cui bilancio di vittime italiane segnò il numero 443.000, ripresero le migrazioni verso l'estero.

Anche stavolta, inizialmente, i flussi si diressero, in modo significativo, oltreoceano, per poi invertire la tendenza a favore delle più vicine mete europee.

L'Argentina segnò il più alto numero di arrivi, in quanto le leggi interne non ponevano alcuna limitazione all'accoglienza degli immigrati ed ancora perché molti italiani avevano, già radicati in loco, parenti, amici, o, semplicemente, conoscenti; costoro, tramite il rapporto epistolare, le notizie che giungevano in patria con le navi di ritorno e con periodiche rimesse in denaro a favore delle amate famiglie, non facevano mancare, in nessun caso, la pur lontana, ma tanto vicina, presenza.

Il grande stato sud americano, già in passato aveva mostrato tangibili segnali di simpatia verso gli italiani, fungendo da pozzo dei desideri per quanti bramavano, con ogni mezzo, una dignitosa occupazione; inoltre, non aveva giammai serrato le porte e le frontiere a coloro i quali chiedevano asilo politico.

La storia insegna che molti dei nostri connazionali, italici dal supremo sapere, sono considerati ufficialmente padri fondatori dell'Argentina.

L'italianità riuscì a ben sposarsi col tessuto storico e culturale del luogo, e la simbiosi, finanche nella lingua, produsse degli effetti importanti nel tessuto tradizionale ed urbanistico di immense città metropoli, prima su tutte Buenos Aires.

Tuttavia, il fenomeno migratorio alla volta di questo formidabile paese non durò a lungo.
Dal 1950, infatti, nonostante l'accoglienza e la proverbiale ospitalità, per l'Argentina ebbe inizio un periodo di marcata instabilità politica cui si affiancò la reale difficoltà per i lavoratori di spedire, in patria, il denaro, prodotto delle attività e di sacrifici.

Emigranti in un bivacco di fortuna

Ciò produsse l'allontanamento di alcuni e la rinuncia, a partire, di altri, portando il paese a non rappresentare più la meta preferita.
Anche gli Stati Uniti, con l'introduzione di una politica restrittiva nei confronti dell'immigrazione conobbero un calo consistente nel numero degli arrivi.
A questo punto la scelta cadde sugli stati del Nord Europa, uno sbocco

naturale, e più immediato, per una nazione, l'Italia, ridotta alla fame, totalmente annullata da un enigmatico conflitto e soprattutto sprovvista di risorse alimentari e dell'industria idonee a nutrire le necessità di una popolazione confusa e spaventata.

Le statistiche raccontano che la massa popolare dei disoccupati contava due milioni ed in alcune zone del paese, specie al sud, si versava in uno stato totale di miseria.

L'allora governo del grande statista Alcide De Gasperi, a fronte della drammatica situazione e del malcontento generale manifestato da una crescente eccitazione sociale, individuò nell'emigrazione, verso novelle frontiere, la soluzione del problema e, a tal fine, incoraggiò la partenza della manodopera italiana verso la Francia, la Svizzera ed il Belgio.

Qualche anno dopo, anche la Germania aprì le proprie frontiere, pronta a mettersi in gioco e riscattarsi dell'enorme peso distruttivo e morale avuto durante il conflitto bellico, sulle cui ceneri improntò la rinascita economica e la cui storia reale e definitiva dei fattori scatenanti e degli effetti conseguenti, forse, nessuno dei vincitori e dei vinti avrà il destino di conoscere.

Mai, dunque, come nel dopoguerra la grande emigrazione diviene un fenomeno politico, quasi un amaro percorso obbligato, triste per quanti dovranno privarsi degli affetti familiari, controllato dallo stato, le cui scarse possibilità produttive non consentono di onorare la costituzione garantendo un lavoro per tutti.

Chi affidava le proprie sorti allo Stato, dettando capacità e competenze ai funzionari preposti, poteva ottenere un lavoro all'estero, laddove vi fosse stata avanzata la precisa richiesta; gli accordi bilaterali tra governi fungevano da timone per le forze lavoro, annullando, quasi totalmente, i tempi d'attesa.

De Gasperi, con simili accordi, aveva garantito il lavoro a centinaia di migliaia di italiani, offrendo loro un'opportunità, e nello stesso tempo riceveva dalle nazioni, beneficiarie di tale forza lavoro, materie prime, di cui il paese, all'epoca, era totalmente sprovvisto, da utilizzare per la ricostruzione post-bellica.

Altro, non meno importante, vantaggio era il recupero del prestigio

Emigranti in Belgio nel dopoguerra

internazionale per un paese prostrato come l'Italia uscito sconfitto dalla guerra.
Le nostre intrepide maestranze, infatti, grazie alla loro professionalità, contribuivano alla ricostruzione di un'Europa sovrana, desiderosa di ritornare a crescere.
I racconti delle partenze per le miniere di carbone del Belgio parlano di 84.000 lavoratori italiani negli anni 1946 e 1947.
La totale mancanza di manodopera locale frenava, di fatto, l'estrazione dalle miniere del carbon fossile e di conseguenza vi era un calo della produzione di energia.
Nonostante il richiamo al patrio dovere, ben esigua manovalanza belga era disposta a scendere sotto le viscere della terra.
Molti giovani del piccolo stato, al centro dell'Europa, avevano trovato la morte durante la guerra mondiale mentre i superstiti, contando su un'efficace e robusta organizzazione sindacale, rifiutavano, a priori, dei

lavori pesanti, soprattutto se pericolosi e malpagati.
Durante il conflitto, per l'estrazione del carbone, le autorità del Belgio utilizzarono i prigionieri di guerra ma la crescente richiesta di energia creò uno sbilanciamento e la forza lavoro non bastò più a soddisfarne i bisogni.
Fu l'accordo stipulato con l'Italia, manodopera in cambio di carbone, ad aprire la strada dell'immigrazione italica in territorio belga.
Anche qui, tuttavia, non mancarono le lungaggini burocratiche, le visite mediche al limite dell'assurdità o l'intervento di fantomatiche agenzie del lavoro che, di consueto, truffavano i lavoratori o li lasciavano al loro irrealizzabile destino, dopo averli condotti in Belgio.
Il cammino dell'emigrazione italiana verso questo minuscolo, ma ricco, stato europeo è disseminato di avvenimenti drammatici, di tragedie, di persone scomparse durante l'attraversamento delle Alpi e, su tutto, le condizioni impietose alle quali erano sottoposti gli sventurati minatori, in totale controversia con gli accordi siglati tra i governi.
La propaganda dell'epoca affascinava i giovani con garanzie di lavoro a condizioni molto vantaggiose.
Lo stesso governo italiano incoraggiava le partenze verso quei luoghi di miniera con annunci e assistenza affidata agli uffici di collocamento che provvedevano ad ogni incombenza burocratica.

La valigia di cartone pronta per partire

Belgio - Marcinelle

Solitamente i giovani minatori partivano da Milano, dove tre piani sotterranei, situati sotto la stazione ferroviaria, fungevano da luogo di accoglienza, da dormitorio ed ambulatorio per le prime visite mediche. Queste ultime prevedevano le analisi del sangue, radiografie del torace e controlli dentistici.
Chi non superava tali visite, spesso anche per semplici ragionamenti dei preposti alle verifiche, o cavilli, doveva tornare a casa.
Si formava, allora, un convoglio con mille passeggeri, lavoratori maschi quasi sempre al di sotto dei 30 anni, di sana e robusta costituzione, che partiva alla volta delle miniere.
Ad attenderli, in territorio belga, la seconda visita medica, più severa;

capitava, sovente, che alcuni immigrati ritenuti idonei alle visite della partenza erano, qui, scartati e, con indescrivibile dolore, delusi e affranti ritornavano in Italia.

La sorveglianza medica sui lavoratori era, quasi, costante; tale sistema funzionò alla perfezione, perché consentì di ingaggiare, nelle miniere, giovani di forte costituzione facilitando l'allontanamento subitaneo di coloro che non resistevano allo sforzo lavorativo.

Quantunque l'accordo con il governo belga prevedesse l'alloggio dei minatori in stabili fabbricati, di proposito, dalle compagnie minerarie, forse a causa del sovrannumero degli arrivi, e del completo disinteresse delle autorità, ciò non avvenne; ad attendere i lavoratori, appena giunti in miniera, erano pronti gli hangar nazisti utilizzati, durante la seconda guerra mondiale, per accogliere i prigionieri russi.

Grandi ambienti guadagnati dentro i capannoni, con bagno e cucina in comune, ad un prezzo molto notevole e decurtato, direttamente, dallo stipendio, divennero la nuova casa dei minatori.

Il vitto era scarseggiante e di bassa qualità, al punto che, dopo un breve periodo, i lavoratori cercavano una sistemazione migliore, presso case private o di connazionali già integrati, operazione non agevole nel corso dei primi anni d'immigrazione, a causa della trasparente diffidenza dei residenti verso gli stranieri.

Ma, in seguito, tale condizione mutò e gli arguti belgi s'accorsero che gli italiani rappresentavano una buona fonte di guadagno; di conseguenza conveniva loro affittare le case.

Nel 1956, l'otto di agosto, a Marcinelle, successe l'episodio dalla storia memorizzato come la tragedia dei minatori italiani, la più agghiacciante legata all'emigrazione, per le disperate operazioni di salvataggio che si prolungarono oltre quindici giorni, cioè sino a quando un soccorritore, emerso dall'inferno, sentenziò:

"Tutti morti".

A mille metri di profondità, forse un errore umano provocò prima uno scoppio poi l'incendio in cui perirono 262 minatori di cui 136 italiani.

Si parlò di stanchezza fisica, della disattenzione di un manovale addetto ai carrelli, di un lavoratore di turno che tentò di caricare sull'ascensore, destinato ad altro uso, i vagoncini stracolmi di carbon fossile giunti dal cantiere di estrazione.

Secondo le perizie, a causa di un freno difettoso, un vagoncino vuoto, che doveva essere spinto, all'esterno, da quello a pieno carico, si bloccò nell'ascensore.

Mentre il minatore provava a sbloccare, con le mani e la disperazione, il freno per cercare di spingerlo verso l'esterno, l'ascensore, purtroppo, si mise in movimento, trascinandosi dietro, sporgenti, i due vagoni.

Sul percorso di risalita, questi ultimi tranciarono una condotta dell'olio, i fili telefonici e due cavi elettrici determinando un corto circuito seguito da un incendio di vaste proporzioni.

Essendo, l'incidente, avvenuto nel pozzo di ingresso dell'aria, il fumo, ben presto, devastò tutta la miniera provocando la morte dei lavoratori.

Qualunque sia stata la causa occorre tener conto dei turni massacranti cui erano soggetti i minatori, in precarie, assenti, o ridotte al minimo necessario condizioni di sicurezza, crudeli e complesse considerata la

Baby minatori

permanenza nel sottosuolo, tra il nero del carbone e le esalazioni del gas grisù, altamente esplosivo, per più di otto ore al giorno e per sei giorni alla settimana.
La miniera di Marcinelle, poi, era in funzione già dal 1822 senza, nel corso degli anni, subire rilevanti operazioni di controllo, manutenzione o perfezionamento.
Pare che scarseggiassero, sul fondo, le protezioni anti-incendio, le porte anti-fiamma erano costruite in legno ed infine mancavano del tutto le maschere antigas.
Con questa notevole esposizione di carenze, elementari trascuratezze unitamente all'errore umano di valutazione o dovuto allo sfiancamento, la morte trovò un terreno molto fertile ed agevole.
Non era la prima volta che la miniera di Marcinelle finiva sulle pagine della cronaca; altri due incidenti, agli inizi del '900, avevano provocato la morte, sempre, si dichiarò, per la mancanza delle dovute protezioni, prima di venti minatori e successivamente il numero si era raddoppiato.
Nonostante i drammatici precedenti, in Belgio, non agirono in maniera proporzionata per garantire la sicurezza dei lavoratori che, per bisogno, erano obbligati ad accettare qualunque situazione, persino quella più estrema, capace di mettere a repentaglio la loro stessa vita.
Il governo italiano, di fronte allo sgomento della popolazione, nonché alla condanna unanime di stampa e sindacati nei confronti dei reiterati incidenti nelle miniere del Belgio, sospese il flusso migratorio verso tale paese ed introdusse nuove regole, più rigorose, in materia di lavoro.
Soltanto dopo la tragedia di Marcinelle, nelle miniere del Belgio, furono utilizzate le maschere antigas.
Tuttavia la grande emigrazione continuava il suo andamento naturale e l'incredibile trasferimento di rimesse in denaro indirizzate in Italia dalla moltitudine di lavoratori sparsi nel mondo rappresentava una fonte di benessere straordinaria che consentiva il mantenimento delle famiglie e la possibilità allo Stato di onorare i debiti internazionali contratti per avviare la ricostruzione post-bellica e nello stesso tempo di acquistare le materie prime, necessarie, perché ciò avvenisse.
Persisteva, tuttavia, una reale, documentata inadeguatezza della classe

Donne che lavorano nei campi

dirigente italiana di realizzare un piano concreto capace di risolvere, alla radice, i problemi congeniti nell'economia nazionale.
Anziché compiere sforzi concreti e decisivi per impiegare e sfamare la forza lavoro, all'interno dei propri confini, si prediligeva la strada, più semplice, dell'incentivazione agli allontanamenti verso nuove e lontane dimore.
Accadeva, allora, che in Italia si creavano degli scompensi demografici con anomalie in alcuni settori importanti come l'agricoltura che, a causa delle frequenti partenze, rimase a corto di personale; fu allora che si decise di fare ricorso all'assunzione di giovane manodopera femminile, sottopagata e decisamente più sfruttata di quella maschile.
Un esempio su tutte, sono le celebri mondine, nelle risaie del nord, cui sono legati canti e leggende, allegri ma spesso anche tristi.
I paesi di destinazione, invece, beneficiavano di tali circostanze poiché il

migrante italiano, con sacrifici giganteschi e privazioni impensabili, ha contribuito, effettivamente, alla costruzione del tessuto sociale europeo, nonché allo sviluppo vigoroso e concreto della solidarietà tra le diverse culture.

Risale a questo periodo la nascita delle mescolanze culturali tra diverse popolazioni d'Europa, preparate al confronto finalizzato allo sviluppo collettivo ed all'integrazione.

Ciò dimostra che buona parte degli emigranti italiani, partiti all'estero in cerca di occupazione, anziché fare ritorno in patria si sono fermati nei luoghi di destino, inserendosi pienamente.

Non è inadeguato, in tal senso, parlare di forzatura ambientale tenuto conto delle severe regole applicate dalle nazioni ospitanti in materia di immigrazione; le locali istituzioni tendevano a privilegiare il contratto di lavoro temporaneo, o stagionale, al fine di allontanare il "pericolo" della nascita di grandi insediamenti facenti capo a pionieri immigrati.

Per compensare a tale disfunzione intervennero gli accordi bilaterali tra governi che prevedevano un contratto di lavoro annuale, rinnovabile a seconda delle esigenze di lavoro e dello stesso lavoratore.

Con la stipula di tali accordi, la classe dirigente valutava il fenomeno della grande emigrazione come un effetto temporaneo, un passaggio transitorio, obbligato, verso la meta rappresentata dal ritorno in patria e sistemazione definitiva del giovane lavoratore.

Nonostante, tuttavia, l'alternarsi delle partenze e degli arrivi, sancito dalle leggi italiane sull'emigrazione, non si scongiurò il fenomeno dello stanziamento nei paesi di destinazione, di molti giovani emigranti con la conseguenza che le istituzioni sindacali e le forze dell'ordine persero il controllo della situazione, non riuscendo più a garantire ai lavoratori assistenza e sicurezza.

Le insufficienze dimostrate dai poteri italiani, in materia assistenziale, forse giustificate dal crescente numero di partenze, e la conseguente insufficienza di punti di riferimento, contribuì alla nascita, nei paesi ospitanti, di piccole associazioni, che avevano l'obiettivo di censire la persona, garantire i diritti umanitari, la sicurezza, nonché patrocinare il giovane dipendente verso il datore di lavoro.

I minatori italiani, ad esempio, si distinsero per le lotte sindacali contro la condizione deprecabile cui erano obbligati a lavorare.

Un ruolo basilare, nella formazione delle associazioni, ebbero le regioni; la creazione di gruppi legati alle proprie origini, (le varie associazioni dei lombardi, dei veneti, dei friulani etc…) favorivano la comprensione dei problemi quotidiani, in seno ai conterranei iscritti, e ne facilitavano la soluzione.

Molto attive furono, inoltre, le missioni cattoliche italiane, che facendo leva sugli ampi spazi parrocchiali promossero e favorirono la nascita di scuole, asili per l'infanzia, formazione lavoro e molto spesso funsero da sportello assistenziale.

Risale al lontano 1900, la fondazione, in Svizzera, della prima missione cattolica italiana; essa fungeva da centro di forte richiamo per italiani e svizzeri di lingua italiana.

Emigranti sui passi alpini

Qualche anno più tardi, ossia nel 1906, nacque, nella città di Zurigo, la Società Cooperativa, un ristorante dove gli italiani potevano assaporare un piatto di spaghetti a prezzo molto favorevole.

Poco dopo, all'interno della cooperativa, si svilupperà un movimento storico tendente a favorire la crescita della coscienza politica, culminato con la nascita, tra le stesse mura, del più importante centro antifascista presente sul Cantone di lingua tedesca.

Nell'anno 1945, alla fine della seconda guerra mondiale, la Svizzera si presentò all'Europa con un apparato industriale intatto.

La non belligeranza aveva risparmiato ogni angolo del ridente stato che forte di un'economia interna inamovibile e luogo di rifugio per capitali esterni, decise di aprire le porte all'immigrazione, specie quella italiana, con cui divideva i confini.

A raggiungere la confederazione sono sempre lavoratori del nord Italia, ma a partire dal 1957/58 si avrà un'inversione di tendenza, allorquando sarà il meridione a fornire, in prevalenza, la manodopera.

La maggior parte degli ardimentosi lavoratori otterrà solo un permesso temporaneo, stagionale, rinnovabile a seconda delle necessità.

Le occupazioni riguardano principalmente i compartimenti dell'edilizia e alberghiero.

Al principio, il lavoratore stagionale non può farsi raggiungere dalla famiglia, ma più tardi, a determinate condizioni, ciò gli sarà consentito.

Anche la limitrofa Francia, subito dopo l'epilogo del conflitto, cui aveva intensamente preso parte, ebbe la necessità di iniziare la ricostruzione e di mettere in funzione i settori industriali laddove si evidenziava molta carenza di manodopera.

Occorre, tuttavia, sottolineare che all'indomani delle cessate operazioni belliche, i rapporti bilaterali tra Italia e la Francia erano di natura molto pessima; i transalpini accusavano gli italiani, alla pari dei tedeschi, di essere i colpevoli dell'immane catastrofe prodotta dalla guerra.

Pertanto, qualunque iniziativa, tesa a promuovere l'immigrazione di manodopera italiana all'interno dello stato francese, non ebbe effetto; bisognerà attendere il trattato di pace, siglato nel 1947, allorquando i rapporti si distesero dando vita ad un ricco flusso migratorio d'oltralpe, basato sulla stabilità lavorativa e visto, dalle istituzioni francesi, nella potenziale ottica di ripopolamento.

Va comunque ricordato che la politica immigratoria francese, all'inizio, puntò il dito, alla ricerca di forza lavoro, verso le zone del nord Europa che risposero alla chiamata in maniera negativa.

A questo punto l'indice della preferenza cadde sugli italiani del nord, preferiti ai meridionali ed ai nordafricani delle colonie che appartenenti, questi ultimi, di fatto, allo stato francese potevano essere reclutati con molta facilità burocratica; ma il forte controllo etnico sulle immigrazioni non consentì l'arrivo degli africani.

Dal 1948 in poi, quindi, tutta una serie di accordi tra l'Italia e la Francia, principalmente in materia di forza lavoro, consentì l'arrivo di svariate centinaia di migliaia di lavoratori.

Merita menzione il capitolo sull'immigrazione clandestina, che alla pari della programmata da progetti ed intenti, invase il territorio francese.

Corre l'obbligo sottolineare come le autorità francesi incoraggiassero, a spada tratta, l'immigrazione clandestina con l'invito, per le persone che valicavano le Alpi, di rivolgersi direttamente alla gendarmeria preposta che avrebbe provveduto, in modo veloce, alla loro sistemazione ad alla ricerca di un'adeguata occupazione.

Molti clandestini raggiunsero la terra di Francia abbagliati dalla politica di incoraggiamento; ma anche stavolta trovarono realtà ben diverse.

Al cospetto della gendarmeria, gli sventurati erano divisi in tre gruppi: del primo gruppo facevano parte coloro che, considerati non idonei ad alcun tipo di lavoro, erano subito rimpatriati, al secondo gruppo erano affidati i futuri lavoratori ed al terzo quei giovani, molto sani e robusti, ritenuti adatti a combattere nelle armi.

Costoro, sotto la minaccia della reclusione di tre mesi per essere entrati, clandestinamente, sul terreno francese, venivano arruolati dalla celebre Legione Straniera.

In gran numero gli emigranti clandestini perirono combattendo assurde guerre in luoghi introvabili ed impronunciabili.

Tutto ciò, considerato un lato molto oscuro dell'emigrazione italiana sul suolo transalpino, riempì molte pagine della cronaca ed unitamente ai salari bassi, alla mancanza di alloggi all'altezza di ospitare le famiglie nonché alla percettibile sottrazione di richiamo economico rispetto alla insorgente, nuova Germania, produsse, all'inizio degli anni sessanta, il deterioramento dei rapporti migratori verso la Francia.

Pur rappresentando la grande nazione sconfitta del conflitto mondiale, la Germania, ostentando una straordinaria forza di volontà ed una linea politica ed economica coerente, iniziò la fase della rinascita.

E' del dicembre 1955 la storica firma del trattato bilaterale tra l'Italia e la Germania che stabilisce, di fatto, l'inizio dell'emigrazione diretta verso quel paese.

I rapporti con Belgio e Francia, a causa delle vicissitudini legate alla non corretta attuazione dei piani di programma, si stavano deteriorando e la nazione tedesca occupò, allora, una posizione dominante nella mente e nel cuore dell'emigrato.

Anche i tedeschi considerarono temporaneo il flusso migratorio verso le

La legione straniera

loro città, uno scambio controllato tra valuta e forza lavoro, regolato da severe leggi che mutavano a seconda delle circostanze.

Si entrava nel paese con un contratto annuale o stagionale, soli, senza la famiglia salvo si dimostrasse, realmente, di fruire di un alloggio capace di ospitarla degnamente, anche se per breve periodo; il governo tedesco non consentiva un soggiorno di lunga durata.

Alla scadenza del permesso, il lavoratore doveva fare rientro in patria.

Tuttavia, pur in presenza di una massiccia precarietà e a dispetto degli sforzi dell'ordinamento giuridico tedesco, di mantenere rigide le regole in materia di rimpatri, si quantifica che più di mezzo milione di italiani siano rimasti sul territorio.

Ciò dimostra quanto la capacità umana di integrazione in nuove realtà sociali sia regolata dalle braccia, dalla mente, e, molto spesso, dal cuore.

Nel 1958, entrò in vigore il trattato, ratificato a Roma l'anno precedente, che stabiliva la nascita del Mercato Comune Europeo, cui aderirono sia l'Italia, sia la Germania, unitamente agli stati del Benelux.

Di fatto, la posizione dei lavoratori italiani sul territorio tedesco cambiò radicalmente allorquando, con la peculiarità di membri della comunità economica europea, grazie alla libera circolazione, potevano spostare la propria residenza nei paesi firmatari, senza essere soggetti a limitazioni in materia di lavoro.

Canada - Halifax - Molo Pier 21

Gli anni '60
La valigia vecchia legata con lo spago ha preso il treno per andare a nord ...
(Nino Sassi Giovenale)

Promessi sposi - Don Abbondio incontra i Bravi

"Addio monti sorgenti dalle acque ed elevati al cielo, cime inuguali note a chi è cresciuto tra voi e impresse nella sua mente non meno che l'aspetto de' suoi familiari, torrenti de' quali si distingue lo scroscio come il suono delle voci domestiche, ville sparse e biancheggianti sul pendio come branchi di pecore pascenti, addio!
Quanto è tristo il passo di chi cresciuto tra voi, se ne allontana".
L'epilogo dell'ottavo capitolo dell'opera "I Promessi Sposi" consente ad Alessandro Manzoni di riprodurre una rappresentazione paesaggistica scaturita dai sentimenti di Lucia Mondella, la protagonista.
Lentamente, su una piccola barca, Renzo e Lucia stanno abbandonando il loro paese natio.

La tristezza che, limpida, compare nei versi elegiaci sottolinea lo stato d'animo di chi, da un giorno all'altro, è obbligato a lasciare il proprio focolare domestico.
Il Manzoni (Milano 7/3/1785 – Milano 22/5/1873), tra le cause per cui si abbandona la propria terra, annovera la ricerca di miglior fortuna in luoghi più favorevoli.
"Là è la provvidenza" pronuncia Renzo Tramaglino nel capitolo XII de "I Promessi Sposi".
Manzoni stesso poté, dalla privilegiata posizione di senatore eletto nel primo parlamento dell'Unità d'Italia, assistere agli allontanamenti degli emigranti verso nuovi e lontani destini.
I flussi migratori legati al periodo degli anni '60 sono caratterizzati dalla precarietà e da un sensibile movimento rotatorio.
Sotto certi aspetti, sembra di assistere alla continuazione migratoria del tardo '800 ed inizio '900.
Tuttavia, il fenomeno è contraddistinto da una profonda diversità sulla scelta della manodopera, da impiegare, che sarà puramente funzionale alle richieste di mercato del lavoro.
A partire dalla fine degli anni '50, gli stati ospitanti, in considerazione del determinante ed acclamato apporto, in termini di progresso, offerto dalla instancabile manodopera italiana, iniziano a modificare il proprio atteggiamento in materia di permessi di soggiorno.
L'emigrazione assume connotazioni numeriche considerevoli e, da ogni parte della penisola, partono lavoratori attratti dalle provate possibilità d'impiego offerte da manifatture straniere nel pieno del rinnovamento produttivo ed economico.
Per certi versi, si ha l'impressione di essere quasi in ritardo rispetto alla chiamata degli stati dell'Europa che stanno, velocemente, combattendo contro i tempi della trasformazione e dei cambiamenti.
Ogni nazione cerca di salire, prima degli altri, sul treno del progresso o, quantomeno, non perderlo.
Occorre mantenere vivo il ricordo che il Nazismo, prima, ed il secondo conflitto mondiale, poi, avevano provocato quaranta milioni di vittime nonchè raso al suolo intere città.

Arturo Frondizi

L'emigrazione, pertanto, accede in maniera organica, nella ricostruzione materiale dell'Europa, ma, purtroppo, rimarrà, completamente, esclusa dagli affari pubblici e dalla cultura continentali, a dimostrazione che il fenomeno migratorio ritrae un'opzione concettuale di politica interna.
Dagli attracchi del capace porto di Napoli, principalmente, in direzione delle lontane Americhe, partono, ancora, i transatlantici che conducono, oltreoceano, migliaia di emigranti.
Il Canada continuava a rappresentare una delle mete preferite.
Per giungervi si approdava prima negli Stati Uniti, a Ellis Island, poi si andava avanti, sempre via mare, per il porto di Halifax, nella provincia canadese della Nuova Scozia; la nave ormeggiava al leggendario molo Pier 21.

Sebbene raggiunta la destinazione, per molti emigranti iniziava un altro tragitto, in treno, lungo mille chilometri che conduceva a Montreal.
All'incombenza di dorversi portare dietro numerosi e pesanti bagagli si aggiungeva l'assoluta incapacità di comprendere la lingua locale che rendeva estremamente difficile la ricerca dei luoghi di destino.
Chi, invece, giungeva nella stagione più calda poteva evitare il tragitto in treno.
In siffatto periodo, invero, il ghiaccio che avvolge tutta la costa e parte dell'entroterra canadese si scioglie consentendo alle navi di percorrere il fiume San Lorenzo, di grande capacità navigabile, sino a Montreal.
Da sottolineare la bella storia di un certo Arturo Ercole Frondizi, nato in Argentina, a Paso de los Libres, nell'anno 1908 da una famiglia italiana, emigrata, originaria di Gubbio.
Nel 1958, dopo una brillante carriera politica, divenne presidente della repubblica di Argentina a simboleggiare, in quello stato, l'ascesa sociale dell'italianità sino a raggiungere il massimo livello istituzionale.
In Germania Occidentale, la maggiore affluenza di lavoratori immigrati si determina nelle zone di Monaco di Baviera, di Stoccarda, Francoforte e Colonia.
A Wolfsburg, all'interno della nota fabbrica di automobili Volkswagen, il gruppo di lavoratori stranieri più numeroso è italiano.
Mentre la prima, confusa, fase dell'emigrazione, in territorio tedesco, fu incoraggiata dalla firma dei trattati governativi, la seconda fase venne contraddistinta dalla possibilità concreta, per i lavoratori, di recarsi nel paese e trovare, facilmente, impiego.
Da sottolineare, perché d'importanza rilevante, l'idea degli Stati Uniti, sotto la presidenza di Harry Truman che, puntando sul piano Marshall, intendevano sostenere, in Europa, un progetto di crescita comune; ciò avrebbe garantito stabilità sociale e pace tra i diversi Stati componenti.
In particolare gli Stati Uniti riconoscevano alla Germania Occidentale la funzione di Stato cardine, eleggendola a roccaforte per il loro controllo politico sul resto dell'Europa.
Il carbone e poi l'alta competenza tecnica tedeschi rappresentavano, per l'America, il motore trainante della ripresa economica continentale,

Wolfsburg – La fabbrica di automobili Volkwagen

Mentre, dal punto di vista politico, il potente controllo americano sulla Germania Occidentale fungeva da buon antidoto contro eventuali mire espansionistiche dell'Unione Sovietica posizionata, strategicamente, in diverse località dell'allora Germania Est.
La pressoché generale sinergia tra gli stati tedesco ed italiano basava le fondamenta sulla teoria secondo cui la Germania, per avviare il piano di incremento produttivo, ricorreva alla manodopera straniera, mentre l'Italia, per attenuare la disastrata, recondita, economia, si affidava alla ricchezza, di ritorno, che un flusso migratorio di consistenti proporzioni poteva apportare.
Tuttavia, se la stampa dell'epoca, sia italiana sia tedesca, dava grande risalto alle notizie dell'acclamato accordo bilaterale, occorre prendere atto che il governo tedesco affidò, totalmente, le sorti dei lavoratori alle imprese con la conseguenza che, in materia di alloggi, molti lavoratori

furono sistemati in baracche di legno compiendo, in tal modo, notevoli passi indietro se si legge, bene, la dichiarazione introduttiva che sancì la collaborazione:
"Nel desiderio di approfondire e di stringere sempre più, nell'interesse vicendevole, le relazioni tra i loro popoli e nello spirito della solidarietà europea, nonché di consolidare i legami di amicizia esistenti tra di loro, nello sforzo comune di realizzare un alto livello di occupazione della manodopera ed un pieno sfruttamento delle possibilità di produzione, nella convinzione che questi sforzi servano l'interesse comune dei loro cittadini e promuovano il loro progresso, economico e sociale, hanno concluso il seguente Accordo. […]
A ciò, poi, si aggiunsero le dichiarazioni dell'allora ministro del lavoro tedesco che evidenziavano, e fungevano da sprone per gli emigranti, la totale spaccatura con gli avvenimenti collegati alla guerra e successivi:
"[…] l'italiano che, in base all'accordo bilaterale, viene in Germania, sa che lui non è un lavoratore dai diritti inferiori. Per lui valgono le stesse condizioni di lavoro e gli stessi diritti dei lavoratori tedeschi.[…]"
Ma, e ciò fu rimarcato, a grandi linee, dai giornali del periodo, per non creare tensioni interne, il governo tedesco, già lungo le righe del primo capitolo dell'accordo, aveva posto l'accento su un punto fondamentale, ossia le modalità di assunzione; in Germania avrebbero fatto ricorso alla manodopera italiana:
"[…] quando avessero constatato una penuria di manodopera e deciso di rimediarvi attraverso l'assunzione di lavoratori italiani. […]
Spettava, dunque, soltanto al governo tedesco stabilire il fabbisogno di manovalanza che, accompagnando una lista delle professioni richieste, lo comunicava a quello italiano il quale, con rapidità, si occupava delle incombenze precedenti le partenze.
Munito del certificato di buona condotta, rilasciato dal proprio comune di residenza, il candidato lavoratore, dopo aver superato una prima selezione, istituita dal governo italiano nella provincia di appartenenza, si presentava al cospetto della commissione tedesca che ne appurava il grado di istruzione, la qualifica professionale e le eventuali, trascorse, prestazioni lavorative all'estero.

Successivamente, si passava ad un'accurata visita medica che aveva lo scopo di accertare la sana costituzione e l'abilitazione al compito per cui l'emigrante aveva presentato richiesta.

Il superamento di tale, zelante, selezione spalancava le porte alla firma del contratto di lavoro che sanciva la parità, in materia di retribuzione e condizioni lavorative, con la manodopera tedesca.

La documentata accoglienza, in luogo germanico, dei lavoratori italiani, comunque, non fu calorosa ed entusiasmante, come previsto o come gli accordi pianificavano.

Il conosciuto termine "Gastarbeiter" ovvero "lavoratore con contratto a termine" divenne, col passare del tempo, corrispondente di "italiano".

Qualcuno insinuò che tale, infima, affiliazione si rendeva necessaria per ricordare al forestiero la sua temporaneità, ossia la presenza all'interno dello stato ospitante per un determinato periodo, dopo il quale doveva fare ritorno alle proprie origini.

Più tardi tale nomignolo divenne pressoché un insulto.

Emigranti italiani costruiscono una strada

Germania - Saarbrucken - Vietato l'ingresso agli italiani

Anche in Germania l'italiano era considerato persona di poco rispetto, colui che lavorava per una misera paga, sottraendo il lavoro ai tedeschi e vanificando la lotta dei sindacati autoctoni contro il governo centrale, per l'adeguamento salariale dei dipendenti.
Si giunse, addirittura, ad una vera e propria guerra di stampa tra testate giornalistiche che tolleravano l'emigrazione italiana, in funzione del

trattato, sottoscritto, in precedenza, dai rispettivi governi, ed altre che prendevano le debite distanze sostenendo che nessun italiano sarebbe stato impiegato nelle miniere, solo appannaggio di lavoratori tedeschi.
Anche gli alloggi costituirono motivo di diatriba.
Una ferma dichiarazione rilasciata dall'allora vice ministro del lavoro di Germania, Maximilian Sauerborn, cosi recitava:
"[…] noi non vogliamo che i nuovi alloggi, costruiti per i rifugiati e gli sfollati possano, ora, essere presi in considerazione per gli italiani e che i tedeschi ne rimangano esclusi […].
Si trattava di un'abile mossa diplomatica del politico, tesa a scaricare il problema degli alloggi alle imprese che assumevano i lavoratori.
Nel contempo, occorreva dimostrare come, eludendo le regole stabilite dall'accordo che, in ogni modo, racchiudeva la clausola secondo cui la sistemazione nelle residenze era affidata alle singole imprese, fosse la Germania a dettare le linee dell'intesa a proprio ed esclusivo vantaggio,

Contadini emigranti con, sullo sfondo, la metropoli

nonché della propria forza lavorativa.
Infatti, molte fabbriche, sistemarono gli emigrati italiani nelle baracche e non secondo quanto contenuto nel documento ufficiale ed apparso sul "Corriere della sera" in quel periodo:
"La maggiore preoccupazione dell'accordo sottoscritto è stata quella di poter garantire ai tanti lavoratori italiani che si recheranno in Germania ottime condizioni di lavoro e di sistemazione".
Ed ancora lo stesso giornale riportava:
"I primi scaglioni apparterranno all'agricoltura e all'edilizia. Identità di trattamento, compresi gli assegni familiari, con gli operai tedeschi".
Il capitolo dedicato agli assegni familiari costituiva, in effetti, la prova documentata dell'incondizionata accettazione tedesca di pagamento, al lavoratore, degli assegni familiari, ciò pur in assenza della famiglia, di fatto dimorante in Italia.
Il povero, tapino, emigrante partito, dall'estreme regioni della penisola, unitamente ai numerosi connazionali più contigui ai confini germanici, erano punzecchiati con aggettivi del tipo furfante, delittuoso, sudicio, scansafatiche e tanti ancora rimasti incomprensibili.
Non tutte le pianure tedesche, tuttavia, mostravano indubitabili segnali d'intolleranza.
Ecco l'intervista rilasciata da Andrea Siggi, nato nel 1938, un emigrante partito, durante quel lasso di tempo, da Vittoria, un paese della Sicilia, una delle tante testimonianze dirette.

....

Domanda. Come era composta la vostra famiglia?
Quale attività svolgevano i suoi membri?
Risposta. I miei genitori più quattro figli.
Mio padre e i suoi due figli maschi erano agricoltori.
Domanda. Quali scuole aveva frequentato in Italia?
Risposta. Avevo frequentato tre anni di scuole elementari più due anni di elementari serali.
Domanda. Quale lavoro o attività svolgeva in Italia?
Risposta. Anche io ero un agricoltore.
Domanda. Come giudica le condizioni di vita della popolazione nel suo

Antico carretto siciliano

paese di origine prima della sua partenza?
Risposta. Pessima, molto negativa.
Domanda. Cosa si sente di dire sulla società in cui viveva?
Sull'economia?
Sulla politica?
Risposta. Era una politica menefreghista, se non assente, nei confronti delle condizioni dei cittadini, del popolo.
C'era la destra, la DC al potere.
Praticamente era in vigore un'economia di sussistenza, molto precaria, ci si doveva arrangiare con alcuni lavoretti temporanei, fatti di qua e di là, per racimolare qualche soldo.
Domanda. Cosa l'ha spinto ad andare via dal suo paese d'origine?
Risposta. Mi ha spinto la speranza di una vita migliore, senza gli stenti patiti fino ad allora.
Domanda. E' stata una decisione presa di sua iniziativa o qualcuno l'ha consigliato?
Risposta. E' stata un'iniziativa mia, dettata dalla speranza e da quello di positivo che sentivo dire da altri emigranti sulla Germania.
Domanda. Cosa si aspettava di trovare di diverso in Germania?

Emigranti in attesa del treno

Risposta. Fondamentalmente una differente collocazione lavorativa che potesse risollevare le finanze, fino ad allora molto stentate, mie e della mia famiglia.
Domanda. Quando è partito dall'Italia?
Risposta. Sono partito il 20 maggio del 1960
Domanda. E' partito da solo?
Se no, con chi?
Risposta. Sono partito con alcuni amici che avevano fatto la mia stessa scelta.
Domanda. Come ha organizzato il viaggio?
Da quale località è partito?
Quale mezzo ha utilizzato?
Come si è svolto il viaggio e quanto è durato?
Chi erano e da dove provenivano i suoi compagni di viaggio?
Risposta. Sono partito con un regolare contratto di lavoro da assolvere in una masseria tedesca. I miei compagni ed io, siamo partiti da Vittoria in treno.

Il viaggio è durato una settimana ma prima ci siamo dovuti fermare a Napoli, circa tre giorni, per essere sottoposti alle usuali visite mediche richieste per l'espatrio.
Queste visite dovevano appurare se eravamo abili o meno al lavoro cui eravamo stati assegnati.
Chi andava in Germania doveva farle, era obbligatorio.
Domanda. In quale località del nuovo paese è arrivato?
Come si è svolta la procedura di accoglienza?
Ritiene di aver ricevuto un buon trattamento in queste circostanze?
C'era qualcuno di sua conoscenza ad attenderlo?
Risposta. Dopo una settimana di viaggio, siamo sopraggiunti nei pressi di Munster, nella regione della Vestfalia, dove ad accoglierci c'erano i nostri datori di lavoro i quali ci hanno, immediatamente, accompagnato nei posti a noi assegnati.
Il trattamento sembrava dapprima buono, ma, poi, la situazione, resa pressoché insostenibile dalla lontananza da casa, dal fatto di non avere nessuna conoscenza e dalla presenza di un datore di lavoro avaro, si concretizzò in un rapporto pessimo.
Domanda. Quale lavoro o quali lavori ha svolto una volta arrivato?
Risposta. I più svariati, dalla raccolta e la trebbiatura del frumento alla raccolta delle barbabietole.
Domanda. Ha sfruttato le sue competenze lavorative e/o scolastiche o ha iniziato a svolgere attività completamente nuove?
Risposta. Al principio ho svolto attività inerenti alle mie competenze, in agricoltura, poi sono passato a svolgere un lavoro in una industria, un compito completamente nuovo per me.
Domanda. Con quanta facilità, o difficoltà, e tramite chi, lei ha trovato lavoro?
Risposta. Ho trovato questa mia prima mansione tramite un'agenzia di collocamento.
Domanda. Gli italiani svolgevano, più o meno, tutti gli stessi tipi di lavoro o c'erano differenze, ad esempio tra gli emigranti meridionali e quelli del Settentrione?
Quali erano le attività in cui erano maggiormente impiegati gli italiani?

Risposta. In Vestfalia vi erano, in maggioranza, emigranti meridionali, impiegati, soprattutto, come manovalanza agricola per ciò che attiene agli uomini, mentre i lavori di sartoria erano tipici per le donne.
Domanda. Quali differenze reali o tratti comuni ha riscontrato rispetto all'Italia per quanto riguarda i salari e i contratti di lavoro?
Risposta. Rispetto alle condizioni salariali presenti in Italia, in Germania potevamo rilevare notevoli vantaggi, consistenti differenze economiche e rapporti contrattuali migliori.
Domanda. Per quanto riguarda la tutela dei sani diritti del lavoratore (infortuni, pensioni, assicurazioni, ferie ecc) e le retribuzioni gli italiani erano trattati allo stesso modo dei tedeschi o c'erano differenze?
In quest'ultimo caso, secondo lei, si poteva parlare di sfruttamento?
Risposta. I diritti erano sulla carta uguali sia per noi immigrati sia per gli abitanti del luogo ma, in pratica, gli italiani venivano spesso trattati con meno riguardo.
Nello specifico, ricordo che durante il pranzo, o la cena, noi immigrati venivamo lasciati soli e il cibo ci veniva razionato, quattro fette di pane al giorno più brodini vari, mentre ai tedeschi davano salame e insaccati a volontà.
Anche per questo motivo, dopo un po', come ho accennato poco prima, ho cambiato il lavoro e mi sono trasferito in città, a Saarbrucken, in una fonderia dove le ore lavorative erano ridotte a otto ore sindacali rispetto alle undici della masseria.
Qui, veramente, noi immigrati eravamo trattati allo stesso, equivalente, modo dei tedeschi per quanto riguarda diritti e retribuzioni.
Domanda. E' stato facile trovare un alloggio una volta arrivato?
Ha riscontrato, lei o persone di sua conoscenza, delle discriminazioni nei suoi riguardi da parte dei locatori?
Risposta. Ho trovato assai facilmente un alloggio grazie all'aiuto di mio fratello, già integrato nell'ambiente.
Sostanzialmente, il rapporto con il locatore non era discriminatorio nei nostri riguardi anche se qualcuno, nostalgico del regime nazista, aveva idee o tendenze razziste.
Domanda. Quali erano le condizioni delle abitazioni in cui alloggiavano gli italiani?

Migliori o peggiori rispetto all'Italia?
Risposta. Tutto sommato, gli alloggi si presentavano migliori rispetto a quelli cui noi eravamo abituati in Italia, anche se erano di dimensioni modeste e spesso con bagni comuni.
Domanda. E' vero che gli italiani, così come gli stessi immigrati di altre nazionalità, tendevano a concentrarsi negli stessi quartieri?
Se sì, perché secondo lei?
Continua ancora questa tendenza?
Quali erano le reali condizioni abitative di questi quartieri per quanto riguarda i servizi (scuole e biblioteche, ospedali, consultori, centri di associazione e ricreazione ecc)?
Risposta. A differenza di altri paesi, meta di una massiccia emigrazione dal nostro caro paese, gli immigrati italiani in Germania, o almeno nella regione dove vivevo io, non si concentravano nelle stesse zone.
Il quartiere dove risiedevo io si presentava pieno di servizi, per esempio l'ospedale, parchi giochi, luoghi di ristoro, strade pulite ed illuminate, mercatini rionali, scuole ecc.
Molto più di quanto si poteva sperare a Vittoria.
Domanda. Quali erano le principali direttive in materia di legislazione sull'immigrazione cui dovevate attenervi e che dovevate rispettare?
Risposta. La legislazione tedesca in materia di lavoro si estendeva anche ai tanti lavoratori immigrati, senza particolari discriminazioni rispetto ai lavoratori tedeschi; ovviamente per tutti gli immigrati responsabili di comportamenti illeciti o illegali era prevista l'espulsione immediata dal paese.
Domanda. Come giudica l'ambiente socio-economico del paese ospite?
Era disponibile e ospitale o più o meno ostile?
Quali erano i suoi pregi e i suoi difetti principali?
Risposta. L'ambiente socio-economico si presentava assai favorevole e aperto con la gente educata e disponibile al dialogo.
Domanda. Quale era l'atteggiamento degli americani nei confronti degli immigrati?
Ha mai subito, lei o qualcuno di sua conoscenza o gli italiani in genere, discriminazioni o atteggiamenti a sfondo razzista da parte dei locali?

Parata di Benito Mussolini e Adolf Hitler

Se sì, potrebbe raccontarne qualcuno?
Quali erano o sono tuttora i luoghi comuni più diffusi sugli italiani tra la popolazione locale?
Quali erano o sono tuttora le espressioni più offensive?
Risposta. Posso assicurare che l'atteggiamento dei tedeschi, nei nostri confronti, era naturale se non cordiale.
Per quella che è la mia esperienza personale, non mostravano eccessivi pregiudizi o discriminazioni.
Alcuni abitanti del luogo nutrivano, però, un po' di riserve su qualche italiano, additandolo come mafioso (luogo comune d'altronde affibbiato alla Sicilia in tutto il mondo, e non soltanto in Germania) o ripetendo scherzosamente epiteti come "siciliano troppo geloso".
In particolare, ricordo che, una volta, certuni tedeschi, conservatori del

Nazismo, in un momento di nervosismo, mi accusarono, ed in generale questo insulto pare fosse rivolto a tutti gli italiani, di essere FARETER (traditore), riferendosi al cosiddetto voltafaccia operato verso Mussolini e Hitler dal re d'Italia e dal popolo italiano, dopo l'otto settembre, nella seconda guerra mondiale.

Domanda. La maggior parte degli italiani immigrati in questo paese si riconosceva nella religione cattolica?

Che ruolo aveva nella loro vita?

Vede delle differenze rispetto all'Italia nel grado di attaccamento alla religione da parte degli italiani immigrati in questo paese?

Si riteneva importante impartire un'educazione cattolica ai propri figli?

Riguardo a questi ultimi punti, secondo lei, esistono delle differenze tra la prima e le ultime generazioni di immigrati?

Risposta. Il cemento che faceva da collante a tutti gli immigrati italiani, sia del nord che del sud, era proprio la religione cattolica che anche qui, come in Italia, era molto seguita e considerata.

Ogni famiglia, inoltre, tendeva a dare alla propria prole un'educazione tradizionale, in linea con i canoni e valori familiari specifici della nostra società.

Domanda. Ha riscontrato differenze nella vita e negli usi delle donne italiane immigrate rispetto alla situazione lasciata in Italia?

Ad esempio, rimanevano in casa ad accudire alla famiglia o trovavano un lavoro? Frequentavano, in modo regolare, la scuola fino ai gradi superiori dell'istruzione o si accontentavano di un'istruzione di base.

All'interno della famiglia oppure della comunità erano, e si sentivano, più libere rispetto alla loro situazione in Italia?

Risposta. La condizione della donna era molto diversa da quella vigente in Italia, a Vittoria, da dove ero partito.

Infatti, in Germania la donna non era vista solo ed esclusivamente come mamma e casalinga ma anch'essa si prestava, spesso e molto volentieri, a lavorare fuori casa.

Le donne del luogo, già potevano accedere a gradi alti dell'istruzione superiore rispetto alle donne italiane, specie quelle del meridione, che a quei tempi arrivavano, si e no, alla licenza elementare.

Diversamente dalle donne siciliane, le tedesche erano molto emancipate e, almeno alcune, già donne in carriera.

In questo nuovo ambiente, le immigrate si sentivano molto più libere rispetto al paese di provenienza, sia nel modo di vestire sia, altresì, nel relazionarsi con l'altro sesso, senza più acconsentire di essere dominate passivamente da quegli assurdi pregiudizi che tanto caratterizzavano la loro vita nel Mezzogiorno.

Domanda. Rispetto alla situazione lasciata in Italia ha riscontrato, forse, differenze nella vita e nella struttura della famiglia nella comunità degli immigrati italiani?

Se sì, quali le più significative?

Quanto era, ed è, importante il valore della famiglia tra gli immigrati italiani?

C'era, o c'è, la tendenza a sposare un partner italiano o i matrimoni con non italiani erano, o sono, frequenti e normalmente accettati?

Risposta. Il valore della famiglia era molto importante, anche, quasi, per reazione o per paura di fronte al fatto che nel paese ospite non c'era un reale attaccamento a quegli alti valori familiari così sentiti, invece, dagli italiani.

Ovviamente, preso atto dell'alta frenesia della vita e gli orari del lavoro, i ruoli che in Italia, da sempre, erano considerati appannaggio esclusivo del sesso debole, (la donna come regina del focolare che aspetta a casa il marito accudendo i figli) venivano stravolti e messi in discussione.

Mi rendevo conto che il modo di vivere dei tedeschi, molto più aperto e disinvolto, aveva condizionato, più o meno pesantemente, le concezioni tradizionali di vivere degli italiani, anche quelli di prima generazione.

I matrimoni però, solitamente, avvenivano tra connazionali e raramente al contrario, ma questo soltanto perché vi erano gusti ed usanze diversi rispetto ai tedeschi.

Domanda. Gli immigrati italiani imparavano subito il tedesco?

Dove e in che misura si tendeva a parlare in dialetto o in italiano?

Ci sono differenze tra la prima e la seconda generazione o la terza nel grado di conoscenza del tedesco e dell'italiano?

Se sì, quali sono, secondo lei, le cause?

Emigranti italiani abbandonano il paese natìo

Le istituzioni locali fornivano i mezzi per imparare la nuova lingua?
Ad esempio, organizzavano corsi di tedesco per gli immigrati?
Ritiene che gli immigrati italiani abbiano accettato la cultura ed il modo di pensare della nuova società o hanno fatto resistenza mantenendo i propri costumi ed il proprio modo di pensare?
Quali sono, da questo punto di vista, le differenze concrete tra la prima, la seconda e la terza generazione?
Quanto è cambiata, rispetto all'Italia, la situazione sociale ed economica degli immigrati? Quanto è cambiata, rispetto alla prima generazione di immigrati, la situazione sociale ed economica degli italiani di seconda e terza generazione?
Risposta. La lingua tedesca, idioma di per se difficile, veniva facilmente assimilata dall'emigrante italiano, grazie a corsi di lingua istituiti, per lo più, dai titolari delle fabbriche dove essi lavoravano.
Ovviamente, dai figli di immigrati nati nella Germania, dalla seconda generazione in poi, il tedesco era ancor più facilmente assimilato e, di conseguenza, l'italiano andava scomparendo nell'uso quotidiano.

Tuttora le nuove generazioni tendono a parlare un italiano zoppicante o non lo riescono a parlare completamente.

Come la lingua, anche la situazione socio-economica, riscontrabile tra la prima e la seconda generazione, è molto diversa perché questa ultima è predisposta allo studio o all'intraprendenza economica rispetto ai padri o ai nonni di qualche decennio prima.

Il loro grado di assimilazione alla mentalità nonchè ai costumi, al modo di vivere dei tedeschi, è pressoché completo, a differenza della prima generazione che non ha mai, seriamente, tagliato i ponti con la società e la cultura di provenienza.

Domanda. Quanto sono state, o sono ancora, presenti le organizzazioni malavitose nelle comunità di immigrati italiani?

Quanto ritiene abbia danneggiato tutto ciò l'immagine degli immigrati italiani nel paese d'accoglienza?

Era, o è, frequente il delinquere tra gli immigrati italiani?

C'erano pregiudizi sugli italiani da questo punto di vista?

E' mai capitato a voi, oppure a qualcuno di vostra conoscenza, di essere additato come *mafioso*?

Risposta. Per quanto riguarda le sconce implicazioni inerenti all'ordine pubblico e alla sicurezza, la severità delle norme tedesche comportava che si verificassero solo sporadici episodi di criminalità, messi in atto da immigrati italiani.

Almeno a mia memoria.

Non ricordo alcuna organizzazione malavitosa operante in Germania, o nella regione in cui mi ero stabilito e vivevo, organizzazioni che, invece, erano presenti in altri paesi europei e non.

Per fortuna il clima sociale era di eccellente livello per quanto riguarda, appunto, la sicurezza pubblica.

Domanda. Come, dove e con chi gli italiani passavano il proprio tempo libero?

Che tipo di musica o generi culturali preferivano?

Per quanto riguarda la materia dell'alimentazione, gli immigrati italiani hanno accettato immediatamente, e volentieri, le consuetudini locali o hanno conservato con tenacia le proprie?

Anche nell'abbigliamento si sono fatti influenzare dal nuovo ambiente, e mi riferisco in particolar modo alle donne, o magari si sono attenuti ai costumi originali?
Risposta. Il tempo libero si passava in qualche birreria locale, giardino pubblico o nelle case di altri connazionali per guardare la TV o giocare a carte.
La musica e la cultura preferite restavano quelle di appartenenza anche se si cominciava ad apprezzare i generi del luogo.
Nell'alimentazione, al contrario, si continuava, tenacemente, a preferire i piatti della propria terra, la pasta, i formaggi ed olive, tipici della dieta mediterranea.
Domanda. Gli immigrati italiani hanno continuato a mantenere rapporti stabili con la società e la famiglia di origine?
E' sempre stato forte il desiderio di ritornare?
Che differenze ci sono, da questo punto di vista, tra la prima, la seconda e la terza generazione?
Risposta. Tutti noi immigrati avevamo sempre caro il forte desiderio di mantenere rapporti stabili con la famiglia di appartenenza ma la voglia di ritornare era molto più sentita in quelle persone che non riuscivano ad integrarsi completamente.
A questo proposito, la seconda e la terza generazione si differenziavano totalmente dato che, una volta trovata una buona attività, difficilmente si pensava a ritornare in Italia, anche in considerazione del fatto che la realtà meridionale non avrebbe consentito la stessa stabilità economica che si era riusciti a trovare in Germania.
Domanda. Quanti sono, tra le sue conoscenze, gli immigrati che hanno deciso di ritornare in Italia?
Quando e perché, secondo lei, si decide di fare questo passo?
Quali conseguenze comporta, per esempio all'interno della famiglia costituita nel paese d'accoglienza, la decisione di ritornare in patria?
Risposta. Tra i miei connazionali emigrati con me nella Germania pochi sono ritornati a Vittoria.
Sono ritornati i troppo nostalgici della propria famiglia o coloro privi di spirito di innovazione e adattamento.

La decisione di tornare in patria spesso portava ad inevitabili crisi fra i membri della famiglia.

A chi decideva di ritornare, in genere i genitori, si contrapponeva il vivo desiderio degli altri, i figli, di rimanere perché in Germania la vita si presentava più confortevole, sicura e dignitosa rispetto alla situazione di precariato o di scarsa remunerazione presenti nella realtà produttiva ed economica del paese di origine.

....

Come si potrà osservare, la persona chiamata a rispondere rientra nel gruppo di coloro che l'emigrazione l'hanno vissuta come un'esigenza, ed una bella esperienza di vita, che non hanno coltivato dentro l'anima piante velenose.

Ma, sul binario parallelo, della stessa ferrovia, che conduce alla stessa meta, viaggiavano coloro per cui, la mancata, assoluta, integrazione, le continue mortificazioni derivanti dalla gente locale e la vicinanza della patria, a differenza delle mete oltreoceano, furono tra le maggiori cause che produssero il ristagno dei rapporti di lavoro stagionali, e l'assenza di stimoli per spingere ad ottenere contratti più duraturi.

Nel 1968, l'emissione del terzo regolamento, che seguiva il primo del 1961, il quale sanciva la libera circolazione per i lavoratori stabili, il secondo, dell'anno 1964, che allargava il diritto di libera circolazione ai lavoratori frontalieri e stagionali, segnò la conclusione della preminenza tedesca sul mercato del lavoro, della Germania Federale; i lavoratori indigeni non ebbero più precedenza di assunzione rispetto agli italiani.

Anche l'emigrazione controllata perse, a poco a poco, la funzione di faro occupazionale, allorché molti lavoratori che decidevano di recarsi nel paese, si affidavano ai parenti o conoscenti, già impegnati in loco, e le aziende tedesche non avevano enormi difficoltà, ovvero obblighi, ad assumere direttamente, eludendo, il passaggio "istituzionale".

In Francia, la denatalità ed il protrarsi della cruenta guerra in Algeria inducono il governo ad incentivare e agevolare il flusso di manodopera proveniente dall'estero, considerata l'insufficienza di lavoratori locali presenti sul territorio.

Il nord-est ed il meridione d'Italia, dalle saggiate capacità lavorative,

Treno di emigranti in partenza per il Belgio

senza, poi, così tanto pretendere e assolutamente privi di proporzionate rappresentanze sindacali, rispondono, con grandi numeri, alla richiesta di manovalanza, contribuendo, in maniera determinante, allo sviluppo economico dello stato transalpino.
Anche il Belgio, nonostante la tragedia mineraria di Marcinelle, insiste sulla richiesta di operatori esteri ed in particolare dall'Italia, agevolato, in parte, dal matrimonio tra il giovane principe Alberto con Paola Ruffo di Calabria, celebrato nel luglio del 1959.
Dopo tale, giocondo e storico, avvenimento l'emigrante italiano cambiò immagine di fronte al cittadino belga ed i successivi accordi politici ed economici tra i rispettivi governi centrali spalancarono, di fatto, le porte ad un percorso comune di ripresa e sviluppo.
Ecco come recita, testualmente, un manifesto pubblicitario dell'epoca

riferito all'arruolamento di minatori nel Belgio:
"Approfittate ora degli speciali vantaggi che il Belgio riconosce ai suoi minatori. Il viaggio dall'Italia al Belgio è completamente gratuito per i lavoratori italiani, firmatari di un contratto annuale di lavoro, per le miniere. Il viaggio dall'Italia al Belgio dura, in ferrovia, soltanto 18 ore. Completate le semplici, ordinarie, formalità, la vostra famiglia vi potrà raggiungere in Belgio"
Il viaggio da Milano, in realtà, durava due giorni.
Si partiva, sempre, il lunedì mattina, si viaggiava per l'intera giornata e si giungeva in Belgio il martedì pomeriggio.
Non si trattava di un viaggio tranquillizzante, specie durante il tratto di percorrenza in territorio svizzero.
Qui i vagoni venivano chiusi, il treno non effettuava più alcuna fermata sino alla città di Basilea, ed il pretesto si collegava al timore di smarrire "personale" minerario che al passaggio della lauta e sognata Svizzera avrebbe potuto allontanarsi, disperdendosi nei campi.
Dopo la stazione di Basilea, i vagoni venivano riaperti poiché, nel tratto francese, nessuno ambiva scendere dal treno.
Corre l'obbligo, tuttavia, sottolineare, facendo ricorso alla memoria, un parziale, pur minimo, accostamento, sebbene di tutt'altra natura, tra la chiusura dei vagoni destinati agli abominevoli lager nazisti con quelli in transito per le miniere del Belgio.
Alla stazione di Bruxelles, nello spazio riservato ai convogli merci, gli uomini giungevano spossati ed accompagnati da limitati indumenti ed effetti personali.
In loco, aveva inizio lo smistamento, lento, verso le miniere, con treni ed autobus, dove ad accoglierli c'erano gli hangar, utilizzati come prigione durante la guerra, ed ora impiegati per offrire abitazione ai minatori.
In definitiva nessun parametro, riportato nel manifesto propagandistico di richiamo, o dell'accordo istituzionale, era rispettato.
Oltre alla morte, per ragioni naturali, umane o strutturali, i minatori andavano incontro alla reale possibilità di contrarre delle malattie letali.
La silicosi, in particolare, cagionata dalle nocive polveri della miniera, depositandosi sui polmoni, produceva gravi difetti respiratori.

Tuttavia la produzione carbonifera belga, all'inizio degli anni '60, entra in crisi, provocando, di fatto, un rallentamento e, in un secondo tempo, pressoché un blocco, dei flussi migratori verso il paese, annullando gli effetti del famoso accordo istituzionale "carbone contro manodopera".
Il 1° giugno 1964 entra in vigore un nuovo accordo italo-svizzero.
I lavoratori italiani presenti sul territorio elvetico sono parificati, sul piano giuridico, agli svizzeri.
Costoro potevi incontrarli alle stazioni ferroviarie, tristi, ad osservare, nostalgici, i treni che partivano o arrivavano dal sud.
Tra di loro non mancavano gli imbroglioni, ossia chi vendeva bottiglie vuote assicurando che all'interno di esse dimorasse "un po' d'aria pura del paese nativo".
Nel 1965, la Svizzera fu scossa da una tragedia che colpì duramente gli emigranti.
A Mattmark, in fondo alla Valle del Saas, nel Canton Vallese, laddove esiste il più grande bacino artificiale, europeo, delimitato da una diga, il 30 agosto si verificò una catastrofe naturale, in cui perirono 88 persone.
Una gigantesca punta di ghiaccio, staccatasi dal monte Allalin, travolse il cantiere sottostante dove i lavoratori erano impegnati alla costruzione della diga.
Di loro 56 erano italiani.
Si trattò dell'ennesima tragedia del lavoro, un nuovo sacrificio di vite umane in nome del progresso.
Anche stavolta si parlò di logica del profitto e di ingente risparmio sulle misure di sicurezza.
Il ghiacciaio era ben noto per la sua instabilità.
Nonostante il bagaglio di informazioni disponibili, la direzione del cantiere permise che le baracche, adibite a ricovero degli operai, fossero costruite, per velocizzare al massimo i tempi degli spostamenti, ai piedi della montagna, senza, secondo quanto raccontato dai testimoni oculari, predisporre un piano rapido di evacuazione in caso di incidente.
Soltanto dopo la catastrofe furono installati adeguati apparati d'allarme e di sicurezza.
Purtroppo, a seguito della sciagura, 88 famiglie precipitarono nella

Svizzera - Mattmark - Monumento ai caduti della miniera

disperazione; in pochi secondi esse videro annullarsi, del tutto, i sogni che conducevano verso un avvenire migliore e la perdita di chi, in nome di quel tozzo di pane, aveva trovato una gelida morte.

La sciagura avrebbe potuto mietere molte più vittime considerata l'ora, prossima al cambio del turno di lavoro.

A carico della direzione del cantiere fu istruito un processo, ma dopo sei lunghi anni di dibattimenti, la corte sentenziò che non vi fosse alcun colpevole cui attribuire, in modo diretto, le cause della tragedia.

Le famiglie delle vittime ricorsero in appello e la conseguente sentenza ordinò loro di pagare le spese processuali.

La vicenda si concluse tra la totale indignazione, ed i lavori della diga proseguirono sino al compimento.

L'ultimo corpo senza vita fu recuperato due anni dopo, ed alcuni giorni prima che si tenesse l'inaugurazione ufficiale dell'opera.

Le righe di un giornale dell'epoca riportarono:
"Fu uno dei maggiori contributi di sangue dell'emigrazione italiana al miracolo economico della Svizzera".
La maggiore disponibilità delle autorità elvetiche, in materia dei sempre più numerosi lavoratori forestieri, se da un alto sostenne l'accoglienza e la disposizione ad assumere personale da parte di cantieri e fabbriche, dall'altro lato provocò malcontenti in parte della popolazione locale, fortunatamente di larga minoranza, che carpirono il fenomeno come la sottrazione di lavoro e benessere nazionale.
In alcuni casi, storici, tali gruppi d'opposizione, diedero vita a correnti e liste partitiche, sfociate nella raccolta delle firme necessarie per indire dei referendum con la cui affermazione speravano di contrarre gli arrivi ed, in qualche caso, bloccarli o addirittura procedere allo sfoltimento, nel tempo, delle forze migratorie già operanti sul territorio.
Tuttavia, simili iniziative furono sempre respinte, a gratificazione dei lavoratori italiani cui, tacitamente, venivano riconosciuti le smisurate capacità lavorative ed il rilevante apporto, in termini di sviluppo, che le loro prestazioni contribuivano a velocizzare.
Occorre sottolineare che l'atroce tragedia di Mattmark, a causa dell'alto numero di vittime, scosse l'opinione pubblica elvetica divenendo, ben presto, un problema nazionale legato, col filo diretto, all'immigrazione.
Soltanto allora la sorda popolazione autoctona si rese conto dell'enorme utilità rappresentata dalle braccia straniere, del grande benessere che portavano alla nazione ospitante pagando con sacrifici, spesso, estremi.
Dato che nel disastro della diga avevano perso la vita anche 23 operai di cittadinanza svizzera, cui è doveroso attribuire il legittimo merito, si cominciò a discutere della reale necessità di collaborare in nome di un disegno comune chiamato progresso.
Cominciava, dunque ad assumere forma il concetto d'integrazione della manodopera italiana sul territorio svizzero.
Chi emigrava in questo paese vi rimaneva molto più del previsto e si pensò alla reale opportunità di far frequentare le scuole ai bambini e corsi di formazione professionale, e specializzazione, agli adulti.
In un crescente e manifesto clima di antipatia e xenofobia, verso lo

straniero, era importante acquisire una preparazione adeguata capace di accelerare il processo integrativo.

Il fenomeno enumerava da due fino a cinque mila lavoratori stagionali che, a partire dalla primavera, varcavano, quotidianamente, il confine svizzero per riprendere il lavoro momentaneamente abbandonato per il periodo invernale.

Dovevano passare, comunque, dal lazzaretto di Chiasso o da Briga per i severi controlli medici.

Spruzzati con zolfo, si sottoponevano alla lastre dei raggi Rontgen per verificare che non fossero affetti da tubercolosi.

Superati gli esami ricevevano il visto d'entrata sul passaporto.

Coloro, al contrario, che non superavano la prova d'idoneità, venivano subito allontanati ed ancora, gli sfortunati che non avevano un regolare permesso di dimora erano tacciati come indesiderabili.

Gruppo di emigranti rientrato al paese per le vacanze

Altri tempi.
La televisione svizzera, durante un servizio, descrisse il loro arrivo ....
come rondini a primavera ... e le donne furono appellate ... rondinelle.
Nel 1964, lavorata negli studi della Rai di Roma e portata in quelli della SSR TSI (la televisione della Svizzera Italiana) per essere teletrasmessa, con cadenza settimanale, su tutto il territorio, germogliò la celeberrima rubrica "Un'ora per voi" dedicata agli emigranti italiani presenti sulla confederazione.
A presentare il programma fu chiamato il grande Corrado Mantoni affiancato, successivamente, dalla ticinese Mascia Cantoni.
Ecco le parole d'apertura tratte dall'introduzione del copione Rai:
"Signore e signori, buonasera. Vogliamo fare la conoscenza? Sono Corrado, e sono qui per presentarvi questo programma. I nostri incontri settimanali dureranno per parecchio tempo. Quindi cerchiamo subito di diventare buoni amici. Se siete disposti a considerarmi uno dei vostri, ne sarò veramente lieto ... [...].
La trasmissione nasceva con l'obiettivo di favorire l'integrazione degli italiani che, all'epoca, non avevano la possibilità, come oggi, di godere del sostegno televisivo.
Si trattò di un successo immediato al punto che, il Natale del 1964, dopo ventiquattro puntate, la rubrica collegò direttamente Roma con Zurigo per lo scambio degli auguri.
Gli stessi autori, si trovarono a fronteggiare un avvenimento mediatico imprevedibile.
Se il copione, originale, prevedeva una, quasi, staticità comunicativa, la bravura dei presentatori contribuì alla concreta inversione di tendenza.
Protagonista indiscusso della decantata trasmissione divenne Corrado, l'amico che ci aspettava, con entusiasmo, ogni sabato.
Un fondamentale sostegno giunse, altresì, da Mascia Cantoni che con rubriche, proprie, di posta e collegamenti con teatri, cantieri e fabbriche conquistò un posto di primo piano nel cuore degli italiani.
La gloriosa trasmissione andò in onda per diversi anni, sino al 1989.
Tanti parenti rimasti in Italia poterono, via etere, fare giungere saluti in Svizzera, tranquillizzare i cari sul buon ordine domestico, entusiasmare

in loro la nostalgia, offrire pochissimi secondi di sollievo.
Personaggi notori della canzone italiana s'accorsero della forte presenza emigratoria di connazionali e si recarono, in Svizzera, per incontrarli, incoraggiarli e portare la loro musica in sale riempite, all'inverosimile, di gente.
Anche la radio collaborò con gli emigranti per facilitarne l'inserimento sociale.
Radio Zurigo, trasmetteva, settimanalmente, una rubrica dal titolo "A tu per tu", in lingua italiana, dedicata ai lavoratori.
La discesa in campo della radio e televisione, a favore dell'emigrazione, non passò inosservata.
Altre nazioni europee, infatti, la cui presenza italiana sul territorio era consistente, decisero di utilizzare i potenti strumenti comunicativi per

Corrado e Mascia Cantoni

avvicinarsi e avvicinare gli italiani alla loro terra, alle loro tradizioni e mantenerli informati, con rubriche, servizi speciali e radio-telegiornali, su quanto accadeva.

In Belgio, la comunicazione fu utilizzata dalla comunità italiana, in crisi per mancanza di lavoro, per esprimere i propri sentimenti di disagio.

Sebbene le maggiori industrie pesanti e le miniere carbonifere siano in fase di chiusura e da più parti si trotta ai ripari per arrestare il flusso migratorio la firma del Trattato di Roma rende, di fatto, inattuabile ogni rimedio.

Si giunge allora ad una forma, televisiva, di denigrazione nei confronti dello straniero.

Frasi sarcastiche di pseudo presentatori scherniscono i minatori italiani, ridicolizzano le loro usanze, ne deridono l'idioma.

Emblematico rimane un servizio televisivo dedicato al ritardo dei treni giunti dall'Italia nel 1974.

Alla stazione centrale di Bruxelles, la presentatrice rivolgerà domande unicamente al capostazione, ignorando i passeggeri dei treni che sono rimasti bloccati a bordo per oltre 48 ore.

Costui imputerà la colpa del vistoso ritardo, con cui partirà il treno per la Sicilia, all'arrivo, procrastinato, del treno proveniente dall'Italia.

Continuerà, scherzosamente, dicendo che gli italiani sono abituati ad attendere e che, per loro ed i loro disagi, non era il caso di scomodare la televisione di stato.

Rincara la dose concludendo che la notizia dei ritardi era trapelata negli ambienti "italiani" laddove si è soliti "parlare troppo".

Un autentico clima di legale sberleffo, dunque, che la comunità italiana era costretta a subire.

A soccorrere il tricolor vessillo, tuttavia, era sempre pronta la popolare trasmissione "Ciao amici".

Del tutto in lingua italiana, tenuta a battesimo nel 1973, durava trenta minuti e andava in onda ogni sabato, di mattina, verso l'ora di pranzo, compatibilmente con altre necessità, o priorità, nazionali come elezioni o importanti discussioni politiche, allorché saltava senza più nessuna possibilità di essere recuperata.

Durante il ricco programma, che si poteva ascoltare anche alla radio, venivano presentati degli eventi culturali, rubriche sportive, interviste a cantanti e sportivi italiani, al console, all'ambasciatore, nonché notiziari tratti dai telegiornali della Rai e brevi, toccanti, documentari sulla realtà migratoria in terra di Belgio.
La trasmissione, inoltre, ospitava uno spazio dedicato ad incontri con movimenti studenteschi e associazioni italiani.
Lo chef di un ristorante del luogo, o una persona anziana, legata alla cucina tradizionale, dettavano, alle nutrite ed attente massaie in ascolto, una caratteristica ricetta gastronomica mentre, in sottofondo, brani di musica leggera italiana fungevano da contorno.
Non mancavano, alla fine, gli aggiornamenti sportivi, il campionato di calcio di serie A e B per far contenti e tener vivo lo spirito agonistico dei più giovani.
Una trasmissione, dunque, gestita da italiani per gli italiani che, con la semplicità del proprio palinsesto riusciva ad entrare nelle loro case e nei loro cuori.
Indimenticabile e storico rimane l'impegno dimostrato dai giornalisti di "Ciao amici" nei giorni dei terribili terremoti che sconvolsero l'Italia nel 1978 a Messina, nel 1979 in Umbria e nel 1980 in Irpinia.
Costoro si recarono, personalmente con mezzi propri, fin sui luoghi del disastro, intervistarono gli sfollati, autorità civili e religiose, addetti ai soccorsi, con l'inequivocabile volontà di tenere informati gli emigranti provenienti dalla zone colpite dal sisma.
Si creò, inoltre, una grande catena della solidarietà, con convogli di aiuti umanitari, organizzati dalle comunità italiche di emigranti, che, ricolmi di vivande, strumentazioni mediche e vestiti partivano dalla stazione di Liegi.
Alcune famiglie, poi, si resero disponibili ad ospitare le persone rimaste senza casa.
Si trattò di un grande gesto di fratellanza, la dimostrazione tangibile di quanto fosse stretto il legame con le proprie origini.
Nell'anno 1986, quando fu annunciata la chiusura della trasmissione, in redazione pervennero tantissime lettere di protesta, sdegno e lamentele

perché il programma fosse prolungato.
Ma, i tempi della comunicazione globalizzata stavano maturando ed i programmi di Rai Uno, in chiaro, erano, ormai, visibili anche in Belgio.
Le battaglie, a sostegno dei lavoratori italiani, condotte da "Ciao amici" terminavano ma, nel cuore e nella memoria, lasciavano una forte traccia luminosa ed indelebile.
Anche in Svizzera non mancarono le lotte operaie.
A partire dagli anni '60 comparve una nuova figura di emigrante, colui cioè che privo di ogni qualifica si adattava a tutti i mestieri, a costo di divenirne schiavo.
Italiani, spagnoli e turchi si contendevano il tozzo di pane.
Ben presto, tuttavia, costoro s'accorsero dello sfruttamento perpetrato, dai padroni, ai loro danni e avviarono una campagna di lotta durissima che culminò, finanche, in sabotaggio.
Nel giugno del 1966, a Dottingen, un comune dell'Argovia, 56 manovali italiani, che lavoravano alla realizzazione della centrale atomica della cittadina di Beznau, incrociarono le braccia per protestare, provocando l'interruzione dei lavori.
Costoro furono attaccati, rigidamente, dalle pagine di taluni quotidiani, dall'ufficio cantonale del lavoro e dagli stessi sindacati con il risultato che intervenne la polizia sottraendo, di fatto, i passaporti agli italiani ed intimando loro l'immediato rimpatrio allorché non fossero rientrati sul cantiere.
Una parte di loro obbedì all'intimazione, mentre l'altra, la maggiore, decise di abbandonare l'isoletta artificiale sul fiume Aar e ritornare in patria.
La repressione delle lotte da parte dei padroni elvetici si concretizzava con un rigido controllo sulle azioni dei dirigenti sindacali e su svariate forme di sciopero legalizzato tendente ad evitare sorprese.
La risposta giunse alla metà degli anni '60 quando repressioni e scioperi selvaggi riempivano le pagine di cronaca, stimolati dalla presenza sui cantieri e nelle fabbriche di operai politicizzati, con tendenze di sinistra, odiate da parte della popolazione elvetica d'ispirazione democratica.
Si parlò di istigatori violenti che, giunti in Svizzera, cercavano di farsi

assumere nei luoghi in cui montava la protesta sindacale.
In Ticino, laddove la presenza italiana era maggiore, alcune fabbriche entrarono in sciopero.
I motivi della lotta erano molteplici;
si chiedeva una maggiore sicurezza sul posto del lavoro, il diritto alla salute, l'abolizione del cottimo, un salario minimo garantito e finanche la richiesta di un periodo di ferie che durasse tre settimane.
A Giornico-Bodio era posizionata una delle acciaierie più imponenti ed importanti d'Europa, la Monteforno, un autentico gioiello tecnologico capace di ottenere una colata d'acciaio in meno di un'ora, che occupava, a quei tempi, un migliaio di lavoratori, in gran parte immigrati italiani.
Il Ticino non aveva conosciuto le efferatezze della guerra, ma viveva un clima di visibile sottosviluppo, emarginazione, squilibrio demografico ed occupazionale che proiettava i propri abitanti verso l'emigrazioni in altri cantoni o nazioni estere.
Il colosso dell'acciaio contribuì, in maniera decisiva, a propagandare, in Europa, le bellezze paesaggistiche di questa regione.
La Monteforno, tuttavia, è passata alla storia, considerato che ha chiuso, in modo drammatico, i battenti delle officine nel 1994, per le battaglie sindacali combattute dai propri lavoratori contro i padroni, per alcuni versi differenti rispetto ad altre di eguale radice.
Dagli anni '60, in piena attività produttiva, giunsero a Giornico-Bodio operai provenienti dal sud dell'Italia.
Costoro, come prima ricordato, erano privi di diplomi qualificanti e, se per un verso il loro unico obiettivo consisteva nel trovare occupazione, dall'altro verso erano visti, dalla popolazione indigena, soltanto come coloro che si trovavano, temporaneamente, in loco per prestare servizio.
Nulla di più, allora, di una massa per lavoro, braccia di cui servirsi per sostenere lo sviluppo produttivo e poi rispedire al proprio domicilio, e a proprio piacimento, qualora sarebbe venuto meno il bisogno.
Ma la freschezza giovanile ed un marcato senso di emotività di fronte ad azioni discriminanti con cui, quotidianamente, dovevano convivere fornì loro energia sufficiente per intraprendere tutta una serie di lotte che portarono l'acciaieria alla ribalta della cronaca, sia regionale e sia

Svizzera - Bodio - Acciaieria Monteforno

nazionale, rinnovando lo stesso modus operandi del forte sindacato ed intaccando la celeberrima pace del lavoro che, sancita da un accordo nel lontano 1937, costringeva al muto silenzio ogni tipologia rivendicativa degli operai svizzeri.
Mattia Pelli, conoscitore del fenomeno dell'immigrazione in Svizzera ha raccolto testimonianze dirette di persone che hanno prestato lavoro alla Monteforno.
Un lavoratore, proveniente dalla Campania, giunto in fabbrica nel 1961, racconta:
"Io ero partito dal mio paese con contratto di lavoro che doveva andare a Losanna … […] sono sceso a Milano, ho trovato due del paese, così amici. Dice "Noi andiamo a Bodio", Bodio non sapeva neanche dov'era e là dovevamo prendere il treno per Losanna assieme ad un altro. E così – dice – fermatevi a Bodio – dice – eh, ce ne sono tanti del nostro paese

lì! […] E per dire mi sono fermato qui la sera, quando sono arrivato qui mi sono anche un po' spaventato, ero in mezzo alle montagne. Caspita, veramente, ho detto, ma qui dove sono?".
Chi racconta aveva nelle tasche un contratto di lavoro per la Svizzera francese, nel settore dell'agricoltura, procacciatogli, in precedenza, da un conoscente ed il biglietto del viaggio era stato pagato dalla camera del lavoro di Avellino.
Quell'emigrante, a Losanna non giungerà mai.
Di fatto, il giorno consecutivo all'arrivo nel Ticino egli, accompagnato dall'amico di viaggio e dalle persone incontrate alla stazione ferroviaria di Milano, si reca ai cancelli della Monteforno a cercare lavoro:
"Però loro, visto che noi eravamo della bassa Italia, non conoscendo le fabbriche e tutte quante quelle cose lì, non è che ci pigliavano volentieri a lavorare. Erano i primi che arrivavamo qua, negli anni '60, dalla bassa Italia".
In realtà l'approccio con l'azienda non fu dei migliori, ma considerate le ripetute insistenze riescono a farsi assumere.
Dopo un breve periodo di lavoro in acciaieria, sorse il problema di far giungere, in loco, qualche componente della famiglia, considerato che la legislazione vigente lo consentiva.
"Non ero sposato. Allora mi sono portato una sorella che aveva 14 - 15 anni per dire – almeno mi prepara un piatto di pasta asciutta – perchè allora non è che potevi andare in un ristorante …. […]".
Alcuni mesi dopo, la sorella trovò ottimo impiego presso una sartoria della zona ed il nostro attore propose ai propri genitori di abbandonare l'attività agricola, laddove avevano speso l'intera esistenza, e seguirlo nell'avventura elvetica.
Affidati ai nonni i figlioli più piccoli, che lo raggiungeranno più tardi, rispondono prontamente alla chiamata di quello maggiore e partono.
"Tutti poi li ho portati qua. E mi ricordo quando siamo partiti dal paese amo fatto un pullman solo dalla nostra famiglia, dal paese alla stazione, eravamo venti persone, tutte della stessa famiglia".
Ai consanguinei, infatti, si erano aggiunti i cugini e l'emigrante partito alla volta di Losanna per lavorare nei campi finì per essere il capostipite

Milano 1960 – Stazione centrale

di una saga in terra ticinese.
Tuttavia, nonostante dalle righe di alcuni passaggi della narrazione si possa intuire, a priori, che alla base della partenza dal proprio focolare vi fosse sempre il motivo economico, nel caso specifico dell'emigrante avellinese le vere cause risiedono in ben altre dimore.
A specifica domanda sul perché della partenza egli risponde:
"Mah, praticamente noi quel periodo lì ci siamo tirati dietro un po' uno con l'altro, no, tra amici, così, perché io avrei anche potuto star lì, per esempio avevamo un'azienda agricola, non è che avevamo proprio quel bisogno di venire qua. Guadagno con l'agricoltura c'era pochissimo … però stavamo bene, c'avevamo tutto … la vita dell'agricoltura era così … quella, era dura. Io volevo che … vedere un altro sistema di lavoro, che

si guadagnava qualcosa in più, che li non ci mancava niente, però come giovane, non c'era possibilità di divertimento, si lavorava … si sa bene l'agricoltura com'era".

Attualmente, lo studio del fenomeno migratorio spalanca le braccia ad altre, valide, teorie secondo cui le partenze furono in gran parte legate a problemi di miseria, fame, mancanza di stimoli per rischiare in proprio, vera e totale assenza di sperimentare altre soluzioni, ma altresì si trattò di decisioni prese da cuori giovani, conquistati dalla voglia di vedere il moderno, partecipare in prima persona alla tavola del benessere che il boom economico stava preparando, uscire dal ghetto della solitudine per conoscere persone nuove con cui dialogare, divertirsi, fare amicizia e poi chissà ancora.

Altro mito, da demolire, è il comportamento crudele delle istituzioni nei confronti degli immigrati.

Anche in questo caso, è di grande utilità il proseguimento del racconto dell'emigrante avellinese:

"E così ho portato qui la mia famiglia, che poi i miei fratelli e le mie sorelle, quando sono andato a prenderli, non potevano stare qua perché mio papà non aveva ancora raggiunto il momento di poter tenere qua la famiglia. Però allora, sai, era tutto … Però se pescavano che uno teneva la famiglia, ti mandavano via … [...] Neanche a farlo apposta uno che abitava in casa, dove ero io, conosceva tutta la mia situazione perché lavorava in ufficio, lì alla Monteforno … Sai, non ci potevano tanto vedere, perché noi allora eravamo un po' mal visti dagli svizzeri qua, e questo era uno svizzero … Ha rapportato alla polizia, poi la polizia è venuta a controllare, tutte queste storie qua e mio fratello, mia sorella e così mia mamma dovevano andarsene via. E' stata una tragedia un po'. Allora dopo io alla fine cosa ho fatto: mi sono messo in mezzo il prete di Bodio, che conoscevo bene, era bravissimo, Don Emilio … veramente abbiamo fatto figurare che noi ormai tutta la famiglia eravamo qua, mio fratello, mia sorella e mia mamma, qui abbiamo fatto una lista di tutti perché poi allora era già cominciato a venire mio zio, arrivavano qui tanti, abbiamo fatto una lista di tutti questi parenti e amici, e che allora I miei non potevano ritornare in Italia, abbiamo prodotto una domanda

direttamente alla polizia, al comando della polizia di Lugano, sempre tramite questo Don Emilio, e fu così che ci hanno concesso un permesso speciale … cioè, poi sono venuti a vedere anche le condizioni … dove si abitava, perché poi questo qua gli aveva raccontato un po' a modo suo le cose, così, sai … sono venuti un poco incontro a noi altri, perché a noi ci guardavano male queste persone, sai quei patrizi patrizi … nei paesi qui allora era così".
Ciò spiega, molto chiaramente, il clima, torvo, che si respirava all'epoca dei fatti.
Un collega, ticinese, di lavoro, seppur di mansioni diverse, che avvisa le forze dell'ordine di una situazione, al di fuori delle regole, persistente nell'alloggio dell'italiano, ponendolo di fronte al reale pericolo di dover spedire in patria parte della famiglia.
La manodopera forestiera era sotto costante osservazione da parte dei locali; la minima trasgressione, la mancanza di rispetto verso le norme, corrispondevano alla denuncia immediata, senza possibilità di appello, presso gli organi preposti.
Tuttavia, il caso specifico ci riconsegna una certa tolleranza delle leggi svizzere in materia di immigrazione, severe ma permeabili.
Altro caposaldo, presente nel racconto, è la chiesa, più volte chiamata a svolgere il delicato ruolo di mediatore.
Grande punto di riferimento solidale, la missione cattolica, interveniva sempre a favore dello sventurato di turno, alle prese con ogni forma di problemi, cercando, comunque, di non prevaricare, in nessun caso, le istituzioni, facendo leva sulla propria autorevolezza.
A cavallo degli anni '70, in alcuni movimenti politici, l'ostilità verso lo straniero crebbe a dismisura.
Si raccolsero le firme utili per indire un referendum che qualora avesse ottenuto l'approvazione popolare si sarebbe trasformato nell'ordine di abbandonare il territorio per gran parte degli immigrati.
Con una partecipazione al voto molto alta gli Svizzeri si pronunciarono per il "no", di fatto vanificando lo sforzo dei promotori dell'iniziativa.
Ecco come commenta l'esito del voto il nostro emigrante avellinese:
"Nel 1970 c'è stato il voto sull'emigrazione … Mi ricordo che ho fatto

un giuramento: sono convinto che il referendum non passerà, ma se dovesse passare a San Vittore, paese di 4/500 persone dove vivo, io me ne vado. A San Vittore non è passato. Io dicevo: con questo referendum la gente dice se ti vede bene o se ti vedono male. Se in un piccolo paese più della metà della gente ti vede male, perché dovrei restarci?".
Un'altra testimonianza diretta, di un operaio, sardo, della Monteforno, sempre tratta dagli studi di Mattia Pelli, comprova che l'atteggiamento di distacco dei locali nei confronti degli stranieri cambia decisamente direzione allorquando sono chiamati ad esprimere, nel segreto delle urne, i reali sentimenti.
"Ero qui [alla Monteforno], io ed un bergamasco, ed era … c'era l'esito delle votazioni sul referendum, che era l'ultima. Allora a noi interessava il Ticino, perché cominciamo a guardare [sui giornali] i risultati, paese per paese […]. E vado a leggere valle Maggia [una valle del Ticino]. […] Allora leggevo Cervio, Cavergno, Linescio. Però, guardavo … Leggo questo paese: 27 votanti, 27 "no", tutti contro l'iniziativa, il 100%, e dico con questo mio amico, che adesso, purtroppo, non c'è più: guarda qui, questo paese! [Lui] dice: Perché?, 27 votanti, 27 no. Ho detto: andiamo lì, parliamo col sindaco, il segretario comunale, il prete e organizziamo una cena, ho detto io.
Ed un bel giorno, un lunedì della settimana dopo, partiamo, e arriviamo a Linescio […] lasciamo allora la macchina in qualche posto, dove … E incrociamo in particolare donne di una certa età, 50/60 anni, 40, però tutte, puntualmente, ci sorridevano e ci salutavano. L'opposto di quello che dicevo prima. All'inizio, qui, quando io salutavo tutti, perché m'è capitato, m'infastidiva però era così, dicevo – Buongiorno o buonasera - e anziché rispondere giravano la faccia dall'altra parte.
Queste no. E allora dico a questo mio amico: - Ma hai notato una cosa? Qui ci salutano tutti, ci sorridono – Boh, cioè, cosa ne so …
Mah, dico, ci guardiamo in giro vediamo se c'è qualche bar, entriamo a bere qualcosa e poi … Cominciamo a chiedere, non …
E infatti, vediamo un bar, no, entriamo e c'era un'anziana con altre due un poco più giovani. Appena entrati – Buonasera – e: Buonasera. [ride]
Oh, insomma, qui è il paese delle meraviglie, dicevo io con questo.

Svizzera anni '60 - Bambino in attesa dei genitori

Vabbè. Intanto ci siamo ordinati da bere, e allora comincio a chiedere: - Il Sindaco … chi è? – Mah, dice si chiama Sartori. Dico, ma in comune non c'è? No no, dice, lui in Comune non c'è mai, perché lui ha una cava, lavora lì e …

E questa vecchia, dopo, ad un certo punto mi dice: - E voi venite dalla Monteforno – [Ride, mima la faccia stupita] Come, dico, come fa lei a saperlo? – Eeeh, le voci girano – Ma porca miseria, ma non è possibile, e in ogni modo, dico, può, magari, indirizzarmi più o meno dov'è questa cava, perché avrei bisogno di parlare … - Si, si, dice, non è difficile, dice … intanto beva tranquillo che poi glielo spiego io.

Vabbè! Finiamo di bere, abbiamo offerto qualcosa anche a loro, tutti i presenti, e poi dice: - Dovete fare quella stradina là, dopo quella curva, vedete che c'è la cava, no?

Arriviamo lì, come siamo scesi dalla macchina vediamo un uomo che si stacca e ci viene incontro. Ci viene incontro e arrivato dice: - Voi venite

dalla Monteforno – dico, ma ce l'ho scritto qui? [Indica la fronte e ride].
Dice: - guardi che è già da qualche giorno che circola questa voce … che c'erano delle persone interessate a venire a Linescio per fare qualcosa a seguito di quello che è stata la votazione -.
Ed, in effetti, dico si, è così! noi volevamo parlare con lei, il segretario comunale, il prete ed organizzare una cena.
E dice: - Guardi che qui, a Linescio, noi non abbiamo questa possibilità - [per mancanza di un luogo idoneo], perché poi alla Monteforno la cosa si stava allargando: - vengo anch'io, vengo anch'io, vengo anch'io -.
Insomma, abbiamo dovuto prendere un pullman poi per … [Ride].
E organizziamo questa cena a Cevio.
Mai fatta una cena così, ma non tanto per quello che abbiamo potuto mangiare o anche bevuto, perché poi in quelle situazioni anche nel bere si eccede, ma per quello che poi ne è derivato come … amicizia, come conoscenza, come discussione, ma! ognuno sembrava si preoccupasse dell'altro: - Tu cosa fai? – non lo so, forse magari si può, diceva – Però vorrei cambiare – guarda che la opportunità c'è, tutto a dipendenza di quello che diceva.
Ecco, allora, che ne era derivata una sorta di rispetto reciproco, di quasi amicizia propriamente improntata al … al miglior consiglio da dare, a quell'altro, no? Io lo davo a quello li, quello li lo dava a quell'altro e così via.
[…] E' stata una delle esperienze più significative, da che sono qui".
Sembra un epilogo fiabesco, ma è storia.
In un particolare momento di intolleranza verso coloro i quali avevano pagato con la vita il prezzo del progresso, un piccolo, ridente, comune del Ticino era stato, miracolosamente, risparmiato dalla fanghiglia del controverso, e rappresentava il territorio deputato a regalare speranza, sostegno, tanto sorriso e sana accoglienza allo straniero amico, confutati da gran parte della nazione.
Da sottolineare, infine, che la cena descritta, parzialmente finanziata dall'azienda Monteforno, ottenne un grande successo di partecipazione e mediatico.
Nella minuziosa descrizione finale, inoltre, è visibile l'abbattimento di

qualunque staccionata, la riscoperta di valori comuni grazie ad un mite evento festoso, il dare e ricevere consigli, virtù proprie della fratellanza. L'uomo della baracca finalmente poteva sedere e gioire al fianco di un simile il cui animo non era stato contaminato da alcun dubbio.
A proposito della condizione dell'alloggio lo stesso narratore dice:
"Mi si dice: - come puoi restare in un ambiente di lavoro tanto brutto, così indietro dal punto di vista sindacale? Da una parte c'è il salario che arriva con tanta puntualità e dall'altra parte quello che mi affascina è di risolvere certi piccoli problemi che esistevano, di questi lavoratori che erano in condizioni inumane.
Ma non tanto la vita in baracca, era un problema, ma non il peggiore.
[La cosa peggiore] Era il fatto di vivere quasi ai margini del resto della società, di essere considerati come "quelli della baracca". Ci ho vissuto e non è che mi sentissi così differente, a disagio; il mio malessere nasceva dal fatto di essere catalogato come abitante delle baracche".
Chi si racconta è stato per lungo tempo un militante sindacale severo ed intransigente, protagonista di lotte aperte alla Monteforno di Bodio.
Ecco cosa ricorda, quasi scherzosamente:
"Un mattino, la signora non ci apre la mensa, perché non c'era il latte, pertanto non c'era colazione, che, tuttavia, era prevista dal contratto. I ragazzi, i soliti 13 sardi, protestano e fermano il lavoro, in silenzio, una forma di sciopero. Davanti al direttore che dice: - ma se non c'è latte non è colpa della signora! - Noi non ce l'abbiamo affatto con la signora, diciamo che possiamo anche prendere la colazione senza latte, ci basta un sandwich farcito … - Ma, continuò il direttore, se è soltanto questo, allora portate un cesto di sandwich per gli operai – e il problema è stato risolto in questo modo".
Nel 1974, la crisi economica che attanaglia l'Europa si fa sentire anche in Svizzera ed in poco tempo determina la scomparsa del lavoro per circa duecentomila persone.
Per fronteggiare la crisi occupazionale il governo è costretto a privarsi di manodopera straniera sostituendola con quella locale.
Molti emigranti, considerato l'alto costo della vita, decidono di rientrare in patria.

Ma, già nel 1979, tuttavia, i flussi migratori riprendono, la crisi è stata, in parte arginata, e la manodopera italiana torna ad essere richiesta.

Il miracolo comunque dura relativamente poco perché il fantasma della disoccupazione è sempre in agguato, pronto a mietere innocenti vittime in ogni latitudine.

Ricomincia, in conclusione, l'inversione di tendenza; molti emigranti abbandonano il paese per far ritorno ai patri lidi.

Chi torna al meridione d'Italia spesso ritrova situazioni molto simili a quelle lasciate in precedenza, diviene per loro molto difficile trovare un lavoro stabile e remunerato dignitosamente.

Sembra di vivere, ancora, nel Medioevo ma di fatto siamo alle soglie del XXI secolo.

Svizzera anni '60 - Figli di emigranti italiani durante le feste natalizie

Italia, anno 1966 – Due piccoli emigranti

I giorni nostri e l'impresa
"I più belli di tutti i nostri giorni non li abbiamo ancora vissuti".
(Nino Sassi Giovenale)

Un percorso difficile, lungo oltre un secolo, è stato il raggiungimento del diritto di voto politico per gli emigranti residenti all'estero.
Già nell'anno 1908 il Parlamento nazionale italiano ventilò l'ipotesi di concedere, a chi prestava il proprio servizio fuori dai confini, il diritto di scegliere i delegati politici.
Il motivo dell'attenzione, posta dai parlamentari sulla reale possibilità di riconoscere ai connazionali, lontani dalla patria, il diritto di essere equamente rappresentati a livello istituzionale, scaturiva dalla crescente quantità di partenze, conteggiate, già all'epoca, in parecchi milioni di persone.
Ma, pur avendo incluso tale tematica in più dibattimenti, l'argomento rimase bloccato ai nastri di partenza.
Un decennio dopo, lo stesso Giovanni Giolitti si occupò dell'articolato problema emigrazione, da egli stesso definito "un modo di vita", che riguardava sempre un più largo numero di persone.
Tuttavia, anche il celebre statista, forte di una fine ed esaustiva oratoria, non riuscì ad ottenere risultati concreti.
Si dovrà, pertanto, attendere l'anno 1955, dopo due guerre e "La grande emigrazione" allorquando una campagna, responsabile e continuativa, promossa dal Senatore Lando Ferretti costituirà le fondamenta su cui poggeranno, man mano, tutti gli elementi necessari al conseguimento dell'obiettivo.
Finalmente, nel 1993, la proposta di legge concernente il voto all'estero sbarca nell'aula del Parlamento, incoraggiata, a spada tratta, dall'On. Mirko Tremaglia, avvocato bergamasco che parla degli emigranti come "l'Italia fuori Italia" che ha ricostruito la madrepatria uscita sconfitta, disonorata ed in macerie dal conflitto bellico.
Dati statistici alla mano, pare indiscutibile quanto l'emigrazione, che si trascina dietro, come prima causa scatenante, il rallentato o inefficiente sviluppo di industrie, equanime, del territorio, abbia contribuito, nel

New York - Ellis Island

corso degli anni, attraverso le rimesse in denaro operate dai lavoratori, a far decollare l'economia nazionale.
Tuttavia, nel 1993, l'avanzata proposta di legge, di un voto all'estero per corrispondenza, non trova, in Parlamento, terreno fertile.
Da più parti si paventa l'ipotesi che la maggioranza dei voti potrebbe indirizzarsi verso specifiche correnti politiche, a danno di altre, che sino a quel momento, l'avevano osteggiata radicalmente.
Le tappe del percorso, quindi, si allungano pesantemente trovandosi di fronte numerosi e difficili ostacoli, spesso insuperabili.
Le votazioni in aula sortiranno sempre lo stesso, negativo, risultato, ma aiuteranno, le forze politiche, a sensibilizzare su un problema da cui, ormai, non si può prescindere.
Dopo l'ennesimo rifiuto ed il successivo rinvio si giungerà, finalmente, nel dicembre 2001 allorquando il Senato approva la legge che sancisce il diritto di voto degli italiani residenti all'estero.
"In Italia si è, finalmente, compiuta la democrazia il 20 dicembre 2001".

nazione era popolatissima di italiani, vi era molto lavoro per tutti noi, e la gente del posto era sempre molto calorosa. Mio padre e mio fratello trovarono del buon lavoro sempre come commercianti e guadagnavano pressappoco come in Francia. Riuscimmo, finalmente, a ristabilirci ma nel 1955, a causa di una grossa disgrazia accaduta nella nostra famiglia (due mie sorelle erano decedute contemporaneamente), fece ripiombare i nostri adorati in Italia. Da allora, mio padre non ripartì mai più anche perché non vi era, ormai, il bisogno. Quei soldi stranieri hanno portato avanti una famiglia di dodici persone per molti e molti anni e tutt'oggi, grazie a loro e agli sforzi di mio padre, tutti noi figli abbiamo, ognuno, una casa di proprietà".

Sono cambiati i tempi, ma, immutabile e prepotente, traspare, sempre più chiara, la disuguaglianza sociale tra le due parti della sfera terrestre. Sembra di assistere, impotenti, alla biblica disputa tra il Nord, più ricco ed emancipato, ed il Sud affondato, come il vomere, nel terreno.

Le storie raccontate e vissute sembra siano sempre le stesse, cariche di perché, di tetre fisionomie e di utopistiche aspettative.

L'economia, attraversata dalla globalizzazione, tende a varcare i confini della democrazia, della pari distribuzione del benessere, ancorandosi all'autonomia del profitto, della disordinata legge di mercato in nome di ideologie superate che, purtroppo, ritornano alla ribalta.

Lo squilibrio demografico assai presente in ogni latitudine, generato da cataclismi della natura, conflitti intestini, sopraffazioni di qualunque tipologia, terrorismo, sistematiche violazioni dei diritti umani e non da ultimo la totale mancanza di indirizzo o formazione lavoro da offrire ai giovani, determina, un inarrestabile scorrimento migratorio, e rotatorio, di immani proporzioni.

Tale, bieco, fenomeno semina, nelle popolazioni indigene, spavento ed incertezza obbligando, molto spesso, i governi centrali a divulgare leggi sempre più limitative nei confronti dei poveri immigrati.

Ciò provoca il naturale aumento dei clandestini che, con la loro miseria, impinguano le casse delle organizzazioni dedite al traffico umano o di coloro che sfruttano le donne, instradate alla prostituzione, ed i bambini utilizzati per lavori servili, in clima pressoché di schiavitù ottocentesca.

In Italia, sono, ancora, migliaia coloro che abbandonano le città native per cercare occupazione in altre zone, all'interno dei confini, e all'estero.
I numeri non indicano le migrazione passate ma includono argomenti molto più complessi e variegati.
Si osserva tuttora chi, non riuscendo a guadagnare le risorse sufficienti al sostentamento familiare, abbandona la propria terra e, oltrepassando oceani e superando asperità montane cerca rimedio in paesi di cui non conosce usi, costumi e neanche la lingua.
Pur in assenza di masse considerevoli che si spostano verso i centri del settentrione, ad alta densità industriale, sussiste ancora la risolutezza di trovare nuovi stimoli.
Accanto all'emigrazione nel nord dell'Europa ed in America, che si sposta alla ricerca di un decoroso posto di lavoro, in Italia, da qualche decennio s'è affiancata un'altra branca di persone, i cosiddetti cervelli.
Costoro, scienziati, professori, economisti, ricercatori prediligono mete estere alla ricerca di opportunità di approvazione, del proprio operato, sempre più rare da raggiungere in Italia.
Sono all'ordine del giorno le assunzioni di persone diplomate o laureate presso piccole imprese, che molto spesso versano in situazioni incerte, o nei ristoranti a fungere da camerieri.
Chi può tenta di sbarcare il lunario cercando lavoro in importanti centri di ricerca o grandi aziende, affermate, all'estero, forti di una cultura che consente loro di esprimersi con idiomi diversi dai propri.
La classe politica dirigente si sta muovendo per drenare la fuoriuscita delle intelligenze italiane, a vantaggio di nazioni estere, ma fino ad ora non sono stati raggiunti importanti traguardi.
Sarebbe necessario, forse, esercitare una seria azione cognitiva di coloro che, avendo maturato un interessante bagaglio culturale, sono obbligati, da situazioni sfavorevoli, ad abbandonare il luogo di formazione.
Oculati investimenti ed una perfezionata considerazione di ambizioni e concrete richieste porterebbero il fenomeno ad invertire la tendenza consentendone il rientro o, per i futuri cervelli, l'assoluta rinuncia a trovare nell'allontanamento dal proprio lido, la soluzione del problema.
Molti manager nostrani, ora i più ricercati dal mercato, in questi ultimi

Argentina - Buenos Aires

tempi, si sono trasferiti all'estero per guidare progetti internazionali di sviluppo, promuovendo l'indiscussa capacità di saper operare e gestire i grandi livelli del progresso.
Le ragioni di tale, prestigiosa, richiesta, risiedono nell'ordine culturale vantato da costoro, frutto di una capillare educazione, prima scolastica, poi specialistica e formativa, riversante in capacità e virtù manageriali incomparabili.
Sono tanti, poi, gli studenti italiani che, molto scoraggiati dallo scenario accademico offerto loro, manifestano la volontà di recarsi all'estero per studiare.
Tuttavia, è necessario sottolineare come questo percorso, a prima vista semplice, nasconda degli ostacoli rappresentati dalla reale possibilità di non essere ammessi a frequentare i corsi di studio.
L'altro argomento che richiama, fortemente, l'interesse degli storici e

dell'opinione pubblica è legato all'integrazione degli emigranti italiani nei paesi di destino.

In Belgio, paese molto complesso a causa delle continue tensioni tra le diverse comunità linguistiche presenti sul territorio, l'inserimento, nel tessuto sociale della comunità italiana, appare, adesso, perlomeno negli aspetti sostanziali, un processo ultimato.

Dovendo analizzare tale processo ci si imbatte in avvenimenti tristi ma, tuttavia, non mancano quelli a lieto fine.

Rimangono, infatti, notevoli obiettivi da raggiungere, per assicurare ai lavoratori italiani e alle loro famiglie il pieno esercizio offerto dai diritti di cittadinanza europea, sia nel paese ospite, sia, ancora, nei confronti della madrepatria.

Dopo la tragedia di Marcinelle, di fatto, grazie all'intervento delle forze sindacali, molte metodologie cambiarono direzione.

Gli effetti sul sistema sociale furono, gradualmente, positivi, e servirono da esempio per altri Stati Europei.

La stessa figura del minatore fu tanto apprezzata sia dal punto di vista professionale sia da quello legato ai diritti umani.

Gli altri lavoratori italiani, presenti nelle varie città del paese da due generazioni precedenti, si sono avvicinati, con grande impegno, ad altre professioni, più specializzate e più remunerative, permettendo alla loro condizione sociale di raggiungere la stessa dei cittadini belgi.

Ciò consente loro di giovarsi dei servizi offerti dalla protezione sociale, attiva in quasi tutti i campi, dalla disoccupazione alla sanità, le pensioni e tutti gli elementi che influiscono sulla comunità.

Appare difficile, comunque, stimare la reale consistenza numerica degli italiani residenti in Belgio; i dati realistici, in possesso della statistica ufficiale, sono riferiti a persone iscritte nei registri o che hanno ottenuto la cittadinanza.

Un recente studio basato su diversi elementi di stima ha quantificato in 290.000 le presenze italiane sul territorio belga, di fatto la più numerosa.

Altra nota rilevante è dettata dalla mancata accettazione, da parte degli italiani, della naturalizzazione, fortemente voluta, e messa in atto, dal governo belga.

Il sostanziale accrescimento delle nascite, in seno alle famiglie italiane, presenti sul territorio da precedenti generazioni, ha indotto la politica ad introdurre nuovi ordinamenti in materia di naturalizzazioni.
Tuttavia pochi italiani, appartenenti ai trascorsi flussi migratori, hanno inteso approfittare dei benefici che simili provvedimenti concedevano, optando, invece, per il mantenimento della propria identità.
Chi, viceversa, ha deciso per la nazionalità sono i giovani appartenenti all'ultima generazione, quelli cioè nati in loco che, ultimamente sono più numerosi dei parenti a cui l'Italia ha dato i natali.
Costoro, spesso, ignorano o, addirittura, evitano di entrare in contatto con la vecchia generazione, si sentono diversi, hanno idee discordanti, usi e costumi lontani un secolo.
Sarà la storia a renderli consapevoli ed avvicinarli a chi ha conosciuto e vissuto la miniera, a chi ha patito, sulla propria pelle, la piaga della silicosi, i cui effetti li ha resi, in gran numero, invalidi permanenti.
Ed allora, alla luce dei nuovi elementi, si può affermare che la comunità italiana in Belgio s'è consolidata e diventano sempre meno coloro che decidono di fare rientro in patria optando per progetti integrativi.
In tanti hanno deciso di competere in attività imprenditoriali, specie nella piccola e media impresa, molti artigiani danno prova delle proprie capacità, taluni, considerato che le leggi comunitarie ora lo prevedono, hanno abbracciato, a cuore aperto, la professione politica, assumendo, addirittura, cariche istituzionali, ed altri, ancora, si sono misurati con la cultura e lo spettacolo; su tutti risalta il nome del popolare cantante, di origini siciliane, Salvatore Adamo.
Le dinamiche associazioni italiane, infine, quantificate in oltre 200, sono costantemente impegnate nella promozione di attività culturali e sociali, rafforzando, in tal senso, la dottrina di un avanzato processo integrativo che le pone, per importanza, ai primi posti in Europa.
Anche in Germania, la rinnovata e dinamica configurazione sociale ha consentito un'apertura, praticamente completa, del percorso integrativo che interessa la comunità italiana.
Dapprima integrati nel sistema scolastico, poi in quello formativo ed infine proiettati all'interno delle programmate attività produttive, molti

italiani occupano poltrone di prestigio ed altri sono impiegati come personale qualificato.
Non mancano gli imprenditori, specie nel settore della ristorazione, fiore all'occhiello del Made in Italy sul territorio tedesco.
Anche in Germania è difficile quantificare, con precisione, il numero degli emigrati di nazionalità italiana.
Nata per essere un fenomeno rotatorio di soggiorno temporaneo, che rifletteva del tutto l'idea dei lavoratori di ritornare in patria dopo il periodo d'impiego, l'emigrazione italiana in Germania, con il passare del tempo invertì decisamente la rotta.
La più rilevante consapevolezza di possedere un bagaglio nozionistico, capace di guardare oltre i dogmi preconcetti, unitamente ai mutamenti intercorsi nel comparto dell'economia e l'affermarsi, a poco a poco, di una cultura designata a svolgere attività commerciali e di servizio, in proprio, genera, in seno all'emigrante, la volontà di continuare a vivere nel paese ospite.
Attualmente si calcola che, in Germania, siano operative circa 38.000 piccole e medie aziende con capitale finanziario ed umano strettamente italiani.
Tali aziende operano, con serietà, nel settore della gastronomia, della moda, dell'edilizia, del commercio ed oltre ad offrire lavoro a migliaia di addetti vantano un fatturato prossimo ai 100 miliardi di euro.
Anche qui, come nel Belgio, considerato che la legislazione interna lo consente a livello comunale, un cospicuo numero di italiani ha deciso di avvicinarsi, con successo, alla politica.
Tuttavia, e l'intervista seguente rappresenta la prova, corre l'obbligo sottolineare la storia di chi ha espresso una costante titubanza riferita alla partenza verso la Germania e, con altrettanta costanza ha maturato, nel corso del tempo, l'idea di far rientro in patria.
"Alla domanda riferita al suo arrivo in Germania, l'intervistato, forte di un vivo e presente ricordo, risponde di esserne giunto per ritrovare una bella ragazza tedesca (adesso sua moglie) incontrata, tempo prima, in Sicilia e di cui si era follemente innamorato.
In territorio tedesco è giunto da solo perchè voleva convincerla a recarsi

Canada - Montreal

con lui in Italia ed avviare un negozio di parrucchiere.
Tuttavia, ricorda che la ragazza non ha voluto seguirlo e nemmeno la famiglia era consenziente su questo punto.
Momentaneamente, dimorava dai genitori della ragazza come ospite. Dopo due mesi manifestò l'intenzione di tornare in Italia ma i parenti della ragazza gli hanno trovato un lavoro presso un negozio gestito da americani.
Il problema iniziale era costituito dalla non riuscita comprensione della lingua; con la sua ragazza, infatti, dialogava soltanto con gesti.
L'intervistato, inoltre, aggiunge che nel primo lavoro guadagnava poco, non andava d`accordo con i colleghi, non conosceva la lingua inglese e non era soddisfatto.
Per questi motivi ha deciso di rinunciare al lavoro.
Dopo quasi un anno di permanenza si è reso conto che in Germania non

aveva trovato amici, non aveva un lavoro conveniente, non poteva esprimersi nella lingua propria, non capiva gli altri e per concludere faceva tanto freddo.
Ecco allora, predominante, la volontà di ritornare in Italia.
Ma, ancora una volta, i genitori della ragazza gli hanno trovato un altro lavoro facendolo desistere dai propositi di allontanamento.
In seguito, considerato il migliore trattamento economico, ottenne un appartamento ma, purtroppo, la sua ragazza non voleva abitare con lui, nemmeno i suoi genitori si trovarono d`accordo e così rimase da solo.
Ciò, ha causato, in lui, la mortificazione personale.
Tristezza, inquietudine, isolamento, l'impossibilita di esprimersi nella propria lingua e la mancanza degli amici abituali, lontani, erano i suoi compagni di giornata, all'epoca.
Il nostro attore ha affrontato un modo di pensare diverso, le preclusioni ed il sospetto.
Dopo 18 mesi di permanenza, visto che la situazione non era migliorata egli volle sentire la decisione definitiva dalla sua ragazza per la loro vita futura.
Fu così, allora, che lei, vinta, accettò le sue richieste e andarono a vivere insieme, lavoravano tutti e due come parrucchieri e sono rimasti uniti sino ad oggi.
Dopo diversi anni vissuti nella città ospite, egli ha scoperto che alcuni tedeschi non accettavano che gli stranieri traessero un certo benessere e sottraevano loro i denari con il legittimo pretesto del costante aumento dell'affitto.
Alla domanda se, oggi, rifarebbe il medesimo percorso, egli ha risposto negativamente e addotto, molteplici ragioni tra cui la sofferenza, la mancanza di contatto e la preclusione di poter gridare al mondo ciò che pensa, azione che gli riusciva perfettamente nella sua terra d'origine.
Egli, rammaricato, e con la mentalità di chi vive nel XXI° secolo precisa che in quel particolare periodo in Italia si stava male economicamente, pero si viveva da esseri umani, al contrario, in Germania si viveva come immigrato ai margini della società civile.
Inoltre, soltanto adesso si rende conto che per integrarsi nella società di

allora era necessario affrontare tanti sacrifici.
Egli, invece, non era riuscito nell'intento, nonostante sua moglie fosse tedesca e, altresì, non era riuscito a trovare amicizia sia tra gli italiani sia tra i tedeschi.
Oltre a ciò, non lo rifarebbe allorchè in Germania gli hanno mancato di rispetto, non accettandolo.
Spesso quando s'imbatteva in gesti d'intolleranza si poneva la classica domanda dell'essere; egli lasciava in pace gli altri e desiderava essere lasciato in pace, credente del secolare rispetto reciproco.
All'interrogativo se, oggi, si sente più tedesco o italiano egli ha risposto che, per carattere, si sente un uomo di mondo e che per lui non esistono differenze tra le razze.
Pero, quando si trova in Italia si sente meglio, a suo agio, più libero.
Alcuni anni addietro ha deciso di cambiare la nazionalità: ora possiede il passaporto tedesco con tutti i diritti e gli obblighi che ne derivano.
Riferito alle abitudini originarie salvaguardate, l'intervistato ha indicato solo la bottiglia di vino, italiano, sul tavolo.
Beve anche il caffè espresso.
Riferito alla gastronomia, egli sostiene di mangiare sia il cibo tedesco sia quello italiano.
Siccome ha la fortuna di avere una moglie che cucina bene, la famiglia mangia più spesso il cibo tedesco.
Egli guarda la TV italiana e legge i libri italiani.
Non essendo riuscito a familiarizzare con gli italiani della città tedesca dove abita, diserta le feste tricolori organizzate dalla locale comunità.
All'interpellanza sul linguaggio preferito per esprimersi l'intervistato risponde che predilige l'italiano ossia la sua madrelingua.
Quando si esprime in tedesco non si sente la stessa persona, ma lo parla bene.
Con sua moglie e suo figlio, invece, parla solo tedesco, nonostante sua moglie conosca bene l'italiano; però non lo parla perche si vergogna.
Per le strade cittadine egli non ha la possibilità di parlare l'italiano con i connazionali, perche non ne conosce tanti.
Siccome, poi, ha vissuto per circa 15 anni nel Nord d'Italia, non usa più

Francia - Strasburgo

il vernacolo siciliano, ma parla italiano anche quando telefona alla sua famiglia d'origine, in Sicilia.
Siccome l'intervistato è già un lavoratore in pensione, ha la possibilità di seguire i fatti di cronaca italiana.
Egli sostiene di seguire, con molto interesse, la televisione italiana.
Talvolta s'infuria per quanto accade nella politica italiana e tedesca, ma vivendo ormai in Germania, le informazioni politiche provenienti dalla penisola non lo coinvolgono molto.
Alla specifica domanda di formulare dei pratici esempi che lo inducono alla collera, l'intervistato ha criticato aspramente la burocrazia lenta e non funzionante, gli ospedali sporchi, la gente che, in Italia parla tanto ma lavora poco.
Inoltre, ha messo in evidenza, da parte degli impiegati, uno spirito di arroganza ed una connaturata pigrizia.
Infine, ritiene che una buona parte della forza politica sia da identificare

come degli autentici imbroglioni.
L'ultima domanda riguarda qualche passaggio saliente che rammenta.
L'intervistato racconta di essere giunto in Germania nel 1971.
Ha abbandonato il suo paese natale, in Sicilia, alla volta di Torino che aveva, appena, 15 anni; era il 1956.
Lì ha trovato occupazione come garzone in un negozio di parrucchiere.
Dopo aver frequentato un lesto corso di formazione professionale aveva aperto un negozio, ma gli affari non erano andati molto bene.
Decise allora di andare in Germania, laddove ha continuato a svolgere lo stesso mestiere, e quasi con una punta d'orgoglio tiene a sottolineare che molti abitanti del luogo sono stati suoi clienti per tantissimi anni, e non lo hanno mai tradito, a riprova della capacità che contraddistingue l'italico sapere".
Nelle parole dell'attempato emigrante, emerge, dunque, in grandi linee la condizione iniziale del "gastarbeiter" che, sovente, pavento l'idea di tornare in patria ed investire il patrimonio accumulato.
Tuttavia, sempre più raramente s'è assistito a forme d'investimento nell'imprenditoria, di capitali provenienti dal lavoro prestato all'estero.
Molto spesso, invece, i risparmi sono stati utilizzati per la costruzione di case, rimaste, poi vuote per lungo tempo, offerte alla corrosione.
Viceversa, molte risorse sono state utilizzate per dare vita ad importanti attività imprenditoriali in Germania, ciò a beneficio del prestigio sociale della comunità italiana e di un contributo decisivo alla formazione delle nuove leve di comando.
Dapprima per soddisfare le esigenze dei propri conterranei con beni di consumo e servizi che il mercato tedesco, dell'epoca, non poteva offrire, poi allargando il settore della distribuzione di alimenti o prodotti vari nell'intera città ed oltre.
Pur sforzandosi di investire nell'integrazione sociale dei suoi immigrati, lo stato tedesco non ha mai conseguito il risultato desiderato, ossia una totale apertura verso l'immigrazione, parte integrante della società che lo anima.
False aspettative e palesi incertezze hanno condizionato, di fatto, la nutrita comunità italiana, per lungo tempo fortemente legata ai contratti a termine.

Ecco allora che, da tempo, ma, attualmente, in maniera accentuata, gli italiani residenti in Germania hanno abbracciato componenti relazionali estremamente significative.

A liberi professionisti come avvocati, medici, ingegneri ed operatori mediatici si sono affiancati abili commercianti ed imprenditori di ogni ordine e grado.

Costoro per ottenere il massimo profitto in termini morali ed economici si sforzano, incessantemente, di oltrepassare le barriere costituite dalle molteplici contraddizioni che hanno caratterizzato un'intera epoca, la loro stessa storia che non merita di essere accantonata o dimenticata ma dovrà fungere, come la statistica conferma, da salvaguardia per le loro potenzialità proiettate, sempre più, verso il successo.

La contraddizione di fondo, comprovata dalla documentazione storica, risiede nelle sinuosità della burocrazia tedesca; l'Italia, in quanto paese fondatore dell'Europa ha sempre mantenuto fede agli impegni assunti, ossia d'inviare le proprie maestranze laddove siano giunte le richieste.

Tuttavia, in Germania, i lavoratori italiani, a lungo e sino a pochissimi anni or sono, sono stati sottoposti a severe normative nazionali che li definivano stranieri, pur essendo firmatari dello stesso trattato.

A simile effetto demagogico, gli italiani hanno risposto con un'assoluta fedeltà al passaporto d'origine, raramente richiedendo di modificare la nazionalità.

L'accordo italo-tedesco del 2002 che ha decretato l'introduzione della doppia cittadinanza ha, tuttavia, posto fine ad ogni conflitto d'identità consentendo alla persona di essere, a pieno titolo, cittadino del paese in cui vive e lavora.

Solo adesso, dunque, si è riconosciuti realmente per ciò che si è sempre rappresentato, ossia cittadini di uno stato fondatore dell'Europa.

Ecco allora che la doppia cittadinanza promuove, anche se con sensibile ritardo, un importante esito in seno alla comunità italiana, un traguardo di alto prestigio sociale, fondamentale per la riuscita del programma d'integrazione e successo dell'economia, teorizzato, mezzo secolo prima dall'unione delle congetture di tre generazioni emigranti. La sensibile riduzione delle distanze tra la burocrazia del palazzo e la manodopera immigrata contribuirà, in maniera effettiva, a rendere più favorevoli le comunicazioni, ormai lontane da giudizi fuorvianti e pressioni esterne che, nel corso dei decenni, hanno costruito muri invalicabili.

A beneficiare di tale favorevole circostanza sarà l'intera Europa, sempre più disponibile a prendere tra le braccia vigorosi progetti integrativi in funzione di un maggior peso, culturale ed economico, sulla bilancia dei continenti.

Anche in Svizzera la presenza degli italiani è, oramai, corpulenta e ciò fortemente dovuto alla costante crescita di associazioni o presunte tali, molto ben organizzate, seppur in maniera disordinata, ovverosia senza un comune denominatore.

La lingua italiana è la più gettonata e, ormai, tanti cittadini elvetici sono pressoché obbligati a cimentarsi con l'italica fonologia.

Belgio - Bruxelles

Non si parla più di emigrazione ma di puro incontro tra diverse culture, la reale proposta di aggregazione priva di logori preconcetti e critiche anteriori, laddove l'intolleranza è stata, ormai, cancellata dal lessico.

Il lavoratore italiano è, ora, sinonimo di prosperità, le molteplici braccia tricolori sono fondamentali nell'economia di un paese proiettato verso una forte espansione.

"Ohne Italiener Kein Wohlstand" scrisse un giornalista di Basilea verso la metà degli anni '60 che parafrasato significa "Senza italiani non c'è benessere" profetizzando l'evolversi di una situazione dalle traiettorie incredibili.

Pur tuttavia, all'epoca, la Svizzera accolse migliaia e migliaia di bambini clandestini che, provenienti da ogni pianura della penisola, e giunti al seguito dei genitori, erano costretti a rimanere serrati in casa per paura di essere scoperti e rimandati in patria.

Significative rimangono le testimonianze di operatrici degli orfanotrofi di frontiera, sbocciati per necessità, laddove chi, dopo aver subito una denuncia, da un vicino, un conoscente o incauto casuale, e con tangibile velo di tristezza, trovava provvisoria accoglienza per i propri bambini, non potendo, per ragioni temporali o difficoltà d'affidamento, riportarli nei paesi d'origine.

Quando il fenomeno assunse livelli preoccupanti l'Ambasciata Italiana ed i Consolati, organizzarono, con l'aiuto delle onnipresenti Missioni Cattoliche e varie associazioni umanitarie, delle vere e proprie scuole clandestine per consentire ai pargoli di acquisire un grado di istruzione impartito nella madrelingua e drenare la perdita dell'identità originaria.

Allora, i nostri avi erano soli, disgregati, quasi abbandonati ed esclusi dal quadro sociale di un luogo non patrio, perennemente impregnati da uno sdoppiamento di immagini ed incapaci di focalizzare le due facce della stessa medaglia.

Tra costoro, tuttavia, c'è chi la permanenza sul suolo elvetico, all'epoca e sino ad oggi, lo ha vissuto in maniera diversa.

E' il caso di Agostino La Cava, pavimentista, 74 anni attualmente:

"Abbiamo lavorato senza avere tanti problemi, sia io sia mia moglie che lavorava in un'azienda per la coltivazione dei funghi, e abbiamo avuto sempre il rispetto dei nostri sani diritti. Non abbiamo avuto difficoltà nemmeno per i nostri tre figli, sia nella frequenza della scuola sia nei servizi come ad esempio quelli della sanità e delle attività ricreative e culturali. Devo dire che, tra gli emigranti, qualcuno non veniva trattato con le stesse attenzioni che gli svizzeri riservavano a noi. Spesso, infatti, tra noi italiani c'era qualcuno che non rispettava le direttive del vivere civile e quindi veniva trattato con distacco dagli abitanti del luogo. In linea di massima posso, però, affermare che il rapporto tra italiani e svizzeri è sempre stato ottimale e che nei momenti difficili c'è sempre stata grande solidarietà"

Ecco, invece l'esempio del Signor Ventrone che la trasferta migratoria in Svizzera l'ha vissuta a cavallo tra l'attaccamento al lavoro e l'equilibrata nostalgia per la terra d'origine:

-Per quali motivi ti sei spostato?

Per lavoro, in Italia, forse c'era la possibilità di trovare un'occupazione, ma il cambio con il franco svizzero portava molti vantaggi, il salario di una giornata lavorativa in Svizzera equivaleva a quello di cinque giorni nel sud Italia e quindi con tanti sacrifici e buona volontà si riuscivano a creare le solide basi per una vita più tranquilla, io, infatti, sono riuscito a costruirmi una casa.

-Quali erano le modalità per assicurarsi un lavoro legale?

Per arrivare nel luogo desiderato era obbligatorio un nulla osta che si riusciva ad ottenere solo grazie ai contatti con amici o parenti che erano partiti precedentemente e questo serviva a farsi rilasciare dalla Camera del Lavoro il passaporto con cui si poteva accedere soltanto ad un paese forestiero, e nel mio caso la Svizzera. Arrivati alla frontiera si doveva essere sottoposti ad un controllo medico che doveva stabilire il buono stato di salute di ognuno di noi. Il passaporto poi, nel momento in cui si incominciava a lavorare, veniva consegnato al titolare della ditta per cui si lavorava che, a sua volta, lo consegnava al Comune; allorquando si doveva tornare in Italia si faceva una richiesta per riottenerlo, e questo veniva restituito soltanto se non erano presenti, a carico dell'interessato, delle pendenze penali.

Un altro documento, che si doveva ottenere in Svizzera, era la dimora,

Germania - Francoforte sul Meno

così simile ad un certificato di residenza che ti permetteva di circolare, rispettando le regole ad esso allegate, di cui una, ad esempio, vietava la circolazione in un tratto stradale laddove si era già transitati nella stessa giornata.
-Com'è stata l'integrazione?
L'impatto non era assai piacevole perché bisognava ambientarsi e farsi accettare da persone spesso diffidenti e prevenute, per questo motivo fu più volte ripetuto un referendum per allontanare gli italiani sprovvisti di cittadinanza svizzera. Io ho cercato sempre di esibire prove della mia correttezza ed il mio alto senso del dovere e perciò mi sono fatto delle amicizie anche tra gli svizzeri.
-Quante ore al giorno lavorava?
Generalmente si lavorava dieci ore in montagna e nove e mezzo in città.
-Ogni tanto riuscivi a tornare in Italia?
Si, durante le ferie, ed una delle più grandi soddisfazioni era quella di regalare cioccolato e sigarette ad amici e parenti.

Tante discordanti storie, dunque, alcune strettamente personali, altre comuni la cui tematica è talmente vasta e contrastante al punto da porsi interrogativi sulla veridicità o la leggenda dei racconti ma che, tuttavia, caratterizza un popolo in perenne movimento, una diaspora cubitale dipinta con tante terre promesse i cui orizzonti sono contemplati da un secolo e mezzo.

Solitamente, una vita lontana da casa, dalle radici e tradizioni d'origine, dovrebbe essere una scelta, ma per tanti si è trattato, ed ancora oggi lo è, seppur con minore intensità, di un obbligo.

Forse, gran parte della società italiana è all'oscuro degli avvenimenti succedutisi al riguardo dell'emigrazione, fortemente intrisa di pesanti vicissitudini e avventure, i cui effetti sono visibili agli occhi di tutti.

All'idea che l'emigrante rappresenti solo la valigia di cartone e l'unica opportunità di offrire le proprie braccia lavoro, deve essere associata l'incommensurabile potenzialità di valori e costumi, cui egli diviene ambasciatore, riflessi nella società di accoglienza.

Integrazione, dunque, vuol dire essere coscienti della propria identità, assimilare le regole della convivenza civile del paese ospitante e dalla somma di entrambi i valori trarre vantaggi utili per se stessi e la terra d'origine.

All'emigrante moderno non si domanda di ricusare le proprie abitudini, le proprie tradizioni, tuttavia è imprescindibile, e doveroso, che quanti decidono di allontanarsi dalla terra natia, per stanziarsi presso un paese straniero, siano ben preparati ad osservarne le leggi.

Il segreto del successo risiede nel realizzare, e molto velocemente.

La fantasia di tramutare, autentico toccasana di tutti i malanni, spinge, alimentato da intuiti premonitori, il dinamico imprenditore italiano a rischiare il proprio nome e le risorse disponibili, rendendosi autentico palatino di solidarietà, allorquando spalanca le braccia, della neonata azienda, al connazionale disoccupato.

In costui primeggia l'orgoglio di appartenenza, la conservazione delle originarie tradizioni ma anche l'accortezza verso le richieste di mercato del paese ospitante.

La Svizzera costituisce, ancora oggi, un mondo in costante evoluzione.

La presenza italiana, fortemente radicata e rinnovata, rappresentata un potenziale imprenditoriale significativo, nato dal nulla, spesso da un sesto senso perspicace o dalla poca padronanza di cognizioni, acquisita saltuariamente.

Recenti valutazioni confederali, indicano le imprese straniere, specie quelle italiane, come propulsore di sviluppo vitale, nel prossimo futuro. Non soltanto il loro numero accrescerà sensibilmente ma conosceranno sempre più l'ammodernamento della località in cui operano, saranno sempre più grandi e l'organizzazione aziendale si perfezionerà.

Di certo intenderanno estendere i rapporti differenziati di scambio, e reciproca fornitura, di beni e materiali al fine di riempire ampi vuoti di mercato.

Ciò, tuttavia, darà inizio a circuiti sregolati connessi ad insolvibilità da parte della clientela servita, a cattive condizioni di lavoro determinate da gravi fattori esterni e scarse, o minori, possibilità di guadagno, che potrebbero riversarsi in consistenti perdite.

Per ridurre tali, potenziali, repentagli ed incoraggiare il cambiamento strutturale all'indirizzo della modernizzazione, si dovrebbero, sempre, predisporre proposte di sostegno qualificato, le cui funzioni principali dovrebbero essere, oltre all'azione di tutela, rendere accessibili, anche a imprenditori stranieri le offerte di incentivazione, disponibili su ciascun territorio.

Ecco allora sopraggiungere, in soccorso, le sane associazioni pronte ad accogliere le problematiche aziendali e farsene messaggere cercando di trovare confacenti soluzioni.

La natura dei problemi imprenditoriali è variegata ma simile pressoché in ogni territorio operativo.

Spesso le aziende di piccole dimensioni lamentano mancanze strutturali che generano limitata produttività, oppure operano in divisioni poco remunerative e pertanto necessitano di nuovi indirizzi cui promuovere il proprio prodotto o, ancora, sono gestite da persone poco qualificate e male informate che ne ostacolano la crescita.

Sovente gli imprenditori denunciano pregiudizi verso l'acquisizione di clientela indigena o connazionale; per ovviare occorre farsi conoscere e valere, non sperare di risolvere il problema facendo vita distaccata dagli altri come in un'antica casta sprangata da vane presunzioni.

In ogni impresa convivono grandi capacità intuitive, e spiccato senso d'inventiva, capaci di creare reddito attraverso posti di lavoro e grosse quote economiche che condizionano, pesantemente, il prodotto interno lordo.

Soltanto partecipando, attivamente, alla vita organizzativa, di cui si fa parte, e standardizzandosi ai parametri statutari, che essa custodisce, l'imprenditore potrà mettere in evidenza le peculiarità migliori della propria professionalità e del proprio carattere, potrà farsi apprezzare ed acquisire la profonda e sincera stima dei soci colleghi, virtù di primaria importanza nel panorama dell'opinione pubblica.

Solo nell'organizzazione si potrà essere certi di trovare la miglior tutela dei propri mestieri.

Organizzazione, dunque, solidarietà e massima disciplina, soprattutto verso le regole del paese ospitante, da manifestarsi in ogni occasione specie quando i meno fortunati bussano alla porta; in tal caso soltanto una sana immedesimazione potrà fungere da stimolo per correre in loro aiuto.

La piena disponibilità ad associarsi e partecipare attivamente all'interno dell'associazione, per trarre i dovuti vantaggi, deve rappresentare parte integrante del vasto programma di apertura di un'impresa, unitamente al fattore rischio.

Attualmente, sono in persistente aumento coloro che, per mancanza di realistiche prospettive occupazionali, decidono di mettersi in proprio, spesso toccando settori a loro, prima, quasi sconosciuti.

Per costoro il rischio è totale, e pertanto sono bisognosi di assistenza e consulenza aziendali sia nell'ambito formativo sia nell'iter burocratico che l'apertura di un'impresa comporta.

Il coraggio, molto spesso, non appare sufficiente a superare gli ostacoli che quotidianamente s'incontrano; affidarsi ad associazioni, che al loro interno vantano specialisti nella consulenza aziendale, è necessario per valutare realmente potenzialità ed incognite rappresentate dal territorio che si decide di scegliere come piattaforma per gli scambi commerciali.

Svizzera - Losanna

E' doveroso rammentare che valicata la marcata linea di confine occorre dimenticare il campanile della borgata, la provincia di provenienza, la regione di appartenenza nonché ogni principio di parte; è necessario sentirsi italiani, e come tali accompagnare, con una punta di orgoglio, il vessillo.
Ancora oggi, in un'epoca laddove il sostantivo emigrante pare quanto mai inopportuno, all'alba di ogni giorno, a braccia svestite e con tanta voglia di operare, migliaia e migliaia di lavoratori italiani superano il confine elvetico per offrire la loro competenza sui cantieri, per lastricare strade, abitazioni, decorare i giardini pubblici e facoltose ville.
Questo sviluppato fenomeno ha contribuito, e contribuisce tuttora, alla trasformazione del tessuto sociale sia del territorio di partenza sia di quello d'arrivo.
Alle cospicue rimesse di denaro che giungono in Italia occorre sommare l'abbassamento della pressione occupazionale nei territori di partenza;

l'emigrante, di fatto, concede spazio a chi decide di restare nel proprio comune.

A chi rivendica il basso salario guadagnato da siffatta manovalanza, a svantaggio del contratto di lavoro Confederale, e pertanto adducendo sconfinati affronti al lavoratore svizzero, le statistiche rispondono con la qualità delle opere o servizi realizzati.

Corre l'obbligo, pertanto, soffermarsi sulle incisive parole pronunciate dal Ministro Mirko Tremaglia secondo il quale la novella Europa è stata costruita anche con il sangue degli italiani.

In Svizzera, attualmente gli italiani usufruiscono di ogni diritto, in parte hanno conseguito la cittadinanza, tuttavia sarebbe deleterio dimenticare come, i nostri antenati vivevano soltanto alcune decine di anni or sono.

Le recenti generazioni, nate e sviluppate nella confederazione, parlano, correttamente, gli idiomi nazionali ed hanno, in generale, accettato usi, tradizioni e costumi indigeni.

Tuttavia, parte della popolazione residente, ancora oggi, non dimostra di averli graditi pienamente.

Una recente tornata di voto referendario ha respinto la naturalizzazione facilitata per gli stranieri della seconda e terza generazione, compiendo, di fatto, un notevole passo indietro.

Per partecipare dinamicamente alla vita politica del paese è necessario possedere, a pieno titolo, il passaporto svizzero e, al momento, soltanto qualche Cantone ha riconosciuto agli immigrati il diritto di voto, in tal modo completando il cerchio chiamato integrazione.

L'atteggiamento di rifiuto verso la persona straniera ostacola il processo di inserimento nel tessuto sociale, anche se, con una pizzico di orgoglio, necessita sottolineare come la diaspora italiana, in Svizzera, oggi, può contare su svariati traguardi fondati su trionfi epocali.

E' facile, infatti, lungo le arterie di grandi centri urbani, e non soltanto, incrociare ristoranti, pizzerie e spacci alimentari laddove si servono o acquistano prodotti italiani, da italiani.

Molti di questi negozianti, o gestori, appartengono alla generazione dei braccianti agricoli e manovali, che, nel corso del tempo, hanno saputo cogliere l'attimo e sfondare nei settori della gastronomia.

L'immagine positiva conquistata offrendo cortesia, qualità e rettitudine ha stimolato la partecipazione di una clientela esigente, la cui presenza è aumentata a dismisura, consentendo a queste imprese di produrre un reddito notevole.
Ciò, in seguito, ha permesso alle loro genesi di studiare per ambire ad occupazioni professionali, ricompensando, di fatto, qualsiasi impegno e sacrificio sostenuti, anche in presenza di cattivi raccolti.
Occorre, comunque e sempre, mantenere vivo il ricordo di coloro che hanno dovuto combattere contro immolazioni estreme, occorre leggersi i capitoli della storia che li ha riguardati, scavare nelle loro origini.
Le tristi disgrazie che, nel corso degli anni, hanno macchiato di sangue i cantieri della ricostruzione ed hanno visto soccombere povera gente che cercava soltanto di sfuggire alla miseria, dovranno fungere da ponte per abbattere ogni profilo discriminatorio e conseguire un pianeta migliore che poggia le fondamenta sul passato.
Non dimentichiamo che nelle tribolazioni dell'emigrazione, con tutte le argomentazioni che essa ha portato e porta ancora con se, si nasconde l'embrione del futuro.
La sofferenza dimora nella storia dell'uomo, l'incontro, e certe volte lo scontro, tra diverse culture prepara pagine nuove, in cui primeggiano colori uniformi, opinioni comuni e la ricerca di traguardi corrispondenti alle aspettative pluraliste.
La mobilità umana include, oggi, complessità impensabili.
E' una componente intrinseca nel cammino di ogni nazione; si viaggia su di un unico binario, verso l'identica destinazione, il destino dell'uno diviene, spesso e per riverbero, il destino di tutti.
Questa lunga storia di sfruttamento ed inquietudine, tanto passata ma così recente, rimane un grandissimo esempio di dignitoso coraggio.
Per questo appare molto difficile, quasi impossibile, comprendere come, una società moderna come la nostra, capace di scissione critica e storica, forte di decenni e decenni di ricerca della documentazione, non sia in grado di sfogliare il proprio corso degli eventi, al fine di scongiurare la possibilità di commettere errori di stima e formulare giudizi affrettati.
I soprusi, i lutti prematuri, ogni tipologia di umiliazione, che i nostri

antenati hanno, a lungo, sopportato, dovrebbero fare parte del nostro lessico quotidiano, del bagaglio storico che ci portiamo dietro, come un pesante fardello.

Mezzo secolo addietro, eravamo coloro che scendevano nelle miniere e risalivano con il viso annerito dal carbone; oggi, invece, siamo, in parte capitani d'impresa, portatori di sviluppo e benessere.

Abbandonata l'amata/odiata valigia di cartone, ci concediamo, vestiti dell'abito più bello, alla ribalta di un paese cordiale, affabile, tra sorrisi e simpatie.

In quei sorrisi ed in quelle simpatie dobbiamo essere capaci di leggere il nostro passato e negli occhi che ci guardano dovremmo essere capaci di vedere riflessi quelli dei nostri, leggendari, avi che ci sorridono.

Svizzera - Zurigo

La vecchia valigia di cartone abbandonata

NOI DI ASSOII-SUISSE

ASSOII-SUISSE

La sede centrale è ubicata, nel Cantone di Zurigo, al seguente indirizzo postale:

ASSOII-SUISSE
Badenerstrasse 760
8048 Zurigo
Tel. +41 43 3119902
Fax +41 43 3119903

Assoii-Suisse viene alla luce nell'anno 2002 come Associazione degli Imprenditori Italiani in Svizzera e, coerentemente con il codice etico, di cui si decora, non assume alcuna preferenza partitica, rivendicando una propria indipendenza operativa e dottrinale.
L'Associazione, da sempre, riconosce un ruolo fondamentale al capitale umano unitamente al valore principale che ispira la propria operatività ossia la convinzione che la libera impresa nonchè il libero esercizio dell'attività imprenditoriale, nel contesto economico e produttivo, siano fattori di sviluppo e di progresso per l'intera società, corrente e ventura.
Assoii-Suisse, in base al proprio Statuto, assume un ruolo di tutela e di sana promozione delle imprese associate verso le istituzioni politiche, organizzazioni economiche, sociali e culturali e si pone come soggetto animatore dello sviluppo locale collaborando, attivamente, con tutte le forze operative presenti sul territorio fornendo loro la propria, specifica, competenza.
Entrare a far parte di Assoii-Suisse consente alle aziende associate di beneficiare della rappresentanza degli interessi imprenditoriali, su tutto il territorio confederale e al di fuori dei suoi confini, verso le maggiori istituzioni politiche e amministrative, nonché di avere accesso a servizi specialistici, altamente qualificati e di supporto all'attività d'impresa.
Alla trasparente e solidale rappresentanza verso l'esterno si unisce la finalità di favorire una gestione partecipata e democratica all'interno della vita associativa, garantendo il coinvolgimento degli imprenditori

secondo le loro diverse sollecitazioni e qualità specifiche.
Assoii-Suisse è, oggi, il partner di fiducia dell'imprenditoria italiana in Svizzera, la sorgente attendibile dove l'impresa può raccogliere la linfa necessaria per la sua crescita.

A. D. 2010

I Dirigenti di Assoii-Suisse:

Presidente
Fernando Catalano

Vice Presidente
Nicolò Boccellato

Segretario
Michele Cassiani

Tesoriere
Giuseppe De Pascali

Responsabile Satellite Italia
Francesco Bongiovanni

I Consiglieri

Andrea Butruce
Damiano D'Errico
Massimo Miccoli
Antonio Iacovazzo
Raffaele Rivetti
Maurizio Megna

ASSOII - Associazione Imprenditori Italiani in Svizzera
si propone di:

Tutelare, ad ogni livello, i valori delle imprese associate assistendole e rappresentandole, attivamente, verso tutte le istituzioni pubbliche, le organizzazioni economiche, sindacali, politiche e sociali.

Favorire l'incremento delle attività imprenditoriali e promuovere, con ogni mezzo, la diffusione della cultura d'impresa.

Provvedere all'informazione globale, fornendo dati riferiti ai mercati e comunicazioni di carattere generale nonché offrire consulenza alle imprese associate, facendosi carico di tutte le problematiche connesse al mondo imprenditoriale.

Sviluppare e programmare servizi sulla base delle necessità tangibili enunciate dalle imprese.

Stipulare accordi e convenzioni per conto delle imprese associate.

Occuparsi della designazione di propri delegati nelle organizzazioni e nei comitati pubblici, o privati, che ne prevedano la necessaria presenza nonché sostenerne la creazione laddove tale profilo di intervento sia ritenuto essenziale o adeguato.

Incentivare con vigore il rapporto tra le imprese associate per l'apertura del dialogo, lo studio e la soluzione di problemi di interesse comune ed inoltre, per la messa in opera di accordi economici.

Proporre e realizzare studi e ricerche di approfondimento, formazione, dibattiti e convegni su temi economici, sociali e istituzionali di interesse globale oltre che su contenuti particolari relativi ai molteplici settori operativi degli associati.

Promuovere piani di lavoro, sul territorio elvetico ed oltre, finalizzati allo sviluppo dell'attività imprenditoriale.

Agevolare la collaborazione concreta, organizzando incontri periodici, tra i propri associati e tra costoro ed altre imprese anche di altri territori, nonché assumere qualunque proposta valevole al fine di rafforzare la solidarietà.

Chiamata al dovere umanitario l'Assoii-Suisse ha dimostrato un'attiva e tangibile testimonianza di generosità e di sentimento compatriota nei confronti dell'amico territorio ed in particolare delle migliaia di persone colpite duramente dal dramma del terremoto che ha causato 308 morti e la distruzione di interi quartieri e comuni dell'Abruzzo.
Come un fiume in piena, il direttivo e gli associati, si sono prontamente messi all'opera per far giungere la loro voce sui luoghi della tragedia.
Ecco l'articolo pubblicato dal giornale "La Pagina" di Zurigo, in cui si riassume una delle tante azioni solidali a favore della regione Abruzzo:

....

Fernando Catalano, il Presidente di Assoii-Suisse e Franco Frattini, il Ministro degli Esteri Italiano, restituiscono il sorriso a 200 bambini del Comune abruzzese di Rocca di Mezzo.

"Il ministro degli esteri italiano On. Franco Frattini ha ricevuto, il 2 settembre u.s., nel suo studio alla Farnesina, la delegazione dell'Assoii-Suisse (Associazione degli Imprenditori Italiani in Svizzera) guidata dal Presidente Fernando Catalano.
Ne facevano parte i consiglieri Massimo Miccoli e Antonio Iacovazzo. La delegazione giungeva da Rocca di Mezzo, comune abruzzese toccato dal sisma del 06 Aprile u.s., visitato in precedenza.
Situato alle pendici del Monte Rotondo, nella provincia dell'Aquila, il piccolo, ridente, comune (1.600 abitanti circa) è stato colpito dal recente terremoto riportando ingenti danni alle strutture: nella vicina frazione di Rovere il campanile della chiesa è crollato.
Il Sindaco ing. Emilio Nusca e la gente del posto raccontano di una vita media decisamente alta e di un'indice della criminalità pressoché nullo.
Il Presidente Catalano ha illustrato al ministro i progetti della potente Associazione che conta alcune centinaia di associati e crea molti posti di lavoro.
Ha, poi, documentato il livello di crescita e sviluppo dell'imprenditoria italiana in Svizzera, i consensi che incontra tra la popolazione elvetica, ricevendo i personali complimenti di Franco Frattini per l'operato.
La delegazione ha raccontato, in seguito, al Ministro le motivazioni del

viaggio a Rocca di Mezzo: far giungere nel Comune abruzzese, laddove l'indimenticabile regista Federico Fellini ha girato diverse sequenze del film "La strada", alcuni container speciali.

Ha certificato e commentato la missione umanitaria che intenderebbe portare a termine ponendo in evidenza le problematiche relative ai costi del trasporto dei container, troppo elevati.

Il Ministro, senza indugio alcuno, ha mostrato particolare sensibilità ed ha assicurato di contribuire al progetto fornendo, tramite le Ferrovie dello Stato, un notevole aiuto riferito al trasporto dei container speciali sul territorio italiano.

Nei container, duecento bambini, troveranno un piccolo spazio asilo ed un luogo d'incontro, continueranno a giocare e sorridere.

Il Ministro Frattini s'è attivato presso la direzione delle Ferrovie dello Stato e la Protezione Civile.

L'ing. Mauro Moretti, Amministratore delegato di Ferrovie dello Stato, ha predisposto, gratuitamente, il servizio trasporto.

La partenza del primo convoglio, da Zurigo, è avvenuta, poi, sabato 5 settembre.

Il treno, via Domodossola, raggiungerà Avezzano, laddove i container saranno presi in consegna dalla Protezione Civile.

Quest'ultima, utilizzando idonei camion, ne curerà il trasporto in loco, e si occuperà, infine, del montaggio.

Il segnale politico è di quelli forti.

Il grande gesto di sensibilità e solidarietà è da libro Cuore.

Ciò rafforzerà i già robusti legami tra lo Stato Svizzero, che tramite la Città di Zurigo, ha devoluto i container speciali, già utilizzati per uso scolastico, e quello italiano.

Alla fine dell'incontro romano, durato più di un'ora e contraddistinto dalla cordialità, il Presidente Fernando Catalano consegna la tessera, ad honorem, al Ministro Franco Frattini con l'arrivederci a Rocca di Mezzo, a montaggio dei container avvenuto.

Al commiato, la delegazione zurighese pone l'accento su quanti hanno, dalla Svizzera, contribuito alla fattibilità dell'operazione container.

Un sentito ringraziamento è pronunciato a favore della Catena della

Solidarietà Svizzera, al Comune di Lugano, al Consolato Generale d'Italia di Zurigo, al Console Generale Mario Fridegotto e ancora a tutti coloro che, pur in minima ma sempre gradita parte, hanno collaborato e decideranno in futuro di collaborare con l'Assoii- Suisse.
Un grande sorriso riempie l'aula ministeriale mentre, a poca distanza, duecento bambini sorridono a chi ha rivolto loro un gentile pensiero".
………………………………………..

Abruzzo - Rocca di Mezzo

Profili e pensieri di alte cariche istituzionali

©Philippe Christin

Beitrag von Bundesrätin Micheline Calmy-Rey, Vorsteherin des Departements für auswärtige Angelegenheiten (EDA) der Schweizerischen Eidgenossenschaft

Schweiz – Italien: enge und gute Beziehungen als gemeinsame Aufgabe

Die traditionell engen und guten Beziehungen zwischen der Schweiz und Italien sind geprägt durch intensive wirtschaftliche, politische, menschliche und kulturelle Verbindungen, eine gemeinsame Sprache und häufige Besuche auf allen Ebenen. Das 150-jährige Jubiläum der Republik Italien im Jahr 2011 markiert gleichzeitig auch das 150-jährige

Bestehen von diplomatischen, freundschaftlichen Beziehungen zwischen unseren beiden Ländern.

Das Nachbarland Italien ist seit Jahren der zweitwichtigste Handelspartner der Schweiz, wobei Italien regelmässig einen namhaften Überschuss erzielt (Handelsvolumen 2009: 34 Mrd. SFr., Handelbilanzüberschuss zugunsten Italiens 2009: +2,1 Mrd. SFr.). Italien ist der drittwichtigste Exportmarkt für die Schweiz und das zweitwichtigste Herkunftsland unserer Importe.
Als achtgrösster Investor schafft die Schweiz mit Direktinvestitionen von 22 Milliarden Franken 78'000 Arbeitsplätze in Italien.
Umgekehrt werden aufgrund der 6 Milliarden Franken italienischer Direktinvestitionen 13'000 Personen in der Schweiz beschäftigt. Besonders eng ist der Austausch entlang der gemeinsamen Grenze, wo fast 50'000 Grenzgängerinnen und Grenzgänger aus Italien täglich in die Schweiz zur Arbeit kommen.
Von den auf ihren Einkommen erhobenen Steuern stattete die Schweiz im Jahr 2008 rund 54 Millionen Franken zugunsten der italienischen Gemeinden im Grenzgebiet zurück.

Die bedeutende Gemeinschaft der ständigen italienischen Wohnbevölkerung in der Schweiz, die insgesamt etwa 500'000 Personen umfasst (inkl. Doppelbürgerinnen und -bürger), sowie die rund 48'000 Auslandschweizerinnen und -schweizer in Italien stellen eine wichtige Basis für die engen schweizerisch-italienischen Beziehungen dar. Bereits im 19. Jahrhundert war die Schweiz Zielland für zahlreiche italienische Emigranten. Der Niederlassungs- und Konsularvertrag von 1868 garantierte gegenseitig freien Zuzug und freie Niederlassung. Unmittelbar vor dem Ersten Weltkrieg stammte über ein Drittel aller Ausländer und Ausländerinnen in der Schweiz aus Italien; zwischen 1950 und 1970 waren es rund die Hälfte. Bis heute ist die italienische Kolonie die grösste Ausländergruppe in der Schweiz. Die Italienerinnen und Italiener in der Schweiz bringen sich in allen Lebensbereichen ein; sie sind Teil unserer pluralistischen Kultur geworden.
Die Schweizer Kolonie in Italien ist seit dem Ende des Zweiten

Weltkriegs ebenfalls angewachsen. Italien verfügt weltweit über die meisten Schweizerschulen (Rom, Milano, Bergamo, Catania).

Das zwischenmenschliche Element unserer Beziehungen kam zum Beispiel auch nach dem starken Erdbeben, das Anfang April 2009 die Provinz L'Aquila in den Abruzzen erschütterte, zum Ausdruck: Die Katastrophe löste in der Schweizer Bevölkerung tiefe Betroffenheit aus. Die Schweizer Glückskette konnte innerhalb von kurzer Zeit fast 2,6 Millionen Schweizer Franken Spendengelder für Nothilfe und Wiederaufbauprojekte in den betroffenen Regionen sammeln.

Des weiteren spielen seit jeher die Alpen als Bindeglied zwischen dem Süden und dem Norden eine wichtige Rolle. Dem Ausbau der Alpenübergänge folgten 1882 der Bau des Gotthard-Bahntunnels und 1906 jener des Simplon-Bahntunnels, woran massgeblich italienische Arbeiter beteiligt waren: Wir schulden ihnen sehr viel. Auch heute bilden die im Ausbau befindlichen Alpentransversalen für Schiene und Strasse ein zentrales Element der Beziehungen zu unserem südlichen Nachbarland.

Intensiv sind auch die kulturellen, wissenschaftlichen und bildungsmässigen Beziehungen zwischen unseren Ländern. Seit 1947 besitzt die Schweiz in Rom das «Istituto Svizzero di Roma», das sich dem Kultur - und Wissenschaftsaustausch widmet und über Antennen in Mailand ("Centro culturale svizzero") und in Venedig ("Spazio culturale svizzero") verfügt. Auf institutioneller Ebene besteht zur Intensivierung des kulturellen und akademischen Austauschs zwischen der Schweiz und Italien eine kulturelle Konsultativkommission („Commissione culturale consultiva italo-svizzera"). Ebenso wichtig für den kulturellen Austausch sind das 1950 gegründete "Centro di studi italiani" in Zürich und die zahlreichen Sektionen der "Società Dante Alighieri" in der Schweiz. Seit der Gründung der "Università della Svizzera italiana" 1996 lässt sich ein wachsender Strom von Studierenden und Lehrpersonen in die Schweiz beobachten. Heute studieren etwa 2'500 Personen aus Italien in der Schweiz, und über

1'750 italienische Professorinnen und Professoren sowie andere Lehrpersonen unterrichten an Schweizer Hochschulen.

Das deutliche Nein der Tessinerinnen und Tessiner in der Abstimmung über die Verlängerung und Ausdehnung des freien Personenverkehrs am 8. Februar 2009 wird bei der Beziehungspflege und der grenzüberschreitenden Zusammenarbeit mit Italien als Nachbar regelmässig thematisiert. Insbesondere geht es darum, dass der Nutzen der bilateralen Verträge auf beiden Seiten der Grenze verspürt werden kann und einzelne, entgegenstehende Hemmnisse abgebaut werden. Die Schweiz erachtet es in diesem Zusammenhang als wichtig, die betroffenen Grenzkantone als wesentliche Akteure in der Politikgestaltung einzubeziehen und ihre Anliegen zu unterstützen.

Bekanntlich lösten die italienischen Behörden eine eigentliche Steuerkontroverse zwischen unseren Ländern aus, als sie bei der Umsetzung der italienischen Steueramnestie im Herbst 2009 unangemessen vorgingen und sich gegen Schweizer Interessen richteten. Gerade in diesem Kontext ist es wichtig, dass wir unseren Dialog auf allen Ebenen aufrecht erhalten und intensivieren, um zu einem Klima zurückzufinden, das den historisch gewachsenen, freundschaftlichen und für beide Seiten wichtigen Beziehungen Rechenschaft trägt.
Dazu sind wir alle – Politikerinnen und Politiker, Unternehmerinnen und Unternehmer, aber auch Bürger und Bürgerinnen – gefordert. Denn gute nachbarschaftliche Beziehungen sind nicht automatisch gegeben – sie wollen und müssen gepflegt werden.

Contributo della consigliera federale Micheline Calmy-Rey, capo del Dipartimento federale degli affari esteri (DFAE) della Confederazione Elvetica

Svizzera – Italia: rapporti buoni e stretti come missione comune

I buoni e stretti rapporti tradizionali tra la Svizzera e l'Italia sono caratterizzati da intensi legami di natura economica, politica, umana e culturale, da una lingua in comune e da frequenti visite a tutti i livelli.
Il 150° anniversario della Repubblica Italiana, nell'anno 2011, segna contemporaneamente la 150ennale esistenza di rapporti diplomatici amichevoli tra entrambi i Paesi.

La limitrofa Italia è da anni il più importante partner commerciale della Svizzera, in cui raggiunge regolarmente un notevole esubero (volume commerciale 2009: 34 miliardi di franchi, avanzo commerciale a favore dell'Italia 2009: +2,1 miliardi di franchi). L'Italia è il terzo mercato d'esportazione per la Svizzera e il secondo Paese d'origine delle nostre importazioni. Come ottava investitrice, con investimenti diretti pari a 22 miliardi di franchi, la Svizzera crea 78'000 posti di lavoro in Italia. Viceversa, gli investimenti diretti italiani di 6 miliardi di franchi occupano 13'000 persone in Svizzera. Particolarmente intenso è lo scambio lungo la frontiera, dove quasi 50'000 frontalieri si recano quotidianamente al lavoro dall'Italia in Svizzera. Dalle imposte riscosse dal loro reddito nel 2008 la Svizzera ha rimborsato ai comuni italiani della zona di frontiera 54 milioni di franchi.

La significativa comunità di italiani residenti in Svizzera, che comprende circa 500'000 persone (inclusi i cittadini con doppia cittadinanza), come anche i circa 48'000 svizzeri che risiedono in Italia, rappresentano una base importante per gli stretti rapporti italo-svizzeri. Già nel 19° secolo la Svizzera era il Paese di destinazione di numerosi emigranti italiani. Il Trattato di domicilio e consolare del 1868 garantiva la libera immigrazione ed il libero domicilio reciproci. Alle soglie della prima Guerra mondiale, un terzo di tutti gli stranieri in Svizzera

proveniva dall'Italia; tra il 1950 ed il 1970 erano circa la metà. A tutt'oggi, la colonia italiana è il gruppo di stranieri più numeroso.
Gli italiani sono presenti in tutti i campi: sono divenuti parte della nostra cultura pluralistica. La colonia svizzera, in Italia, è ugualmente cresciuta dalla fine della seconda Guerra mondiale. L'Italia annovera il maggior numero di scuole svizzere (Roma, Milano, Bergamo, Catania).

L'elemento interpersonale dei nostri rapporti è ad esempio emerso anche dopo il forte terremoto che ha colpito ad inizio aprile 2009 la provincia dell'Aquila in Abruzzo: la catastrofe ha suscitato un profondo coinvolgimento nella popolazione svizzera. La Catena della Solidarietà è riuscita a raccogliere in brevissimo tempo quasi 2,6 milioni di franchi per interventi d'urgenza e progetti di ricostruzione nella regione colpita.

Inoltre, le Alpi hanno avuto da sempre un ruolo importante come anello di congiunzione tra Sud e Nord. All'ampliamento dei valichi alpini seguirono nel 1882 la costruzione del tunnel ferroviario del Gottardo e nel 1906 quello del Sempione, a cui parteciparono in maniera determinante anche operai italiani, cui dobbiamo molto. Anche oggi, la costruzione delle trasversali alpine per rotaia e gomma costituisce un elemento centrale dei rapporti con il nostro vicino a Sud.

Intensi sono anche i rapporti culturali, scientifici e a livello d'istruzione tra i nostri Paesi. Dal 1947 la Svizzera possiede a Roma l'«Istituto Svizzero di Roma», che si occupa dello scambio culturale e scientifico e dispone di antenne a Milano ("Centro culturale svizzero") e a Venezia ("Spazio culturale svizzero").
A livello istituzionale tra la Svizzera e l'Italia esiste una commissione culturale consultiva per l'intensificazione dello scambio culturale ed accademico, ossia la "Commissione culturale consultiva italo-svizzera". Ugualmente importanti per lo scambio culturale sono il "Centro di studi italiani", fondato a Zurigo nel 1950, e le numerose sezioni della "Società Dante Alighieri" in Svizzera.
Dalla fondazione dell'"Università della Svizzera italiana" nel 1996 si

osserva un crescente flusso di studenti e docenti in Svizzera. Oggi circa 2'500 persone, provenienti dall'Italia, studiano in Svizzera, e nelle università svizzere insegnano oltre 1'750 professori e altri docenti italiani.

Il netto no dei ticinesi alla votazione per il rinnovo e l'estensione dell'Accordo di libera circolazione delle persone dell'8 febbraio 2009 viene regolarmente tematizzato nella cura dei rapporti e nella collaborazione oltrefrontiera con l'Italia come Paese limitrofo. In particolare si tratta di rendere tangibile il vantaggio degli accordi bilaterali da entrambe le parti della frontiera, e di poter smantellare i singoli ostacoli rimasti. In questo ambito la Svizzera ritiene importante coinvolgere i cantoni di frontiera come attori fondamentali nella definizione della politica e sostenere le loro richieste.

Come è noto, le autorità italiane hanno innescato una vera e propria controversia fiscale tra i nostri due Paesi quando nell'ottobre 2009 si sono mossi in maniera inadeguata riguardo all'applicazione dell'amnistia fiscale, ledendo gli interessi svizzeri. Proprio in questo contesto è importante mantenere ed intensificare il nostro dialogo a tutti i livelli per ritrovarci in un clima che tenga conto dei rapporti rinsaldatisi nel corso del tempo, amichevoli ed importanti per entrambe le parti. Un impegno che ci accomuna tutti - politici, imprenditori e semplici cittadini - poiché i rapporti di buon vicinato non sono cosa data, ma vanno e devono essere costantemente coltivati.

Intervista all'Ambasciatore d'Italia a Berna
Ministro Giuseppe Deodato

Signor Ambasciatore, la Sua carriera è cospicua di esperienze in Italia e all'estero costellate di grandi successi diplomatici. Quali sono le Sue impressioni dall'inizio della Sua esperienza a Berna?
La Svizzera è un Paese, per molti versi, unico e particolarmente ricco di contenuti storici, politici e sociali. Si tratta di una realtà complessa e di grandissimo interesse sia politico che diplomatico.

Come giudica le attuali relazioni tra l'Italia e la Svizzera?
Le relazioni tra i due Paesi non possono che essere eccellenti.

Le piccole difficoltà, riscontrate nel 2009, sono del tutto contingenti e sostanzialmente insignificanti nel quadro della complessità e ricchezza dei rapporti.

Quanto contano i circa cinquecentomila italiani presenti sul territorio svizzero?
La tradizionale presenza della comunità italiana in Svizzera, pari a circa il 7% della popolazione della Confederazione, è stata e continua ad essere particolarmente significativa.
I nostri connazionali hanno contribuito con il loro lavoro allo sviluppo di questo Paese.
Sarebbe auspicabile una sempre maggiore partecipazione nell'ambito degli organi rappresentativi esistenti.

Quali sono le difficoltà maggiori, reali, cui vanno incontro gli italiani residenti in Svizzera?
Non credo si possa parlare di vere e proprie difficoltà. Il livello dello sviluppo, raggiunto nella Confederazione Svizzera, è tale da escludere problematiche particolarmente gravi.
E' peraltro evidente che la comunità italiana dovrà prendere atto di una particolare ridefinizione dell'attuale struttura consolare, anche in armonia con l'evoluzione e l'integrazione della nostra stessa collettività.

Quali sono le opportunità per i piccoli e medi imprenditori italiani in un Paese come la Svizzera?
La contiguità geografica, l'esistenza dell'italiano come lingua ufficiale ed un'obbiettiva facilità di contatto, rende la Svizzera un Paese ideale per i nostri piccoli e medi imprenditori.
Lo confermano i dati riguardanti la nostra presenza commerciale in questo Paese e l'interscambio totale.

Quali facoltà crede siano più necessarie per sfruttare, al meglio, le infinite possibilità offerte da questo Paese?
Come è ben noto a tutti gli imprenditori, la prima esigenza è quella di cercare di comprendere la realtà del Paese nel quale si vuole operare.

Gli imprenditori italiani hanno sempre dimostrato in questo settore una particolare capacità.
Nel caso della Svizzera non credo sussistano particolari problemi al riguardo.

Quali sono, secondo Lei, le sfide più immediate ed importanti da affrontare nei prossimi mesi?
Superare soprattutto le piccole incomprensioni verificatesi nel corso del 2009 e prepararsi, insieme, per i nuovi e sempre più complessi scenari del panorama internazionale. In questo senso, un forte raccordo fra i due Paesi potrebbe valorizzare le reciproche esperienze.

Cosa può dare l'Italia alla Svizzera? E la Svizzera all'Italia?
Si tratta di due Paesi che, proprio perché portatori di due sistemi abbastanza differenti, possono trovare un felice punto d'incontro in un'armonica condivisione delle rispettive capacità. Ciò è dimostrato in modo assai evidente sia dal successo di molti Italiani in Svizzera che di Svizzeri in Italia.

**Assoii-Suisse, l'Associazione degli Imprenditori Italiani in Svizzera, che opera senza finalità di lucro, in questi ultimi mesi, ha iniziato un percorso storico, affacciandosi sulla ribalta internazionale con eventi, incontri, scambi culturali e commerciali che hanno già prodotto e produrranno reddito e ricchezza per le imprese associate.
Cosa ne pensa a tal proposito?**
Ritengo che qualsiasi valorizzazione seria e strutturata della presenza dei nostri imprenditori sia quanto mai opportuna.
Esiste, indubbiamente, un grande spazio per formule associative e promozionali, non trascurando, al contempo, l'esigenza di scongiurare sproporzionati frazionamenti, valorizzando, al contrario, le esperienze disponibili.

Gli associati iscritti ad Assoii-Suisse aumentano giorno dopo giorno. Possiamo parlare di successo del Made in Italy?
Le capacità produttive del nostro Paese sono tali da rendere

elevatissime le capacità di espansione del sistema.
In un mercato globale, dalle prospettive praticamente incalcolabili, il nostro Paese può certamente trovare un posto di rilievo.

Cosa consiglia ai giovani imprenditori che intendono rischiare le proprie risorse, alla luce dell'attuale momento di crisi globale, per creare un reddito comune?
Le caratteristiche dell'imprenditore riflettono e sintetizzino quelle che, in generale, possono definirsi come il fondamento del progresso. Cioè il coraggio, l'inventiva, la serietà nei rapporti e la consapevolezza di essere portatori di forti valori prodotti da un'antica ed elaborata civiltà.

Intervista al Ministro degli Affari Esteri d'Italia On. Franco Frattini

Abbiamo salutato con immensa stima ed interesse la sua nomina a Ministro degli Affari Esteri.
Rivolto alle nuove generazioni come pensa di dar loro più visibilità in ambito politico?
Se guardo alla mia parte politica, il processo ed il grande percorso di rinnovamento che si è sviluppato, a partire da questo principio di ciclo della legislatura, è sicuramente promettente per le giovani generazioni. Possiamo, quindi, affermare che è in atto un ricambio generazionale importante che avrà come conseguenza una maggiore visibilità politica di giovani dirigenti.
Anch'io – nel rispetto delle competenze e dell'esperienza – sono un fautore di politiche che incentivino la responsabilità dei giovani anche nella carriera diplomatica.

Pensa vi siano modalità di partecipazione dei giovani alle scelte politiche future?

Cosa il governo italiano, ed in particolare il suo Ministero, dovrebbero fare per mantenere radicati al tricolore i figli dei nostri connazionali che vivono ed operano all'estero?
I giovani connazionali all'estero dimostrano un reale interesse verso il Paese d'origine ed una spiccata capacità associativa.
Tutto ciò è emerso, con chiarezza, durante l'ultima Conferenza Stato – Regioni/Province Autonome - CGIE, evento al quale sono stati invitati i numerosi rappresentanti dei giovani nel mondo e che loro stessi hanno contribuito ad arricchire con numerose proposte e spunti innovativi.
Questo governo tiene in forte considerazione il ruolo dei giovani e li considera una risorsa fondamentale per l'attuazione delle politiche degli Italiani all'estero al nostro Paese.
Naturalmente è molto importante tenere vivo il legame tra le nuove generazioni e l'Italia, legame che è innanzitutto culturale.
Per questo motivo, il Ministero degli Affari Esteri ha finanziato, per l'anno accademico 2008/2009, **24.535 corsi di lingua e cultura italiana**, cui hanno partecipato **428.684 studenti**.

In tema di politica per gli Affari Esteri Italiani quali sono stati i più significativi cambiamenti rispetto ai precedenti governi?
Indipendentemente dai governi che si sono succeduti nel dopoguerra, le linee vitali della politica estera italiana sono rimaste sostanzialmente inalterate.
Il forte legame transatlantico con gli USA, il rafforzamento dell'Europa comunitaria, la vocazione mediterranea del nostro Paese rimangono al centro dell'azione dell'Italia sullo scenario internazionale.
Tuttavia questo governo ha dato un particolare impulso al processo di allargamento dell'Unione Europea ai Paesi balcanici (è dei giorni scorsi la totale rimozione dei visti ai cittadini serbi per l'entrata nella UE) che riconoscono, pubblicamente, al governo di Berlusconi una particolare attenzione, alla loro aspirazione di entrare a far parte dell'Europa che, davvero, conta.
La nostra diplomazia ha rafforzato significativamente le relazioni con Paesi come la Libia (con la quale abbiamo chiuso definitivamente il contenzioso coloniale aprendo una nuova pagina con grandi

prospettive), la Russia e la Turchia da tenere agganciata all'UE.
Un capitolo a parte è l'apertura di un dialogo continuativo con i Paesi del Golfo con i quali non si può avere un dialogo esclusivamente incentrato sui singoli capitoli energetici, ma che vanno coinvolti per l'importante ruolo di stabilizzazione che possono esercitare nell'area medio-orientale, incluso il conflitto israelo-palestinese.
"Last but not least" vorrei citare la grande sensibilità che il governo mantiene sulle tematiche dei diritti umani ed in particolare dei diritti delle donne.

Qual'è la sua illustre opinione sulle recenti nomine alle cariche più importanti dell'Unione Europea?
Pensa che rafforzeranno o indeboliranno il ruolo dell'Europa su scala mondiale?
Salutiamo positivamente la nomina delle due alte cariche all'Unione Europa, si tratta di personalità competenti che dovranno contribuire a far ripartire l'Europa di fronte alle numerose sfide che investono la stabilità economica, la formazione, la sicurezza fisica dei cittadini e l'azione esterna per rafforzare l'immagine dell'UE come primo attore e protagonista sullo scenario internazionale. In un mondo multipolare laddove il potere economico e politico si sposta verso l'oceano Pacifico, lo sviluppo di una politica estera e di difesa comune europea è il solo antidoto alla marginalizzazione del Continente europeo.
Formule come il G2 non possono reggere da sole e la "gamba" europea è indispensabile se sarà in grado di rafforzare l'unità e la coesione interna.

Spesso, negli ultimi tempi, si parla della fuga di cervelli dall'Italia. Fonti governative affermano l'esistenza di un piano per incentivare il rientro dei ricercatori italiani.
Cosa può aggiungere in proposito?
Il Ministero degli Esteri punta sulla cooperazione universitaria, l'internazionalizzazione del nostro sistema accademico, in aggiunta alla cooperazione, in termini di tecnologia e ricerca, perché sono le nuove frontiere della politica estera italiana.

In questo quadro, esiste una forte collaborazione interistituzionale tra i vari Ministeri, Enti, Università ed enti della ricerca per migliorare la competitività globale del sistema universitario e di ricerca italiano, che già presenta punte di assoluta eccellenza e leadership in settori ad alta tecnologia.
Un esempio per tutti, le posizioni di leadership al CERN di Ginevra.

In questi ultimi anni si è assistito, sia in Italia sia all'Estero, ad un forte e marcato sviluppo dell'associazionismo in vari settori culturali, imprenditoriali, educativi ed assistenziali con propositi e contenuti sempre più complessi.
Assoii-Suisse è l'associazione degli imprenditori italiani in Svizzera, nata per sostenere attivamente e fornire visibilità agli associati che operano sul territorio elvetico.
Il Ministro degli affari Esteri è soddisfatto di tale iniziativa?
Le associazioni italiane all'estero, poco meno di seimila, costituiscono un *trait d'union* fondamentale tra i nostri connazionali e la realtà sociale e culturale del Paese d'origine.
Grazie ad una diffusione più capillare, ad un contributo sempre più efficiente nonchè al dinamico adeguamento alle nuove esigenze dei connazionali, il nostro associazionismo all'estero ha dimostrato di saper rispondere alle mutevoli e rinnovate aspettative delle collettività di riferimento.
Tutto questo naturalmente vale, allo stesso modo, per le associazioni di imprenditori ed - in particolare - per l'ASSOII che dal 2003 riunisce gli imprenditori italiani in Svizzera.
Il Ministero degli Affari Esteri si rende conto delle enormi potenzialità dell'associazionismo imprenditoriale e sta lavorando per creare una Rete Telematica degli Imprenditori Italiani all'Estero.

L'associazione, con sede centrale a Zurigo ed uffici periferici su tutto il territorio della Svizzera, opera senza fino di lucro.
Crede possibile un intervento del governo italiano, nelle forme più adeguate, a pieno sostegno dell'associazione?

Il Governo Italiano è impegnato a sostenere l'internazionalizzazione delle imprese, nonché la promozione dell'immagine del Paese all'estero. Ovviamente la Svizzera è un mercato estero di riferimento e di chiara importanza, sia per la prossimità geografica, sia perché la bilancia commerciale bilaterale è particolarmente significativa.
Pertanto, l'ampia gamma di servizi offerti dall'Associazione Assoi-Suisse alle imprese italiane nonchè la sua diffusa presenza sul territorio svizzero la rendono un soggetto particolarmente interessante.
A tale scopo, rammento che il Presidente del Consiglio ha emanato nell'agosto 2008 una direttiva che ribadisce la centralità della figura dell'Ambasciatore, come rappresentante del Paese Italia all'estero, e il ruolo dell'Ambasciata come fulcro del coordinamento di tutti i soggetti che collaborano per la promozione dell'Italia a livello internazionale.
Aggiungo, inoltre, che altri soggetti importanti che operano all'estero, a sostegno delle imprese italiane, sono gli uffici ICE e le Camere di commercio italiane all'estero. In particolare, queste ultime sono riunite in AssocamerEstero e possono essere riconosciute dal Ministero dello Sviluppo Economico, avendo, perciò, l'opportunità di accedere ad un parziale cofinanziamento delle spese promozionali, sostenute per specifiche progettualità, condivise e programmate congiuntamente con Assocamerestero ed il MSE.

E' di prossima pubblicazione un volume di pregio dedicato agli associati, le cui pagine ci forniranno quasi un'analisi del popolo di imprenditori che compongono l'associazione.
Ognuno di loro è il protagonista della propria storia che decide di dare una svolta significativa alla propria vita.
Parte dei proventi saranno utilizzati per finanziare l'associazione. Cosa ne pensa del progetto?
Mi sembra un'iniziativa molto utile, che evidenzia l'intraprendenza di una realtà quanto mai variegata che si trova a far fronte a sfide decisive in tempi come questi di una difficile uscita dalla crisi quando necessita grande coraggio e responsabilità nella gestione imprenditoriale e della forza lavoro.
Un'indagine sulle motivazioni che spingono alcuni di noi a trasformarsi

in imprenditore può senz'altro servire a capire quali siano gli incentivi migliori che i governanti possono mettere in campo per fare ripartire l'economia e ridare fiducia ai consumatori.

Alcuni economisti ritengono che gli effetti della crisi, che ha toccato il mondo intero, siano passati.
Noi di Assoii-Suisse abbiamo cercato di non subire il cambiamento ma di governarlo o almeno cercare di comprendere in quale direzione conducesse.
Quando si gareggia per vincere, la cooperazione deve scalzare la competizione.
Quali suggerimenti pensa di dare all'Assoii-Suisse per presentarsi al meglio sui mercati della globalizzazione?
La recente crisi finanziaria internazionale ha dimostrato l'importanza di mantenere una solida capacità produttiva e ci ha chiaramente indicato che la persistenza di un settore industriale vigoroso, oltre che di un avanzato comparto dei servizi, è alla base delle possibilità di mantenere un buon livello di competitività a livello internazionale.
L'Italia, con il suo forte tessuto di PMI che, come noto, costituiscono circa il 94% del totale delle imprese italiane, ha saputo mantenere un buon livello di capacità produttiva e, infatti, il nostro export, pur soffrendo della riduzione del PIL e delle capacità di acquisto di molti nostri mercati esteri di riferimento, è sceso meno di quanto ci potessimo aspettare.
Nel nuovo scenario internazionale che si sta aprendo in questi mesi in cui si intravedono i primi segnali di ripresa, gli scenari collaborativi dovranno indubbiamente prevalere.
Come dimostra anche la nota teoria economica dei giochi, i vantaggi che il sistema può avere da logiche di squadra sono superiori rispetto a quelli in cui gli attori si muovono in concorrenza, o indipendentemente l'uno dall'altro.
Sarà importante quindi che, sia all'interno dei confini nazionali sia - soprattutto - all'estero, l'Italia si sappia muovere in una logica coesa e solidale, in una logica, per l'appunto, di Sistema Paese.
In questo approccio, l'Assoii-Suisse potrebbe utilmente mettere in atto

logiche collaborative con gli altri soggetti italiani che operano in Svizzera, partendo dal favorire programmazioni e progettualità di sistema, che sappiano interpretare anche le istanze dell'ampio prospetto di soggetti pubblici e privati presenti sul territorio.

I sistemi di rappresentanza, tra cui Assoii-Suisse, sono una forza ragguardevole di sana coesione sociale e identificativa, alla costante ricerca di solidità, capacità operativa e sovranità governativa interna. Pensa che tali parametri possano bastare per vederci, in futuro, come iniziatori di valide proposte?
Credo fortemente nell'associazionismo come strumento democratico e liberale per l'espressione degli interessi collettivi.
L'associazionismo trova particolare costrutto in ambito economico e imprenditoriale laddove, senza arrivare necessariamente alle logiche corporativistiche, può permettere una sana e costruttiva espressione delle istanze dei comparti produttivi.
Il principio di rappresentanza che sta alla base dell'associazionismo è, già di per sé, un edificante elemento per garantire la legittimità delle proposte che possono essere avanzate.
Tuttavia, in tempi in cui i vincoli di bilancio pubblici e anche delle imprese sono soggetti ai forti limiti imposti dalla contingenza della crisi internazionale, credo che le proposte, oltre che valide, debbano essere economiche, nel senso etimologico del termine.
E' necessario cioè che le proposte partano da un esame delle risorse e da un'analisi costi – benefici. In tal senso, unire le forze è un presupposto inevitabile.
Ecco perché sostengo ancora una volta l'importanza del coordinamento che l'Ambasciata è chiamata a svolgere sul terreno, unitamente all'utile raccordo operativo sulle progettualità da svolgersi *in primis* con i soggetti deputati all'internazionalizzazione delle imprese e tra questi la Camera di commercio italiana di Zurigo.

**Intervista al Console Generale d'Italia a Zurigo
Ministro Mario Fridegotto**

Quanti sono attualmente gli italiani residenti nel Cantone di Zurigo?
Il Consolato Generale d'Italia a Zurigo è competente per nove Cantoni della Svizzera tedesca (Glarona, Lucerna, Nidvaldo, Obvaldo, Sciaffusa, Svitto, Uri, Zugo e Zurigo) in cui risiedono oltre 130.000 connazionali. La maggioranza vive nel Cantone di Zurigo, dove abbiamo oltre 94.000 Italiani iscritti nella nostra anagrafe consolare.

Ci sono anche giovani espatriati, in Svizzera, da poco?
Effettivamente registriamo un trend crescente di nuovi iscritti, fra i quali molti giovani, anche se naturalmente i flussi dell'emigrazione italiana di oggi sono enormemente inferiori rispetto a quelli che si registravano negli anni cinquanta/settanta del secolo scorso.
La Svizzera, nonostante la crisi economica mondiale e le ripercussioni che non sono mancate sul territorio elvetico (si pensi, ad esempio, alle difficoltà che nel 2009 ha dovuto affrontare il settore bancario, che rappresenta il principale motore dell'economia del Paese), ha saputo mantenere la propria stabilità e capacità di produrre reddito e rimane

pertanto un mercato molto attrattivo per i lavoratori, soprattutto quelli specializzati e con livelli di istruzione alti.

Chi sono i nuovi arrivati?
Si tratta, come accennavo prima, di giovani con un livello di studio medio/alto, specializzati, provenienti in prevalenza dalle Regioni del Nord-Italia, che trovano degli impieghi ben remunerati, soprattutto nel terziario avanzato e nei settori della ricerca scientifica e tecnologica.

Esiste il rischio di perdere l'identità?
Per questi giovani recentemente immigrati credo proprio di no.
Hanno svolto, nella maggior parte dei casi, i loro studi in Italia verso la quale conservano contatti ben radicati.
Anche la vicinanza geografica nonchè la facilità di collegamenti stradali e ferroviari rende agevole il mantenimento dei rapporti con la Madre Patria.

Siamo lontani dalla famosa valigia di cartone?
Siamo praticamente agli antipodi. Ai tempi della "valigia di cartone" l'Italia era un Paese di forte emigrazione. Adesso siamo una Nazione di accoglienza, con flussi migratori, in entrata, in costante crescita già a partire dagli anni novanta, con una forte accelerazione nel primo decennio di questo secolo. Come dicevo, gli emigrati italiani di oggi arrivano qui con una preparazione professionale, linguistica e con un "bagaglio" culturale che non potrebbero essere contenuti in "valigie di cartone", per quanto capienti.

Il giovane italiano è poco somigliante ad uno di vecchia generazione. Pensa sia facile tenerli uniti sotto il tetto dell'italianità?
In Svizzera i giovani italiani di terza generazione sono in gran parte perfettamente integrati. Le loro problematiche sono quelle di tutti i giovani elvetici, della loro età, e non hanno niente a che vedere con le situazioni, difficili e a volte drammatiche, che hanno dovuto affrontare i loro nonni e, in misura minore, i loro padri quando sono arrivati nel territorio della Confederazione. L'Associazionismo italiano è nato per

rispondere ai problemi di integrazione che dovevano affrontare gli immigrati di prima generazione e che ora, di fatto, sono stati risolti.

Tutto questo, però, non significa che le nuove generazioni abbiano perduto il senso della loro identità nazionale. Il Consolato accoglie ogni giorno tantissimi giovani che, anche se doppi cittadini e titolari di un passaporto svizzero, fanno domanda per avere il passaporto italiano. La vicinanza geografica con l'Italia, l'educazione ricevuta dai loro genitori e la facilità di accesso ai nostri *media*, la frequentazione dei Corsi di lingua e cultura italiana finanziati dal Ministero degli Esteri, questi ed altri fattori (l'italiano e' "lingua nazionale" della Confederazione) fanno sì che anche i giovani di oggi continuino a mantenere forti legami con l'Italia, a sentirla vicina e a sforzarsi di rappresentarne al meglio i tanti valori positivi e le eccellenze che essa esprime, nello stesso modo in cui lo hanno fatto, spesso con grandi sacrifici, le generazioni di immigrati italiani che li hanno preceduti.

Come si può fare Sistema Italia in una nazione come la Svizzera?
Rinunciando alle piccole rivalità e ai personalismi, che non portano da nessuna parte. Soprattutto all'estero, la capacità di creare sinergie, di promuovere iniziative comuni, è fondamentale. Il "Made in Italy" è essenzialmente un marchio di qualità, una garanzia per chi compra o per chi usufruisce di un servizio.

Le Istituzioni italiane, che promuovono il nostro Paese all'estero, e le Associazioni imprenditoriali hanno, fondamentalmente, il compito di valorizzare e garantire l'altissimo livello qualitativo che, insieme con la creatività e con l'inventiva, è il principale "marchio di fabbrica" delle nostre produzioni e dei nostri servizi, dall'industria meccanica alla moda, dalla gastronomia al design, come in moltissimi, altri, comparti dell'economia.

In questi ultimi mesi, Assoii-Suisse, l'Associazione degli Imprenditori Italiani in Svizzera che opera senza finalità di lucro, ha iniziato un percorso storico, affacciandosi sulla ribalta internazionale con eventi, incontri, scambi culturali e commerciali che hanno già prodotto e produrranno reddito e ricchezza per le imprese associate?

Cosa ne pensa a tal proposito?
La vostra Associazione sta dimostrando una grande vitalità, facendosi conoscere ed apprezzare anche con lodevoli iniziative umanitarie, come in occasione del tragico terremoto in Abruzzo. Credo sia un concreto e riuscito esempio di quanto dicevo in precedenza, sui vantaggi che gli imprenditori all'estero possono realizzare nella misura in cui riescono a "fare sistema" e a promuovere le loro diverse attività in modo unitario, fornendo quell'immagine di efficienza e di qualità che è la chiave di ogni attività imprenditoriale. Vi auguro di proseguire su questa strada e di valorizzare ulteriormente il vostro operato, anche con iniziative a favore della collettività italiana residente in Svizzera.

Gli associati iscritti ad Assoii-Suisse aumentano giorno dopo giorno? Possiamo parlare di successo del Made in Italy?
Il Made in Italy ha successo nella misura in cui rappresenta una garanzia di qualità, nei suoi molteplici aspetti, e la qualità attrae sempre acquirenti e nuovi operatori. Se registrate un continuo incremento degli iscritti questo significa che siete, davvero, sulla strada giusta e il mio suggerimento è quello di fare in modo che la vostra Associazione sia sinonimo di alta qualità e professionalità di tutti i vostri aderenti.

Cosa consiglia ai giovani imprenditori che intendono rischiare le proprie risorse, alla luce dell'attuale momento di crisi globale, per creare un reddito comune?
A questi imprenditori va tutta la mia ammirazione. Crisi è una parola di origine greca che significa "cambiamento". E' proprio in queste fasi storiche che si realizzano i principali mutamenti sociali ed economici, e che strutture, consolidate, lasciano il posto a nuove realtà. E' quindi il momento giusto per farsi avanti da parte di chi ha idee, ambizione e voglia di proporre nuove cose. Augurando loro di ottenere il successo che cercano.

Intervista all'On. Giorgio Giudici, Sindaco di Lugano

L'On. Giorgio Giudici è il Sindaco del fare.
Alla sua professionalità e grande dedizione si devono la nascita e la continuazione molto amplificata di Servizi, Dicasteri, Promozioni e Trasformazioni. Un autentico successo politico personale. Quali sono le basi fondamentali su cui poggia la sua politica, da assumere come esempio per altri primi cittadini Svizzeri e d'oltre confine?
Ogni politico ha una sua storia e un suo metodo. La mia storia è quella di un individuo che, per caso, si è trovato a fare il "politico", furono alcuni miei amici a buttarmi nella mischia inserendomi a mia insaputa per la prima volta in lista per il PLR e per il Consiglio Comunale. La prima volta non fui eletto, ma avere avuto il voto preferenziale di alcuni

cittadini mi stimolò; la volta successiva fui eletto, terzo della lista per il Consiglio Comunale, e primo subentrante per il mio partito per la lista del Municipio. L'esperienza prima come Municipale, e poi per ventisei anni come Sindaco, mi ha permesso di sviluppare un metodo per concretizzare idee attraverso progetti. Un metodo direi pragmatico.

Mi sono sempre domandato di che cosa mancasse alla Città per essere moderna, che cosa si poteva, e si doveva, fare per migliorare la sua struttura amministrativa ed organizzativa, per adeguare e completare le infrastrutture a beneficio del pubblico.

In questo tracciato operativo è nato il Dicastero dello sport (1980), il Servizio Informazione e Comunicazione (1992), l'Università (1996), la Nuova Lugano (2004 e 2008) e i numerosi grandi progetti che, oggi, si stanno promuovendo, il Polo Culturale all'ex Palace, il Nuovo quartiere di Cornaredo. Questo per ricordare solo alcuni tra i molti progetti che, di fatto, stanno ridisegnando il profilo urbano della Città secondo una strategia orientata allo sviluppo economico e sociale. In questi e altri compiti, mi sono sempre basato sulla mia capacità d'intuizione e di convinzione, che mi ha permesso di operare scelte con anticipo rispetto alla posizione dei problemi, disposizione indispensabile per un politico, il quale deve conoscere che a livello istituzionale, la realizzazione dei progetti è sempre irta di ostacoli e lunga. Le basi su cui poggia il mio agire politico è in sostanza quello della passione per la mia Città e il mio Cantone e la determinazione che mi porta, sempre, a preferire il fare rispetto al parlare. Sono queste due indicazioni utili per tutti coloro che vogliono con serietà impegnarsi in politica ed operare a favore dello sviluppo delle istituzioni.

La Città di Lugano, conosciuta ed apprezzata in tutto il mondo, rappresenta, da sempre, il crocevia delle culture.
Può essere un punto di richiamo per chi vuole fare impresa?
Certo, Lugano è conosciuta e apprezzata in tutto il mondo, conta su una tradizione storica cosmopolita davvero importante, quale crocevia delle culture e luogo di incontro tra le genti.

Una premessa storica certo importante per concepire il futuro ma non di per sé sufficiente. Per questo occorre lavorare duro soprattutto in un'epoca come la nostra, assai veloce, densa di informazione, a forte concorrenza interna ed esterna. Per questo dobbiamo elaborare degli strumenti che permettano in questa situazione di affermare il nostro ruolo e migliorare la nostra visibilità e competitività. Ciò significa che dobbiamo agire in modo coordinato e non frammentato e presentare la nostra realtà in tutte le sue componenti attive e produttive come un luogo attrattivo dove vivere, dimorare, lavorare, formarsi ed investire. Solo così la sua domanda potrà avere una risposta affermativa. Mi sembra, tuttavia, che già oggi, grazie anche alla nostra strategia di promozione internazionale a tutto campo, il consolidamento di alcuni settori innovativi, come quello medico sanitario, quello della Ricerca scientifica, delle Scienze della vita, o, ancora, con l'Università, questo lavoro sia sulla buona strada ed i risultati stanno manifestandosi.

La società sta invecchiando a ritmi vertiginosi. Come si può preparare al meglio la classe dirigente del domani; come si possono istruire i giovani che governeranno settori come le pensioni, la sanità, il mercato del lavoro, l'organizzazione del territorio ed i rapporti tra la vecchia e la nuova generazione?

L'invecchiamento della popolazione è un dato statistico che deve essere considerato nel suo contesto reale. Da una parte occorre incentivare la politica della famiglia in modo che il tasso di natalità cresca, ma dall'altra occorre inevitabilmente riformare la nostra politica sociale per adeguarla agli impegni nuovi che questo fenomeno comporta.

Da una parte il miglioramento della qualità della vita, della sua durata, permette oggi un impegno professionale più prolungato oltre i 65 anni, dall'altra bisogna rendere più dinamica ed elastica la nostra economia, favorendo la creazione di nuove imprese, e posti di lavoro, e magari anche un nuovo modo di lavorare, di produrre e scambiare, proprio di un'economia e di una società globale. Ieri per tutti i problemi elencati sono state trovate delle buone soluzioni, dobbiamo perciò capire come affrontare le nuove situazioni e pervenire a delle soluzioni adatte all'oggi. La nuova classe dirigente, in formazione, ha a sua disposizione nuovi strumenti e conoscenze che dovranno interagire con quelli attuali per individuare soluzioni coerenti, socialmente ed economicamente accettabili. Questo è un processo evolutivo delle istituzioni stesse in cui il ricambio generazionale è necessario ed è non solo un passaggio di consegne, ma anche di esperienze.

Quanto valore ha, per lei, il contatto diretto con le persone, ascoltare attentamente i loro problemi, spendere parte del tempo a consigliar loro la via d'uscita?
Direi che è la base del lavoro politico; come si possono rappresentare i cittadini se non se ne conosce la situazione ed i problemi? Il contatto personale con il cittadino è fondamentale e ad esso ho sempre dedicato attenzione, ascolto e tempo. In molti casi, sono riuscito a dare buoni consigli.

I giovani di oggi, secondo lei, sono un'incognita o rappresentano una grande risorsa per la comunità?
L'incognita è il futuro, e resterà tale se noi non sapremo dare fiducia ai nostri giovani che sono la vera risorsa della nostra società.

Una sana e concreta informazione, unitamente all'avvicinamento di istituzioni ed organi dello stato capaci di coinvolgerli emotivamente, potrebbe aumentare il loro coinvolgimento nella quotidianità sociale?
Penso che non si tratti solamente di una questione di informazione, oggi si può essere informati su tutto, penso, piuttosto, che l'avvicinamento dei giovani alle istituzioni sia legato ad un fatto culturale sul quale si dovrebbe riflettere maggiormente: da una parte mi riferisco al modello che noi, come politici, trasmettiamo attraverso l'esempio ed i nostri atti, dall'altro bisogna comprendere quanto gli strumenti di comunicazione siano cambiati e abbiano trasformato, in modo profondo, il metodo di percepire la realtà e le relazioni sociali, soprattutto tra i giovani.

Quali sono, attualmente, gli strumenti utili e necessari per crescere in competitività?
La fiscalità senz'altro, ma non basta. Questa deve essere accompagnata da altri fattori quali la semplificazione e l'automazione dei processi burocratici, la qualità e accessibilità dei servizi pubblici (scuole,

ospedali, trasporti, infrastrutture per il tempo libero), localizzazione rispetto alle connessioni internazionali, integrazione nella rete della società della conoscenza e, non ultimo, sicurezza e riservatezza.

Da quali fonti può essere scaturita, secondo lei, la crisi economico-finanziaria che ha caratterizzato, e caratterizza ancora, quest'ultimo periodo?
Penso che il problema si sia posto per un eccesso di stimolazione dei mercati finanziari che hanno portato ad un effetto di perdita del senso della realtà. Tradotto in parole povere si è perso di vista che, come ricordava Luigi Einaudi agli economisti, dietro il prezzo di una cipolla c'è qualcuno che la coltiva.

Crede possa esistere una terapia d'urgenza per risolvere il problema?
Credo che siano gli stessi mercati finanziari che devono trovare delle soluzioni adeguate altrimenti, e questo è un rischio, dovranno pensarci gli Stati con misure di sorveglianza e nuove limitazioni.

Come mai, secondo lei, il rapporto tra il mondo giovanile e la politica, è diventato, negli ultimi tempi, complesso?
Come ho già detto, in precedenza, questa complessità è piuttosto una difficoltà, è come se la politica, per molte ragioni, non si trovi più al centro dell'interesse dei giovani, in una zona d'ombra, vuoi per una perdita di peso delle ideologie, o altresì per una certa assuefazione e sfiducia verso il linguaggio e le forme della politica.
Credo che dobbiamo inventare dispositivi e considerazioni nuove per cogliere il loro interesse invitandoli ad essere parte attiva e propositiva della società civile.

Assoii-Suisse, l'associazione degli imprenditori italiani in Svizzera, estesa alle imprese elvetiche che intendono aderire all'interscambio commerciale con l'Italia, si pone all'attenzione dell'esteso panorama economico, come forza ragguardevole di sana aggregazione sociale ed identificativa con l'obiettivo di creare, allargando i propri confini in Europa, ricchezza e stabilità di gruppo. Come vede l'iniziativa?

Non posso che accogliere positivamente questo progetto poiché va nella direzione giusta; è solo avendo il coraggio di aprirsi e confrontarsi con le altre realtà economiche che non solo possiamo conoscere cose nuove, ma, anche di riflesso, comprendere il vero valore di quello che siamo ed intraprendiamo, e quindi incentivare scambi ed esperienze, ed essere a pieno titolo nodi strutturati e funzionali dell'economia e della società globale.

Intervista all'On. Nicoletta Mariolini

**L'Onorevole Nicoletta Mariolini è una donna di successo.
La cassa dei dipendenti della Città di Lugano – da lei presieduta per un periodo di quattro anni durante il quale è sopraggiunta una grave crisi finanziaria – rappresenta un bel fiore all'occhiello dell'economia confederale, capace di crescere in un momento di pesante instabilità. Oltre alla seria volontà di affrontare le nuove sfide che, giorno dopo giorno, si presentano, con energia, potrebbe suggerire, a dirigenti ed amministratori, qualche consiglio che funga loro da incoraggiamento e sostegno?**

Dal mio osservatorio mi sento di poter dire ai dirigenti d'azienda che per essere competitivi, anche in tempi di grande crisi, l'unico tragitto da percorrere è quello della qualità.

I prodotti, o servizi, ad alto valore aggiunto sono quelli che in misura minore subiscono la concorrenza estera e per riuscire a produrli bisogna contare su personale qualificato e su una ricerca applicata di qualità. Quando un prodotto dimostra di essere valido – e di possedere aspetti

di unicità – il cliente è disposto anche a spendere qualcosa in più. La soddisfazione del consumatore finale è un obiettivo irrinunciabile e con la qualità si è certi di raggiungerlo. Inoltre, proprio grazie alla mia esperienza di presidenza della Cassa Pensione, posso affermare che un altro elemento importante è la capacità dei dirigenti di gestire il grado di rischio presente in ogni decisione economico-finanziaria.
Una profonda conoscenza del risk management permette di mantenere salda la bussola senza farsi prendere dal panico, ancor più in momenti di alta volatilità dei mercati.

Come mai, secondo lei, la Svizzera non riesce ancora a valorizzare, a pieno titolo, il ruolo delle donne?
Il discorso è davvero ampio e molto complesso. Negli ultimi anni si è visto un piccolo aumento delle donne nei posti dirigenziali, ma sui grandi numeri la situazione è ancora lontana dalla parità. E non è una situazione che tocca solo la Svizzera. Anche sotto il profilo del reddito le differenze sono ancora sostanziali, anche a parità di responsabilità. Non credo che le leggi a tutela delle donne - come le cosiddette quote rosa - siano produttive, ma la difesa del ruolo della donna in ambito professionale (e non solo) deve restare una priorità per il mondo politico. La società è modellata, quasi, sulla figura maschile e questo in Svizzera lo si comprende anche da come viene vista la maternità. Se pensiamo che la normativa prevede un congedo di sole quattordici settimane, si capisce bene come l'evento più importante per la nostra società non sia considerato come dovrebbe. Oggi come oggi, le donne sono delle vere e proprie acrobate, si dividono tra famiglia, lavoro e società e riescono a fare tutto in modo egregio. A mio parere, questa capacità, che sottende una forte caparbietà, spaventa non poco la figura maschile.

La società sta invecchiando a ritmi vertiginosi. Come si può preparare al meglio la classe dirigente del domani; come si possono istruire i giovani che governeranno settori come le pensioni, la sanità, il mercato del lavoro, l'organizzazione del territorio ed i rapporti tra la vecchia e la nuova generazione?

Non esiste "un modo" per istruire i giovani e la futura classe dirigente. Quello che possiamo fare è educare le giovani generazioni al senso di responsabilità. Questo significa che ogni gesto, ogni azione ha una sua precisa conseguenza, che assia spesso non si esaurisce nell'immediato. Bisogna far capire ai ragazzi che se un domani occuperanno posizioni di responsabilità dovranno avere a cuore il futuro dei loro figli e dei loro nipoti. In questo modo si riuscirà a mantenere al centro dell'arena politica il bene comune che è esattamente la base per garantire un futuro più sereno alle prossime generazioni. Nella mia attività politica in Gran Consiglio, ho proprio presentato una mozione che chiede al Consiglio di Stato di sviluppare un nuovo approccio all'evoluzione demografica, che affronti questa tematica con un chiaro orientamento intergenerazionale.
Anche progetti come Urbaging, Innovage o le attività dell'ATTE, realtà che conosco da vicino, sono strumenti importantissimi per migliorare la qualità di vita dell'anziano, in un ambiente sempre più urbanizzato, valorizzando il suo ruolo e mettendo a frutto le sue risorse.

I giovani di oggi, secondo lei, sono un'incognita o rappresentano una grande risorsa per la comunità?
Sono dell'idea che se i giovani diventano un'incognita, allora vuol dire che gli adulti hanno creato una distanza che non rende possibile la reciproca comprensione.
È vero che oggi i giovani comunicano e si aggregano con modalità che spesso agli adulti appaiono aliene, ma queste sono dinamiche che sono sempre esistite. I giovani spingono sempre verso le novità e a volte sono portatori di valori che possono migliorare l'intera società.
L'errore, che è sempre dietro l'angolo, è proprio quello di considerare i giovani come qualcosa di incomprensibile, se così fosse, chiuderemmo la porta al futuro. Dobbiamo rimanere al fianco dei giovani più tempo possibile, non solo per comprenderli, ma per dar loro gli strumenti per trasformare la loro energia in risorsa per l'intera comunità. C'è assoluto bisogno di modelli che generino comportamenti virtuosi e gli adulti ne sono i principali artefici. Non dobbiamo mai sottovalutare l'importanza dei giovani e quanto il loro sguardo sulle cose sia in grado di insegnarci

qualcosa. Per sintetizzare il mio pensiero potrei prendere in prestito le parole della scrittrice Maria Rosa Cutrufelli quando dice che "le radici devono avere fiducia nei fiori".

Una sana e concreta informazione, unitamente all'avvicinamento di istituzioni ed organi dello stato capaci di trascinarli emotivamente, potrebbe accrescere il loro coinvolgimento nella quotidianità sociale?
La domanda è interessante. Coinvolgere emotivamente i giovani è di sicuro una buona strada, il problema è come farlo. Un'informazione corretta non basta, almeno non basta fintanto che il singolo problema non tocchi la singola persona.
Quando qualcosa si verifica nel mio giardino allora mi muovo per cambiarla e migliorarla, diversamente continuo la mia vita come nulla fosse. Sembra questo il leit motiv dei giovani d'oggi e purtroppo anche degli adulti. Questo perché lo sguardo sembra essere, sempre, a corto raggio e questo non fa molto bene alla nostra società. Anche un tema importante come l'ecologia, che viene spesso declinato in maniera emotiva, spinge all'attività politica (largamente intesa) solo una ristretta fascia di giovani.
Affianco ad una informazione corretta, per coinvolgere i giovani, ci vuole l'esempio, e l'esempio lo diamo noi adulti.
Anche se alcuni giovani sembrano non farci affidamento, l'esempio dato loro da figure di riferimento, come possono essere i genitori e anche i politici, sono ancora la cosa più importante per creare un senso di responsabilità anche nei più giovani e apparentemente più tetragoni.
Bisogna anche ammettere che viviamo in una sorta di paradosso: i politici pretendono attenzione e rispetto da parte dei giovani, ma poi sono gli stessi politici che veicolano spesso messaggi contradditori, i quali finiscono per aumentare la distanza laddove, invece, dovrebbero creare empatia e partecipazione.

Quanto è attrattivo il Ticino per chi vuole fare impresa?
I vantaggi competitivi offerti dal Ticino sono molti e sono la naturale conseguenza di un Sistema-Paese sicuramente efficiente e che riesce a coniugare in modo ottimale istanze sociali ed esigenze aziendali. Ci

sono una serie di vantaggi, riconosciuti dagli imprenditori presenti nel nostro Cantone, che vanno dall'alta peculiarità dei servizi pubblici alla posizione geografica, grandemente strategica, da una pace sociale e sindacale stabile a delle infrastrutture moderne e di qualità, da un sistema di formazione e di ricerca di incondizionato livello a dei servizi bancari ed assicurativi che ancora possiedono aspetti di qualità, da una burocrazia snella ed efficiente alla presenza di aziende provenienti da tutto il mondo che contribuiscono alla costante crescita della cultura manageriale.
Infine, esistono anche delle buone agevolazioni fiscali, soprattutto per la nuova imprenditoria, che ben concorrono a creare una zona ad alto interesse per investitori e aziende.

Quali sono, attualmente, gli strumenti utili, e necessari, per crescere in competitività?
Oltre al discorso sulla qualità che ho affrontato in precedenza, credo che ogni azienda debba puntare in maniera decisa sulla valorizzazione del personale e sull'utilizzo delle nuove tecnologie.
È un binomio inscindibile. Siamo in un momento di cambiamento e attraverso l'uso delle nuove tecnologie possiamo migliorare quello che già abbiamo, creando vere e proprie nicchie di mercato che prima non esistevano. Non possiamo negare che il mercato europeo è sempre più saturo di prodotti e servizi, per questo dobbiamo fare affidamento sulla creatività dei singoli, che abbinata alle nuove tecnologie, può aprire scenari fino ad oggi impensabili. Per far questo, non credo che un sistema di alta concorrenzialità sia per forza di cose migliore. La storia ci insegna che, soprattutto nei momenti di crisi, la collaborazione tra aziende, e tra aziende e Stato, è un modo assolutamente praticabile per fare meglio impresa. La famosa rete è davvero un paradigma che si addice bene sia alle relazioni economiche, sia ai processi di produzione. Mettere in comune risorse permette la creazione di vantaggi competitivi che in un mercato così avanzato come il nostro sarebbero impossibili da raggiungere singolarmente.

Da quali fonti può essere scaturita, secondo lei, la crisi economico-finanziaria che ha caratterizzato, e caratterizza ancora, quest'ultimo periodo?
Non sono io a dirlo, ma la storia recente. Quello che è accaduto è responsabilità degli speculatori finanziari, in particolare di quelli attivi nel mercato immobiliare americano.
È un classico esempio in cui, purtroppo, la politica di gestione del rischio è stata oscurata dalla smania del profitto.

Crede possa esistere una terapia d'urgenza per risolvere il problema?
Se penso allo scenario americano credo che la politica economica del presidente Obama abbia evitato il tracollo, di fronte ad una situazione così grave l'aiuto pubblico sembra essere un paracadute importante. La stessa cosa si può dire della crisi bancaria, non solo americana. Adesso però è arrivato il momento di far valere le clausole che sono parte di questi aiuti e di lavorare per un mercato con regole più rigide. Non si può solo ricorrere alla casse pubbliche per colmare i buchi, bisogna anche dimostrare di aver capito la lezione. Non ci sono altre strade: bisogna riportare l'Etica al centro dell'economia, solo così eviteremo il replicarsi di situazioni del genere.

Come mai, secondo lei, il rapporto tra il mondo giovanile e la politica, è diventato, negli ultimi tempi, complesso?
C'è un chiaro problema di rappresentanza. La democrazia non è un sistema perfetto, è solo perfettibile, ed i giovani di oggi si sentono davvero poco rappresentati. Non credo si tratti solo di un problema di argomenti, potremmo anche trattare ogni giorno problemi riguardanti i giovani e la situazione, sostanzialmente, non cambierebbe.
C'è un problema di fiducia che è venuta a mancare negli ultimi anni, alcuni giovani (fortunatamente non tutti) pensano che la politica non sia in grado di affrontare e risolvere i problemi. Come sappiamo, invece, la politica è in grado di farlo, ma questo i giovani non lo sanno. Qui entra in gioco la comunicazione che, oggi, viene gestita con modalità poco attrattive.
Il nostro sforzo deve tendere ad una comunicazione più comprensibile e

trasparente, solo così ci si può attendere un riavvicinamento dei giovani alla politica.
Esiste anche una questione oggettiva che riguarda l'invecchiamento della classe dirigente ed una certa difficoltà nel trovare un ricambio nei giovani. Ovviamente, più i politici invecchiano più la distanza con i giovani si allunga e la comprensione dei loro problemi diventa difficile. E il fatto che i giovani trovino poco attrattiva la politica di certo non aiuta.

Assoii-Suisse, l'associazione degli imprenditori italiani in Svizzera, estesa alle imprese elvetiche che intendono aderire all'interscambio commerciale con l'Italia, si pone all'attenzione dell'esteso panorama economico, come forza ragguardevole di sana coesione sociale ed identificativa con l'obiettivo di creare, allargando i propri confini in Europa, ricchezza e stabilità di gruppo. Come vede l'iniziativa?
È sicuramente un'iniziativa abbastanza lodevole, proprio nello scenario collaborativo appena illustrato, anche Assoii-Suisse con il suo lavoro concorre a migliorare le condizioni generali e per di più in uno scenario internazionale.
In questo senso l'attività dell'Associazione potrà ben contribuire a migliorare i rapporti tra la Svizzera e l'Italia che ultimamente hanno conosciuto degli attriti piuttosto pesanti.
Mi auguro davvero che i rapporti commerciali possano sempre essere floridi e che la collaborazione tra aziende possa portare a soluzioni valide e durature, ancor più in momenti di crisi come questo.
Oltre a ciò mi preme ricordare la sensibilità sociale dell'Associazione che, per esempio, si è concretizzata in una solida collaborazione con il Municipio di Lugano, sfociata nella creazione di strutture scolastiche in Abruzzo a seguito del disastroso terremoto dell'anno scorso.

Intervista al Ministro della Gioventù On. Giorgia Meloni

Come vive l'incarico di ambasciatore, eletto, del popolo italiano in Parlamento?
Ritengo sia una sfida continua, affascinante e anche molto motivante, ma da affrontare con tanta umiltà, determinazione e, in particolare, la consapevolezza che il fatto di lavorare per perseguire un bene comune non è solo un privilegio, ma soprattutto un dovere.

Con quale spirito affronta gli innumerevoli e delicati problemi che, giornalmente, le sottopongono?
Il mio impegno di rappresentante istituzionale delle istanze giovanili italiane mi ha imposto, sin da subito, una considerazione, sulla quale ho basato, e fondo, tutt'ora, il mio operato. Non credo alle politiche di genere, qualsiasi esse siano. Le azioni di governo devono essere rivolte al benessere della Nazione, nella sua totalità. La casa, l'autosufficienza energetica, le infrastrutture, non sono scelte che si fanno anche per le giovani generazioni? E le iniziative dirette specificamente ai giovani non sono politiche di interesse generale per la Nazione? Allora ecco la

sfida da affrontare: creare una sintesi politica capace di dare ai giovani risposte che possano avere valore anche per tutto il resto della società, e viceversa. Questo significa anche far misurare direttamente le giovani generazioni, e passare dalla visione assistenziale ad una dimensione di reale protagonismo.

In secondo luogo, ritengo assai fondamentale un superamento di quell'atteggiamento sbagliato della politica che, troppo spesso, ha dato l'evidente impressione di volersi occupare unicamente di ciò che immediatamente ritorna in termini di consenso, perdendo la capacità di disegnare scenari e prospettive di lungo periodo e contribuendo così ad alimentare la scarseggiante considerazione che gli italiani hanno di chi li governa.

Quali sono, secondo lei, le vere cause dei recenti episodi di violenza ed intolleranza accaduti nel nostro paese?

A mio modo di vedere, le cause sono differenti. Ma, la responsabilità maggiore la attribuisco ad una forte ideologia politica che, tollerando l'ingresso massiccio ed incontrollato di tanti immigrati clandestini, si è completamente disinteressata della loro sorte una volta giunti in Italia. Di fatto, sono stati regalati alle associazioni criminali che li utilizzano, come bassa manodopera, per i loro sporchi affari.

La politica nazionale è davvero in stretto contatto con il popolo?

Il compito della politica è rappresentare le istanze e le necessità dei cittadini, i quali poi valuteranno attraverso il voto l'operato di chi governa. Una politica persa in continue polemiche e scontri dialettici è una politica che non svolge il suo ruolo come invece dovrebbe. Ritengo che, su questo fronte, il Governo abbia dato più di una prova del suo netto orientamento verso una politica della concretezza e del lavoro. Insomma, una politica del "fare". Ed è su questo che il popolo italiano dovrà valutarci, premiando oppure no il nostro impegno alle prossime elezioni.

Nel clima mondiale è necessario sacrificare la libertà personale per la sicurezza nazionale?

È un equilibrio difficile per ogni democrazia. La sicurezza è anche il primo diritto di libertà per qualunque cittadino. È la difesa del più debole, del popolo, contro la violenza di alcuni. Sul piano filosofico, direi che la libertà personale viene prima di tutto, ma se poi entriamo sul piano della realtà le cose sono molto più complesse. Mettiamola così: se un body scanner all'aeroporto può salvarmi la vita, accetterò volentieri il sacrificio.

Qual è la sua opinione sull'inadeguate risposte del G8 al terrificante problema del cambiamento climatico e la distruzione ecologica?
Non è solo colpa del G8, ma anche di molte altre nazioni come la Cina che ancora, ad oggi, non riconoscono una priorità assoluta nella difesa dell'ambiente. Come dicevo prima, purtroppo ancora si pensa solo al beneficio immediato e quasi mai a ciò che lasceremo dietro il nostro passaggio su questo mondo. Personalmente, mi impegno molto affinché tale pensiero possa radicarsi nella coscienza dei giovani cosicché le loro azioni siano conseguenti e decisive.

Come possono i leader mondiali modificare la situazione nelle zone di guerra e di fame? Come possono contrastare il terrorismo?
Combattendo la battaglia delle idee e soltanto dopo quella delle armi.

L'identità di una persona è il prodotto dell'ambiente culturale, familiare, scolastico e dialettico. Che ruolo riveste l'anima nella formazione della nostra identità?
Per quanto mi riguarda, credo che non sia tutto qui. Credo che dentro di ognuno di noi ci sia qualcosa di più verticale. La mia identità è fatta di questo, come delle mie esperienze personali e dell'eredità culturale del mio popolo.

Cosa ne pensa della Costituzione Europea?
Ho sempre condiviso il sogno di un Europa fatta di Popoli e di Nazioni, unita da radici comuni eppure orgogliosa delle mille e una diversità culturale endogena che rappresentano l'identità storica e irrinunciabile dei tanti popoli che la compongono. Trovo, a questo proposito, sia stata

una grave mancanza la sottolineatura delle comuni radici giudaico-cristiane nell'incipit del nascente dettato costituzionale, in nome di un non ben definito multiculturalismo che ha finito più per impoverire la conoscenza della nostra eredità comune europea che per realizzare una reale apertura culturale verso l'esterno. Quello cui stiamo assistendo ora, purtroppo, è una pericolosa deriva verso un'Europa in cui a parlare non sono gli eredi dei padri costituenti e del loro pensiero, bensì burocrati e soloni, più interessati a sterili diatribe che alla costruzione di quell'unione di Nazioni e Popoli che auspichiamo ancora.

La storia dell'emigrazione italiana è anche una storia di larghi trionfi, una storia di umili operai divenuti, poi, apprezzabili imprenditori e di illustri connazionali, professori universitari e celebri avvocati eletti nei Parlamenti degli Stati in cui hanno vissuto ed operato. Come vede tutto ciò?
Anche nelle più forti avversità, anche quando le contingenze ed i frangenti difficili costringono ad abbandonare la propria casa e i propri affetti per cercare oltre i confini della Patria la propria realizzazione professionale, sociale, umana, la fiaccola del genio italiano brilla senza mai spegnersi. Ne sono concreta testimonianza le innumerevoli storie di successo di cui sono stati protagonisti gli emigranti italiani ed i loro discendenti. La creatività, la forza visionaria, e la capacità di rendere tangibilmente concrete anche le idee più ambiziose sono da sempre un tratto distintivo della nostra Nazione. Peculiarità che, nel mio ruolo di ministro della Gioventù, ho avuto modo di riscontrare nella gran parte dei giovani italiani, ragazze e ragazzi ben lontani dai tratti denigranti con i quali troppo spesso vengono descritti dai media.

Assoii-Suisse si pone come obiettivo primario la sana e trasparente rappresentanza delle tante imprese, con capitale umano, italiano, in Svizzera. Cosa consiglia ai vertici di Assoii-Suisse? E agli associati?
Quello che desidero rivolgere, a tutti quanti voi, sono un augurio ed un'esortazione, anziché un suggerimento. L'augurio, è quello di poter proseguire, con successo, l'opera meritoria di salvaguardia, incentivo e promozione del capitale imprenditoriale umano in terra svizzera.

L'esortazione, è quella di non dimenticare mai le vostre origini e di portare avanti, sempre e con orgoglio, le vostre radici. Esse, infatti, sono parte integrante di voi, del vostro essere, e sono state la chiave di volta della vostra affermazione umana e sociale: tributare loro il rispetto e la riconoscenza, tanto dovute, sarà un ulteriore tributo conferito al vostro successo.

Profilo politico dell'On. Antonio Razzi

Antonio Razzi nasce a Giuliano Teatino (CH) il 22 febbraio 1948.
Nell'anno 1965 lascia l'Abruzzo emigrando in Svizzera a soli 17 anni, lontano dalla madre e dal padre, ed incomincia la sua attività lavorativa ad Emmenbrücke presso la "Viscosuisse" (fabbrica produttrice di filati per uso industriale), attualmente denominata "Tersuisse Multifils SA" (Ferrari).
Egli dimostra subito le sue attitudini organizzative e manageriali, tanto che si ritrova a soli 22 anni alla guida di gruppi consistenti di operai per passare, dopo, nel reparto di ricerca e sviluppo, attualmente in ufficio d'amministrazione.

Nel 1977 è socio fondatore del Centro Regionale Abruzzese di Lucerna, nel quale, nel corso degli anni, ricopre diverse cariche, divenendone Presidente nel 1985, carica che ricopre ancora oggi.

Grazie al suo lavoro ed alle sue numerosissime conoscenze, il Centro Regionale Abruzzese di Lucerna conta oggi 400 famiglie, con oltre mille iscritti.

Negli anni 1990-1992 ha approfondito le sue conoscenze studiando da privatista come ragioniere in un Istituto di Roma.

Nel 1994, gli è stata concessa, dal Presidente della Repubblica Italiana, l'alta onorificenza di Cavaliere dell'Ordine al merito.

Dall'ottobre del 1999 ricopre la carica di presidente della F.E.A.S. "Federazione Emigrati Abruzzesi in Svizzera".

Carica che ricopre ancora oggi.

La Federazione è composta da 14 associazioni in rappresentanza di circa 27 mila cittadini abruzzesi, ed è membro della Consulta Regionale (C.R.A.M.).

Dal 2000 al 2005 è responsabile Estero Italia dei Valori, lista Di Pietro, attualmente responsabile tesseramento Estero Italia dei Valori e coordinatore svizzero (IDV).

Il 28 Aprile 2006, è stato eletto Deputato alla Camera per l'Italia dei Valori nella circoscrizione Europa.

Entra, come capogruppo, nella Commissionane Politiche Comunitarie Europee e sostituisce Antonio Di Pietro nella Commissione Cultura.

Membro dell'esecutivo dell'Unione Interparlamentare, viene nominato Presidente della sezione di amicizia Italia – Svizzera.

Viene inviato dall'Unione interparlamentare in diverse missioni internazionali.

Il 23 aprile 2008 viene eletto per la seconda volta Deputato alla Camera, per il gruppo parlamentare dell'Italia dei Valori, nella circoscrizione Estero – Europa A.

Dal 22 maggio 2008 diventa SEGRETARIO della XIV COMMISSIONE (POLITICHE DELL'UNIONE EUROPEA).

Presenta, come primo firmatario, diverse Proposte di legge, poi, 21 interrogazioni a risposta scritta, 13 Ordini del giorno su P.D.L, 1 Ordine

del giorno su P.D.L. di Bilancio e 15 Ordini del giorno in Commissione.
Il 16 febbraio 2010, durante il Question-time, presenta in Assemblea una interrogazione a risposta immediata, in relazione alle ispezioni presso le sedi estere dei patronati, con particolare riferimento a quello Inca di Zurigo.
Dal 23 aprile 2008, ricopre la carica di Vice Presidente dell'IDV per l'Unione italiana Interparlamentare, partecipando a svariate missioni all'estero. Ricordiamo le missioni ad ADDIS ABEBA, a GINEVRA, a PECHINO, a PIONGYANG, a BALI, a NEW YORK, a TAIWAN.
Nel mese di aprile 2009, si è adoperato molto a favore dei terremotati dell'Aquila, organizzando opere di beneficenza e raccolte di fondi dalla Svizzera.
La FEAS (Federazione emigrati abruzzesi in Svizzera), di cui Razzi ne è Presidente, ha donato, tramite una raccolta di solidarietà, un pulmino alla Città di Camarda (AQ), città colpita duramente dal sisma.
Antonio Razzi ringrazia vivamente Fernando Catalano, Presidente dell'Assoii-Suisse, Associazione degli Imprenditori Italiani in Svizzera, per il pieno successo delle numerose iniziative che ha, nel tempo, intrapreso e per l'impegno, che ha sempre dimostrato, a favore della collettività italiana all'estero.
L'Assoii-Suisse assume un ruolo di forte tutela e di promozione delle imprese associate riguardo alle istituzioni politiche, organizzazioni economiche, sociali e culturali e si pone come soggetto promotore dello sviluppo locale collaborando con tutte le forze operative, presenti sul territorio, fornendo la propria, specifica, competenza.
Essa favorisce la crescita delle attività imprenditoriali e promuove con ogni mezzo la cultura d'impresa.

Profili e pensieri di alcuni Associati

Intervista al Signor Franco Albanese

Chi è il Signor Franco Albanese?
Panorama economico del mondo dell'imprenditoria di origine italiana in Svizzera. La sua ditta Albanesebaumeterialen, è azienda leader nel settore delle forniture per l'edilizia ed ha satelliti distribuiti in tutta la Svizzera. Conta su oltre centoventi dipendenti ed è in espansione grazie al Management coordinato da Franco, ma tutto a carattere familiare.
La gestione dell'azienda, infatti, si avvale della collaborazione dei due fratelli di Franco, del Papà, figura storica dell'emigrazione italiana in Svizzera – Giulio Albanese, già insignito del titolo di Cavaliere della Repubblica, – e della mamma esperta in materia finanziaria e tributaria.

Qual è stato il suo percorso professionale ?
Franco ha compiuto un percorso di studi completamente nel circuito scolastico svizzero, primeggiando nei risultati grazie ad un impeccabile tedesco parlato e scritto, che gli ha consentito di conseguire il massimo traguardo negli studi economici e finanziari, presso l'Università di Zurigo.

Cos'ha ottenuto sino ad oggi? E cosa spera di ottenere ancora?
La sua attività professionale si è concentrata nell'azienda familiare consentendo alla stessa di raggiungere performance di primo piano nel settore dell'edilizia in Svizzera.
Tutta l'attività finanziaria, dell'Albanesebaumaterialen, è gestita dalla sua capacità che si è dimostrata eccellente, nonostante la giovane età. Franco ha provveduto a coordinare le tante attività di investimento, ristrutturazione, ricollocazione in moderne strutture, nonchè marketing dell'azienda.
La attuale situazione economica, vede comunque un assetto equilibrato dell'attività proprio grazie alle eque scelte di Franco, che differenziando geograficamente la capillare presenza, mentre subisce rallentamenti congiunturali in alcuni cantoni, cresce in altri, tenendo, così, in perfetto equilibrio il volume di affari.

Come si raggiunge il vero equilibrio tra lavoro e tempo libero?
L'equilibrio tra il lavoro ed il tempo libero, viene concretizzato grazie all'organizzazione.
La pianificazione, per un imprenditore, è fondamentale, ed il fatto di vivere un contesto familiare sia al lavoro sia in casa, rappresenta un notevole vantaggio.

Quanta importanza riveste la dea bendata nell'attività dell'impresa?
Certo la fortuna gioca la sua parte, ma fondamentalmente si va avanti per la carica di determinazione e motivazione. Anche qui, gioca il suo ruolo la famiglia, che crea, di fatto, livelli comunicativi e relazionali ottimali.

Quali imprenditori, personalmente conosciuti, hanno lasciato dentro di lei una traccia indelebile?
Senz'altro mio padre, che mi ha dato molto, e che ritengo continui a darmi ancora tanto in termini di esperienza e di carica vitale.

Ritiene, l'attuale, un momento adeguato per dare inizio ad una nuova attività imprenditoriale?

Tutti i momenti sono buoni per cominciare. Se durante le crisi non vi fosse chi comincia, ricomincia o continua, il senso dell'economia stessa verrebbe meno. In momenti di crisi, è possibile ricominciare con più vigore e con maggiore efficacia.

Quali sono le imprese più colpite dalla crisi?
Io ritengo che le diminuzioni di circa il 20 o 30 per cento degli affari riguardino quasi tutti i settori, in particolare auto e tessile. Ovviamente il mercato finanziario è stato stravolto dalla crisi, e ciò ha provocato una stabilizzazione del mondo dell'edilizia, visto come settore più sicuro per gli investimenti.
In alcune zone, assistiamo, addirittura, ad una crescita, in altre ad un lieve decremento.

La crisi ha generato grandi mutamenti soprattutto nei comparti della finanza e dell'industria.
Secondo lei come si rifletteranno queste alterazioni nel mondo del lavoro?
Attraverseremo una prolungata fase nella quale si alterneranno diverse ristrutturazioni. Ciò comporterà, di fatto, una diminuzione di posti di lavoro e la creazione di altri.
Rimane la forte incognita dei debiti pubblici degli stati ed un marcato rischio di iperinflazione dovuto alla enorme emissione di moneta, che si sta determinando negli Stati, soprattutto negli Stati Uniti. I consumi non aumentano come dovrebbero e questo porterà, sicuramente, a perdite di posti di lavoro. Dobbiamo ben uscire dall'effetto "cane che si morde la coda", perché meno lavoro, vuol dire meno consumo e meno consumo meno produzione e quindi, ricomincia il giro.
Ne usciremo sicuramente, ma la speranza è che si esca senza enormi indebitamenti degli stati, altrimenti li pagheremo noi generazioni del futuro.

Cosa dovrebbe insegnare la scuola moderna per preparare i giovani a fronteggiare, al meglio, le insidie future legate al mercato del lavoro?
Le lingue. Sono fondamentali, perché consentono di poterti aggiornare

nelle diverse discipline. Senza lingue non ci si comprende e se non ci si capisce non si fanno affari.

La storia dell'emigrazione italiana è anche una storia di larghi trionfi, una storia di umili operai divenuti, poi, apprezzabili imprenditori e di illustri connazionali, professori universitari e celebri avvocati eletti nei Parlamenti degli Stati in cui hanno vissuto ed operato. Come vede tutto ciò?
Io guardo con molto interesse alla storia dell'emigrazione ed al futuro. Quest'anno mi sono candidato alle elezioni comunali di Winterthur ottenendo per me e per il mio partito, il CVP, un successo eccellente. Ritengo che noi doppi cittadini abbiamo un vantaggio da giocarci sulla scena della Politica ed io intendo giocare questa partita.

Assoii-Suisse si pone come obiettivo primario la sana e trasparente rappresentanza delle nutrite imprese, con capitale umano, italiano, in Svizzera. Cosa consiglia ai vertici di Assoii-Suisse? E agli associati?
Mio padre è stato, com'è noto, uno dei protagonisti di questa storia. Credo quindi che la cosa sia di fatto la risposta alla sua domanda. Più che consigliare io generalmente preferisco agire, per cui credo di poter giocare un ruolo interessante in questo consesso.
Il nostro mondo, ossia quello dell'imprenditoria italiana in Svizzera, è un mondo con enormi potenzialità e credo che daranno i propri frutti, se si riuscirà a dar voce ad un mondo, quello dei doppi cittadini, spesso senza, o con poca, voce e poco riconoscibili, seppur così determinanti sia per la Svizzera sia per l'Italia.
E' il lavoro che intendo fare. Insieme a voi… naturalmente.

Intervista al Signor Luigi Amendolara

Chi è il Signor Luigi Amendolara?
Sono originario della Basilicata e vivo in Svizzera da 30 anni.

Qual è stato il suo percorso professionale?
Sono nell'imprenditoria dall'87.
Inizialmente ho lavorato nei cantieri ma, a tempo perso, trasportavo generi alimentari dall'Italia. Ho intuito che questo lavoro poteva essere molto redditizio visto che la Svizzera era, all'epoca, un campo incolto in questo specifico settore. Successivamente, mi sono introdotto nel ramo della gastronomia, avendo, in precedenza, studiato presso una scuola alberghiera. Ho, in un primo momento, aperto un magazzino laddove vendevo prodotti italiani per ristoranti, poi, circa 17 anni fa, ho avuto la possibilità di comprare un locale ed ho avviato la prima paninoteca.
Le nostre specialità erano, e sono tutt'oggi, i panini.
Con tre punti vendita all'attivo, con l'aiuto concreto di mia moglie ed i miei figli, occupiamo il primo posto nella città di Zurigo.

Cos'ha ottenuto sino ad oggi? E cosa spera di ottenere ancora?

La gratifica costante dei clienti, occasionali ed abituali è il massimo traguardo che si possa ottenere nell'ambito lavorativo.
Spero di proseguire, a lungo, sullo stesso percorso e magari allargare, notevolmente, la propaggine della clientela.

Come si raggiunge il vero equilibrio tra lavoro e tempo libero?
Per chi lavora sodo rispondere a questa domanda diventa difficoltoso. Tuttavia quando nell'attività è presente un forte e responsabile aiuto, forse diviene più fattibile trovare un lasso di tempo da dedicare alla famiglia principalmente ed, inoltre, a qualche piccola soddisfazione.

Quanta importanza riveste la dea bendata nell'attività dell'impresa?
La fortuna ha la sua importanza, ma stimolarla con idee innovative e decisioni ponderate aiuta sensibilmente il suo corso.

Quali imprenditori, personalmente conosciuti, hanno lasciato dentro di lei una traccia indelebile?
Vista la mia attività, di imprenditori ne ho conosciuti tanti e ricordo molto bene coloro, il cui elenco sarebbe troppo lungo da enunciare, che mi hanno insegnato ad essere onesto e dedito al lavoro.

Ritiene l'attuale un momento adeguato per dare inizio ad una nuova attività imprenditoriale?
Quando nasce un'idea a cui si crede indiscutibilmente, ebbene è sempre il momento giusto per passare ai fatti.

Quali sono le imprese più colpite dalla crisi?
La febbre, di solito, colpisce i più deboli.
Se paragoniamo la crisi ad un attacco di febbre notiamo che le aziende senza solide basi sono bersaglio facile.

La crisi ha generato grandi mutamenti soprattutto nei comparti della finanza e dell'industria.
Secondo lei come si rifletteranno queste alterazioni nel mondo del lavoro?

Il fermento messo in atto dalla crisi è visibile in ogni settore.
Tuttavia la tenacia e l'intraprendenza di chi intende combattere contro ogni tipo di ostacolo saranno di valido aiuto, mentre una saggia analisi del mercato del lavoro contribuirà, in concreto, a scongiurare errori di valutazione.

Cosa dovrebbe insegnare la scuola moderna per preparare i giovani a fronteggiare, al meglio, le insidie future legate al mercato del lavoro?
La scuola moderna, al suo interno, dovrebbe adeguarsi alle esigenze esterne, aggiungendo, alle comuni materie di studio, altrettante i cui programmi contengano tangibili accostamenti con l'attuale momento sociale.
In tal modo i giovani avrebbero, con largo anticipo, le idee più chiare sul proprio futuro e comprenderebbero in quale direzione porta ogni singola capacità.

La storia dell'emigrazione italiana è anche storia di larghi trionfi, una storia di umili operai divenuti, poi, apprezzabili imprenditori e di illustri connazionali, professori universitari e celebri avvocati eletti nei Parlamenti degli Stati in cui hanno vissuto ed operato. Come vede tutto ciò?
Quando un connazionale raggiunge traguardi ineguagliabili, una parte di orgoglio si riverbera su ognuno di noi. La storia non finirà mai di raccontare le umiliazioni subite dai nostri antenati, ma per fortuna, ha potuto annoverare circostanze in cui l'italico dinamismo ha realizzato progetti importanti trasmettendo istruzioni dalle stanze di comando.

Assoii-Suisse si pone come obiettivo primario la sana e trasparente rappresentanza delle nutrite imprese, con capitale umano, italiano, in Svizzera. Cosa consiglia ai vertici di Assoii-Suisse? E agli associati?
Il lavoro, a favore degli iscritti, svolto negli ultimi tempi dal direttivo di Assoii-Suisse è ampiamente meritevole di plauso.
Spero che si continui sullo stesso binario che corre, velocemente, verso la reale possibilità di promuovere l'uomo e l'impresa in campo non solo nazionale bensì sulla sfera internazionale.

Gli associati dovrebbero farsi leali portatori del forte messaggio di cui sono custodi, nonché fungere da esempio ai tanti giovani che, sempre più frequentemente, si avvicinano all'impresa.

Intervista al Signor Giuseppe Ballarino

Chi e il Signor Giuseppe Ballarino?
Sono figlio di emigrati, nato nel 1966 a Muri nel cantone Argovia.
Felicemente sposato con Onorina Masi che mi ha dato due bellissimi figli, Valeria e Mauro.

Qual è stato il suo percorso professionale?
Dopo aver frequentato l'asilo, qui in Svizzera, fui mandato in un istituto italiano per l'infanzia, esattamente a Fano, poi a Como per le scuole elementari e medie.
Questo dovuto alla famosa iniziativa Schwarzenbach che costrinse tanti italiani a prendere decisioni dolorose in quando credevano di dover lasciare la Svizzera e tornare in Italia.
Terminate le scuole elementari e medie, sono rientrato in Svizzera dai miei genitori.
Dopo un buon corso di apprendistato per falegname, ed uno, ancora, di specializzazione nel settore del mobile, ho lavorato, per quattro anni, presso la Ditta Mobili Pfister, come Decoratore.
Nei cinque anni successivi, ho lavorato nel settore energetico.
Tali esperienze lavorative hanno riacceso, in me, il desiderio di tornare a scuola.

Ho in un primo momento frequentato una scuola commerciale, Limania Handelschule, poi una scuola tecnica chiamata Technische Kaufmann.
Parallelamente allo studio, lavoravo nel compartimento delle cucine, dove gestivo la vendita e la parte tecnica.
Terminati gli studi, mi hanno offerto di gestire una ditta di noleggio e vendita di piattaforme aeree.
Ho accettato la sfida e dopo 4 anni ho avuto la possibilità di acquistarla, battezzandola skyTech services ag.

Cos'ha ottenuto sino ad oggi? E cosa spera di ottenere ancora?
Faccio l'imprenditore da, appena, un'anno e due mesi.
Con i miei collaboratori, abbiamo raggiunto un'immagine positiva nel settore.
Siamo, inoltre, un buon centro di formazione, riconosciuto a livello internazionale, che prepara personale, altamente qualificato, in grado di operare in altezza.
Il mio traguardo sarebbe possedere un parco piattaforme più ampio e diversificato, ovverosia una struttura skyTech completa, in grado di conquistare una fetta di mercato molto considerevole nel settore delle piattaforme aeree.

Come si raggiunge il vero equilibrio tra lavoro e tempo libero?
Purtroppo per un'azienda nata da poco più di un' anno è molto difficile trovare un giusto equilibrio perché il terreno da arare è tanto e non sono ammesse distrazioni.

Quanta importanza riveste la dea bendata nell'attività dell'impresa?
Come in ogni settore della vita, sia nella famiglia, sia nel lavoro, sia con la salute o in qualsiasi altro campo la dea bendata riveste un ruolo considerevole.

Quali imprenditori, personalmente conosciuti, hanno lasciato dentro di lei una traccia indelebile?
Il primo che mi viene in mente è l'Amministratore Delegato della Fiat Sergio Marchionne; altre persone, a me vicine, sono il Signor Riccardo

Santoro e Armida Serratore.

Ritiene, l'attuale, un momento adeguato per dare inizio ad una nuova attività imprenditoriale?
Ritengo che, pur in un momento di crisi come l'attuale, sia possibile.
Il problema è generato dalle banche che hanno difficoltà a concedere finanziamenti e rallentano, o bloccano, lo sviluppo; parlo per esperienza personale.

Quali sono le imprese più colpite dalla crisi?
Il settore bancario, quello dell'automobile e tutto quanto non si riferisca ai beni di prima necessità; tuttavia, anche in quest'ultimo settore sono presenti delle contraddizioni.

La crisi ha generato grandi mutamenti soprattutto nei comparti della finanza e dell'industria.
Secondo lei come si rifletteranno queste alterazioni nel mondo del lavoro?
La statistica informa che la disoccupazione sta salendo a livelli storici; nel solo anno 2009, ben 5315 aziende, nella Svizzera, hanno dichiarato il fallimento.
Ritengo che tali numeri disegnino una situazione molto tragica.

Cosa dovrebbe insegnare la scuola moderna per preparare i giovani a fronteggiare, al meglio, le insidie future legate al mercato del lavoro?
La scuola dovrebbe formare i giovani in base all'esigenza che c'è nel mondo del lavoro.
Essa dovrebbe fornire una base compatta per affrontare al meglio ogni livello di difficoltà qualunque sia la scelta compiuta dal ragazzo o la ragazza, sia verso il mondo dello studio sia verso il lavoro.

La storia dell'emigrazione italiana è anche una storia di larghi trionfi, una storia di umili operai divenuti, poi, apprezzabili imprenditori e di illustri connazionali, professori universitari e celebri avvocati eletti nei Parlamenti degli Stati in cui hanno vissuto ed operato. Come vede

tutto ciò?
Ho vissuto tale cammino in prima persona; posso affermare che è stato lungo e faticoso, ma ci rende orgogliosi di aver raggiunto ottimi risultati in una nazione come la Svizzera.
Noi Italiani, qui all'estero, abbiamo sofferto l'integrazione più di altri, essendo stati quasi i primi a percorrere questo tragitto, ma siamo anche i primi a raccogliere i tanti benefici dei sacrifici fatti.

Assoii-Suisse si pone come obiettivo primario la sana e trasparente rappresentanza delle nutrite imprese, con capitale umano, italiano, in Svizzera. Cosa consiglia ai vertici di Assoii-Suisse? E agli associati?
Assoii-Suisse sta facendo un buon lavoro.
Adesso è compito dei numerosi associati cogliere l'attimo, far rivivere l'imperdibile occasione di accrescimento e di sviluppo, altrimenti tutto quest'assemblaggio e rappresentanza delle imprese servirà a ben poco.
Si devono creare quelle buone sinergie che diano opportunità di lavoro e guadagno per tutti gli associati.
In definitiva, dovrà valere l'antico detto, come in una grande Famiglia: uno per tutti e tutti per uno.

Intervista al Signor Salvatore Bellomo

Chi è il Signor Salvatore Bellomo?
Sono figlio di immigrati italiani arrivati, nel 1961, a Lugano provenienti da Sciacca, antica città siciliana affacciata sul Mediterraneo. Dopo aver frequentato le scuole dell'obbligo ed il liceo nella "Perla del Ceresio", mi trasferisco a Ginevra, città in cui conseguo una Laurea in Lettere nella locale università. Ritornato a Lugano nell'anno 1979, dove risiedo tuttora, incontro, nel 1980, Ewa, la mia "anima gemella", una musicista polacca in tournée a Lugano che, l'anno successivo, diventa mia moglie. Dal matrimonio nascono Andrea che, dopo essersi laureato in Scienze della Comunicazione, ha assunto una funzione di alta responsabilità nell'azienda di famiglia, e Daniel che porta a compimento, quest'anno, il liceo scientifico.

Qual è stato il suo percorso professionale?
Il mio percorso professionale inizia circa trent'anni fa come docente di italiano.
Cinque anni dopo cambio del tutto settore, passando dall'insegnamento

al mondo degli affari. Come prima sfida accetto di promuovere in Ticino, e nella Svizzera Francese, un grosso complesso residenziale in Spagna. Dopo alcuni anni di pratica nel settore immobiliare, decido di approfondire la teoria frequentando i corsi che l'associazione della categoria, SVIT, organizza per consentire l'ottenimento dell'Attestato professionale federale di amministratore di immobili e la patente di Fiduciario immobiliare. Il conseguimento di questi titoli, nel 1997, segna un momento fondamentale per la mia crescita professionale perché mi consente, finalmente, di mettermi in proprio. L'attività di consulenza ed intermediazione di immobili continua fino al 2000, quando mi lancio in una nuova avventura come promotore immobiliare acquistando, con due soci, un importante lotto di terreno, nel luganese, per procedere, successivamente, alla realizzazione di un grande villaggio residenziale. Seguono la costruzione di ville e palazzine, oltre a delle ristrutturazioni e progettazioni per conto terzi.

Cos'ha ottenuto sino ad oggi? E cosa spera di ottenere ancora?
Ho ottenuto un incremento sempre maggiore della libertà di creare e di realizzare le mie idee.
L'esperienza principale è stata quella nel compartimento immobiliare che, iniziata dal gradino più facile, ovvero dall'intermediazione si è sviluppata col tempo fino ad offrire una gamma di servizi a 360°.
Oggi il mio gruppo comprendente tre aziende attive in diversi settori, quello commerciale e fiduciario, quello della progettazione e direzione lavori e quello della realizzazione "chiavi in mano". Gli uffici si trovano nel cuore di Lugano ed occupano quindici dipendenti, a tempo fisso, oltre a numerosi collaboratori esterni ed occasionali; il clima di lavoro è sereno e collaborativo ed è un sano piacere condividere una fetta così importante della mia vita con un team pieno di entusiasmo e dedicato allo scopo. Spero che il mio gruppo finisca con l'occupare, in futuro, il ruolo di leader del settore e mi auspico di forgiare un management efficace che consenta di far prosperare, ulteriormente, quello che ho creato.

Come si raggiunge il vero equilibrio tra lavoro e tempo libero?

Per chi svolge un lavoro poco piacevole, l'equilibrio si raggiunge bilanciando lo sforzo e la quasi monotonia del lavoro con attività che sviluppino creatività ed abilità di qualsiasi tipo. Per chi ha la fortuna di fare un lavoro piacevole, questa distinzione ha meno ragione d'essere nel senso che lavoro e tempo libero divengono, in qualche modo, due facce di una stessa medaglia che potremmo chiamare "gioco".

Quanta importanza riveste la dea bendata nell'attività d'impresa?
Relativamente poca, nel senso che la dea bendata, se si è disposti ad accoglierla, prima o dopo bussa alla porta di tutti, basta essere fiduciosi ed ospitali e farla entrare nella propria casa.

Quali imprenditori, personalmente conosciuti, hanno lasciato dentro di lei una traccia indelebile?
L'ing. Geo Mantegazza, promotore dell'omonimo immobile di prestigio all'entrata di Lugano, poi il Cavaliere Scavolini proprietario del noto marchio di cucine ed il proprietario delle rinomate figurine Panini, oggi particolarmente attuali, vista l'imminenza dei mondiali di calcio. Tutti e tre emanavano quella straordinaria energia e quella forza dei vincenti, ma nel contempo dimostravano un grande rispetto per tutti quelli che li circondavano.

Ritiene, l'attuale, un momento adeguato per dare inizio ad una nuova attività imprenditoriale?
E sempre un buon momento se esistono le premesse giuste.
Conoscenza del settore e del mercato, relazioni giuste, tanta creatività, capacità amministrative e manageriali, risorse finanziare ed umane sufficenti per cominciare.

Quali sono le imprese più colpite dalla crisi?
Le aziende più colpite dalla crisi sono quelle slegate dalla creazione di prodotti reali, di una qualche utilità per le persone: mi riferisco in modo particolare a quei prodotti della speculazione finanziaria, che hanno, dapprima, creato ricchezza in modo artificiale e poi ne hanno distrutto, in brevissimo tempo, una quantità innumerevole. Ne è seguita una

reazione a catena, in buona parte degli altri settori produttivi. Questo dimostra che siamo tutti sulla stessa barca, nel senso che il destino dell'umanità e sempre interdipendente e che quello che avviene in un settore economico, o in un'area geografica, ha una ripercussione a più o meno breve termine in altri settori o aree discoste.

La crisi ha generato grandi mutamenti soprattutto nei comparti della finanza e dell'industria.
Secondo lei come si rifletteranno queste alterazioni nel mondo del lavoro?
C'è stata una contrazione nell'occupazione anche se le cose stanno già migliorando. Quello che immagino è che, forse, le imprese più deboli soccomberanno, creando ulteriore disoccupazione fino a quando nuove opportunità germoglieranno da imprese innovative, o da imprese che assorbiranno fette di mercato abbandonate da altri competitors. Penso che, nei momenti di crisi, avviene una specie di "selezione naturale" delle aziende più forti che, meglio e prima delle altre, sanno prevedere ed adeguarsi ai cambiamenti, attraverso la conquista di nuovi mercati, l'adeguamento della propria struttura alla nuova situazione ed alle nuove tendenze dei consumatori.

Cosa dovrebbe insegnare la scuola moderna per preparare i giovani a fronteggiare, al meglio, le insidie future legate al mercato del lavoro?
Essenzialmente dovrebbe insegnare ai giovani ad apprendere con ragionamenti auto-determinati, ad essere produttivi fin da piccoli, nel senso di fare cose utili per gli altri, ad avere fiducia in se stessi, ad avere un'autodisciplina nel porsi e raggiungere i propri obiettivi ed infine a non temere il confronto con le difficoltà della vita.

La storia dell'emigrazione italiana è anche una storia di larghi trionfi, una storia di umili operai divenuti, poi, apprezzabili imprenditori e di illustri connazionali, professori universitari e celebri avvocati eletti nei Parlamenti degli Stati in cui hanno vissuto ed operato.
Come vede tutto ciò?

Come la logica evoluzione dell'emancipazione sociale di un popolo laborioso e creativo, disposto ad affrontare grandi sfide e sacrifici, che non trovando una soluzione ai propri problemi, nel paese natale, decide di combattere il proprio destino cambiando, attraverso l'emigrazione, il luogo dove poter realizzare i propri sogni.

E nel nuovo ambiente, dimostrando una capacità di integrazione e di trasformazione veramente notevoli, ricomincia, molto spesso, da una condizione sociale bassa, e attraverso un percorso che dura, talvolta, intere generazioni, sale tutti gli scalini che portano, buona parte dei suoi componenti, in una buona posizione sociale, ed alcuni di essi anche alla vetta dell'eccellenza, sia nel mondo economico sia in quello politico, artistico e culturale.

Assoii-Suisse si pone come obiettivo primario la sana e trasparente rappresentanza delle nutrite imprese, con capitale umano, italiano, in Svizzera. Cosa consiglia ai vertici di Assoii-Suisse? E agli associati?

Ai vertici consiglio di fornire agli associati strumenti sempre migliori per accrescere la loro consapevolezza di gruppo con cultura ed interessi comuni; agli associati consiglio di approfittare di quest'opportunità per rafforzare le loro possibilità di collaborazione settoriale e di estensione del raggio di intervento su tutto il territorio nazionale.

Intervista al Signor Nicolò Boccellato

Qual è stato il suo percorso professionale?
Terminato il servizio di leva militare, a 19 anni, ho rinunciato al posto fisso da impiegato a Milano, con tanto di stipendio e auto aziendale, per intraprendere, da subito, un'attività di libera professione, come agente immobiliare a Varese, con salario incerto, o meglio senza, ma con un rimborso spese, senza assunzione, con partita iva, e con un fattore, per me, molto interessante: le provvigioni sul fatturato.
Per sei mesi ho svolto questo lavoro, dopodiché, il sub-agente come consulente finanziario, per un importante gruppo francese.
Anche questa attività, non mi soddisfaceva in pieno, infatti, l'ho fatta solo per dieci mesi; c'era troppa burocrazia, e poca inventiva.
Nell'anno 1989, ho cominciato ad operare nel settore dell'arredamento, sempre con il livello di libero professionista, all'interno di un negozio d'arredamenti a Varese.
Devo ammettere che tale attività ha cominciato ad appassionarmi, in quanto vi si poteva esprimere il talento da venditore, che reputo di aver sempre avuto, ma soprattutto si poteva anche dare spazio alla propria creatività, arredando, appunto, le case delle persone.
Avendo alle spalle il titolare del negozio, che sicuramente era ed è un

abile imprenditore, il quale mi ha concesso ampio spazio, sino a farmi condurre un piccolo punto vendita, ho cominciato a consolidarmi, ossia metter su famiglia ….

Dopo nove anni, vale a dire all'età di trenta, ho deciso di compiere il salto, e contrariamente a quanto si possa immaginare, anziché farlo nel settore dell'arredamento, mi sono cimentato, con dei soci stranieri, in uno scomparto che non conoscevo proprio, nell'ambito del software da intrattenimento.

Per sette anni ho portato avanti questa attività, che man mano andava esaurendosi, a causa del potente subentro di grandi corporation, che, di fatto, hanno assorbito il 90% del mercato.

Considerato che ero ancora giovane e vigoroso, ho, quindi, deciso di ritornare a svolgere quel lavoro che tanto mi aveva appassionato. Cosi' sono rientrato nel settore dell'arredamento, e piu' specificatamente, nell'ambito delle cucine, di alto standing, con il negozio di Lugano.

Cos'ha ottenuto sino ad oggi?
Con tanto lavoro, abnegazione ed impegno, i migliori successi della mia vita, sono rappresentati dalla bella attività lavorativa, che, tutt'ora, con grande passione, svolgo quotidianamente, ma soprattutto una stupenda famiglia con cui condividere tutto ciò.

E cosa spera di ottenere ancora?
Di continuare a fare ciò che faccio, conoscendo sempre piu' realtà e persone, che mi consegnino incessanti stimoli, per fare sempre meglio.

Come si raggiunge il vero equilibrio tra lavoro e tempo libero?
E' una domanda come si suol dire, da un milione di dollari, in quanto per chiunque svolga un'attività imprenditoriale, il cervello è sempre attivo e attento a recepire ininterrotti stimoli dal mondo circostante.
Un piccolo segreto, per godersi in pieno il tempo libero, anche se poco, è quello di staccare la spina, quindi perlomeno spegnere il cellulare; quando faccio questo, riesco a scollegare dei meccanismi celebrali che mi consentono momenti di rasserenamento.

Quanta importanza riveste la fortuna nell'attività dell'impresa?
Molto poca. In realtà qualsiasi attività imprenditoriale, se non viene ben pianificata, ha, purtroppo, breve durata.
Se, invece, l'attività imprenditoriale è frutto di pianificazione, studio e tanta voglia di lavorare, la dea bendata se c'è, non guasta di sicuro, ma non è, tuttavia, questa che determina, da sola, il successo o l'insuccesso di tutto.

Quali imprenditori, personalmente conosciuti, hanno lasciato dentro di lei una traccia indelebile?
Sostanzialmente due: uno spagnolo, scaltro come una faina, dal quale bisognava stare molto attento, quindi controllarlo a distanza, e l'altro è il titolare del negozio d'arredamenti che ho gestito in passato, persona molto seria che si è fatta da sola, con tanto lavoro, molta intelligenza ed un buon fiuto.
Infatti, oggi siamo coinvolti nella stessa attività imprenditoriale.

Ritiene, l'attuale, un momento adeguato per dare inizio ad una nuova attività imprenditoriale?
E' sempre un buon momento, se si possiede un progetto serio, in cui si crede, e si lavora alacremente alla sua realizzazione.

Quali sono le imprese più colpite dalla crisi?
Quelle che non ardiscono guardare al futuro, o meglio che non hanno, a sufficienza, consolidato, in generale, il proprio patrimonio aziendale, che contrariamente a quanto si pensi, non è costituito solo di danari, ma soprattutto di persone ed idee, che possono aggirare o tamponare quasi sempre, qualunque crisi.

La crisi ha generato grandi mutamenti soprattutto nei comparti della finanza e dell'industria.
Secondo lei come si rifletteranno queste alterazioni nel mondo del lavoro?
Questa crisi, ha di certo messo in luce, un fatto importantissimo.
Finalmente, la comunità si è resa conto che la speculazione fine a se

stessa, il movimento virtuale di capitali, e tutto quanto sia solo aleatorio, non ha le gambe lunghe; infatti, tutto ciò ha creato bolle su bolle, che ogni volta dovevano essere più grandi per contenere quelle più piccole.

L'effettiva ricchezza risiede nelle piccole cose materiali che produciamo, che consumiamo e nelle persone che, lavorando, realizzano queste cose.

In conclusione non si può dire a chi ha costruito qualcosa di tangibile, che sia svanito nel nulla, da un momento all'altro; ciò, invece, si può fare con la realtà virtuale, creata dagli imperatori della finanza, dove anche le stesse persone, non sono altro che numeri.

Cosa dovrebbe insegnare la scuola moderna per preparare i giovani a fronteggiare, al meglio, le insidie future legate al mercato del lavoro?

La scuola moderna, prima di poter insegnare ai giovani, dovrebbe formarsi e mettersi al corrente, meglio, per conoscere le metodologie che contraddistinguono il mercato del lavoro.

Fatto ciò, la scuola dovrebbe ridare ai giovani delle prospettive in cui immergersi, credendoci sino in fondo.

La storia dell'emigrazione italiana è anche una storia di larghi trionfi, una storia di umili operai divenuti, poi, apprezzabili imprenditori e di illustri connazionali, professori universitari e celebri avvocati eletti nei Parlamenti degli Stati in cui hanno vissuto ed operato. Come vede tutto ciò?

Nemo profeta in patria!!!

Gli italiani sono conosciuti in tutto il mondo, nel bene e nel male. Ma, indubbiamente, hanno raggiunto l'apice per la proverbiale inventiva, l'imprenditorialità, lo stile, e soprattutto per la capacità di riuscire a cavarsela sempre e comunque.

E' un peccato dolente notare come gli stessi connazionali, che vivono in patria, visti anche all'estero in modo positivo, cui vanno riconosciuti i meriti prima sottolineati, siano, senza sosta, tenuti sotto torchio, da una fazione politica o l'altra; in conclusione pare, molto spesso, che un buon italiano per essere apprezzato e stimato, debba, comunque, emigrare.

Questo mi fa pensare …..

Assoii-Suisse si pone come obiettivo primario la sana e trasparente rappresentanza delle nutrite imprese, con capitale umano, italiano, in Svizzera. Cosa consiglia ai vertici di Assoii-Suisse?
Di operare con passione, mettendo sempre al primo posto, come tuttora avviene, l'interesse specifico degli associati che, sempre più numerosi, hanno deciso di raccogliere l'invito per realizzare una forza di prestigio finalizzata a contagiare positivamente il vasto panorama economico e produttivo europeo e, presto, mondiale.

E agli associati?
Di promuoversi liberamente, senza vincoli ideologici o personalismi, di abbracciare appieno le linee associative, trasparenti, pluraliste e capaci di traghettarli verso significative posizioni mercantili, e di rimettere le proprie energie al servizio della comunità e delle persone che operano al fine di produrre ricchezza e valore umano.

Intervista al Signor Francesco Bongiovanni

Chi è il Signor Francesco Bongiovanni?
Francesco Bongiovanni è nato in Sicilia, a Misterbianco in provincia di Catania, il 16 febbraio 1954.

Ci parla del suo percorso professionale?
Dal 1971 al 2004 ho prestato la consulenza presso una grande azienda italiana leader nel settore automobilistico, con mansioni dirigenziali nel settore commerciale sia in Italia sia all'estero, in paesi come il Brasile e la Spagna.
Nell'anno 1997, insieme a mio figlio Luca, abbiamo costituito la società Eridania (specializzata nel settore della manutenzione e assistenza tecnica alle imprese), che ha cessato l'attività nel 2008, lasciando spazio all'attuale nuova azienda di promozione, import ed export denominata B&B s.r.l. con uffici e strutture in tutti i continenti.
Da mettere in risalto che, nel gennaio 2010, B&B s.r.l. ha sottoscritto un importante accordo di collaborazione con la grande società cinese di import export Beijing Yan Shi Long Business Co,l .t. d.

Cos'ha ottenuto sino ad oggi? E cosa spera di ottenere ancora?

Sino ad oggi, sono riuscito a raggiungere traguardi considerevoli nella promozione del Made in Italy, riscontrando un notevole interesse da parte di aziende operanti all'estero.

Come si raggiunge il vero equilibrio tra lavoro e tempo libero?
Si tratta, ahimè, di un equilibrio assai difficile da raggiungere quando su larga parte della giornata domina l'attività lavorativa.
Tuttavia riesco a condividere, per quanto possibile, parte del mio tempo con la famiglia.

Quanta importanza riveste la dea bendata nell'attività dell'impresa?
Un pizzico di fortuna è sempre ben accetta. Quante volte ci capita di invocarla! Tuttavia, non deve rappresentare un tassello fondamentale per il percorso imprenditoriale che, invece, deve basarsi sulle capacità intellettive e su conoscenze personali, che esulano da vane osservazioni.

Quali imprenditori, personalmente conosciuti, hanno lasciato dentro di lei una traccia indelebile?
Tutti coloro che, partiti dal nulla, sono riusciti a raggiungere traguardi prestigiosi.

Ritiene l'attuale un momento adeguato per dare inizio ad una nuova attività imprenditoriale?
Realizzare un'idea, concretizzare un progetto è sempre il momento giusto. Occorre soltanto, visti i tempi, prestare la massima attenzione prima di affacciarsi sul mercato laddove, purtroppo, non mancano le insidie.

Quali sono le imprese più colpite dalla crisi?
Le imprese che maggiormente risentono dell'attuale crisi sono quelle che hanno improvvisato e, per tale motivo, si trovano ad avere le spalle scoperte.

La crisi ha generato grandi mutamenti, soprattutto nei comparti della finanza e dell'industria.

Secondo lei come si rifletteranno queste alterazioni nel mondo del lavoro?
Da tempo ormai vige il regime di mobilità nel mondo del lavoro.
Credo che, qualunque persona, debba essere predisposta ad affrontare, secondo la propria capacità ed intelligenza, quanto l'impresa e la finanza tendono ad offrire.

Cosa dovrebbe insegnare la scuola moderna per preparare i giovani a fronteggiare, al meglio, le insidie future legate al mercato del lavoro?
La scuola moderna dovrebbe, forse, tendere l'occhio e l'orecchio, molto più da vicino, al mondo del lavoro. All'interno della propria istituzione dovrebbe, ancora, preparare teoricamente, ma anche praticamente, i giovani che terminati gli studi si troveranno a combattere contro i tanti problemi che la vita attuale presenta.

La storia dell'emigrazione italiana è anche una storia di larghi trionfi, una storia di umili operai divenuti, poi, apprezzabili imprenditori e di illustri connazionali, professori universitari e celebri avvocati eletti nei Parlamenti degli Stati in cui hanno vissuto ed operato. Come vede tutto ciò?
Simili circostanze possono esclusivamente gratificare l'appartenenza ad una nazione, l'Italia, che ha visto nascere, e crescere, capitani di ventura e d'impresa.
Costoro sono accomunati dallo stesso, gigantesco, spirito di sacrificio, capace di proiettarli sui gradini più alti della vita politica, culturale e sociale dei paesi in cui hanno avuto la forza e l'audacia di operare.

Assoii-Suisse si pone come obiettivo primario la sana e trasparente rappresentanza delle nutrite imprese, con capitale umano, italiano, in Svizzera.
Cosa consiglia ai vertici di Assoii-Suisse? E agli associati?
Ove vi sia un'associazione, tendente senza fini di lucro, a promuovere l'imprenditoria italiana ci troviamo in presenza di persone altamente qualificate e responsabili dell'inestimabile valore rappresentato.
I vertici di Assoii-Suisse hanno dimostrato, con dati concreti, di saper

tutelare gli interessi dell'impresa, ma soprattutto dell'imprenditore in quanto persona umana.

Agli associati posso unirmi consigliando loro di mettere da parte ogni rivalità, confrontarsi su progetti creativi e seguire, passo dopo passo, il percorso associativo il cui orizzonte guarda molto, molto lontano.

Intervista al Signor Thomas Brem

Ich bin...
Thomas Brem (48) verheiratet, zwei Kinder 18 und 16 Jahre Unternehmer im Baugewerbe Abteilung Plattenbeläge Naturstein und Keramik.

Was haben Sie bis heute erreicht und welche Ambitionen haben Sie für die Zukunft?
Ich konnte mir über die Jahre hinweg eine zufriedene Stammkundschaft aufbauen, worauf ich sehr stolz bin. Zukünftig möchte ich mich in allen Bereichen immer weiter ausbilden.

Wie halten Sie Ihre Arbeit und Ihre Freizeit im Gleichgewicht? Ich probiere meine Arbeit und meine Freizeit miteinander unter ein Dach zu kriegen.

Wie wichtig ist Glück in der Laufbahn eines Unternehmers? Glück braucht jedes Unternehmen, denn mit harter Arbeit alleine ist es nicht getan.

Welche Unternehmer, zu denen Sie persönlichen Kontakt pflegten, haben bei Ihnen am meisten Eindruck hinterlassen? Eindruck machen auf mich die Menschen, welche aus eigener Kraft ein Unternehmen gegründet und sich geschäftlich weiterentwickelt haben.

Denken Sie, dass momentan ein guter Zeitpunkt ist, um ein neues Unternehmen zu gründen?
Ein Unternehmen kann man grundsätzlich zu jeder Zeit gründen. Man darf allerdings nicht unterschätzen, wie viel Kraft und Durchsetzungsvermögen eine Gründung erfordert.

Welches sind die Unternehmer, die am meisten unter der momentanen Wirtschaftslage leiden?
Meiner Meinung nach leiden die Unternehmen am meisten, welche die Zeit für Erneuerungen verschlafen haben.

Die Krise hat grosse Veränderungen mit sich gebracht, vor allem in der Finanz- und Industriebranche. Wie reflektieren sich diese Änderungen im Arbeitsmarkt?
Betreffend der Finanzunternehmen braucht es ein grosses Umdenken in Sachen Glaubwürdigkeit. Auffällig ist, dass Grossunternehmen als Reaktion auf die allgemeine Wirtschaftslage eher wieder kleiner werden.

Was sollte die schulische Ausbildung von heute unbedingt vermitteln, um die Jugendlichen auf die Arbeitswelt vorzubereiten?
Ich denke, dass gutes, breit gefächertes Allgemeinwissen vermittelt werden sollte, sowie Dinge, die man fürs Leben braucht.

Die Immigration der Italiener in die Schweiz ist eine erfolgsgekrönte Geschichte von mittellosen Arbeitern, die sich zu bemerkenswerten Unternehmen, Hochschuhlprofessoren, Anwälten und Parlamentsmitgliedern hochgearbeitet haben. Wie sehen Sie diese Entwicklung?
Ich sehe die Entwicklung sehr positiv und es bleibt mir eigentlich nur

zu sagen: „Weiter so!"..

Die ASSOII Suisse hat es sich zum obersten Ziel gesetzt, die gesunde und transparente Repräsentierung der Unternehmen in der Schweiz darzustellen, welche italienische Staatsbürger oder Schweizer mit italienischen Wurzeln beschäftigen. Was empfehlen Sie der Direktion der ASSOII Suisse und deren Mitgliedern?
Der Zusammenhalt der Mitglieder muss stark gefördert werden, denn alle sollten am selben Strang ziehen. Ausserdem müssen alle gleich behandelt werden.

Traduzione italiana dell'intervista al Signor Thomas Brem

Chi è il Signor Thomas Brem?
Thomas Brem ha 48 anni.
Sposato, è padre di due figli di 18 e 16 anni.
E' un imprenditore che opera nel campo edile e, particolarmente, nel settore delle piastrelle, pietre naturali e ceramica.

Cos'ha ottenuto sino ad oggi? E cosa spera di ottenere ancora?
Nel corso degli anni sono riuscito a creare una clientela contenta, di cui ne vado molto fiero.
Nel futuro vorrei acquisire la formazione in tutti i settori edili.

Come si raggiunge il vero equilibrio tra lavoro e tempo libero?
Faccio coincidere il lavoro con il tempo libero, cercando di creare una simbiosi tra le due attività.

Quanta importanza riveste la dea bendata nell'attività dell'impresa?
Ogni impresa ha bisogno di fortuna, perché con il solo lavoro duro non si completa il quadro.

Quali imprenditori, personalmente conosciuti, hanno lasciato dentro di lei una traccia indelebile?
Impressione su di me fanno le persone che, con le proprie forze, sono riuscite a fondare un'impresa e si formano continuamente.

Ritiene, l'attuale, un momento adeguato per dare inizio ad una nuova attività imprenditoriale ?
Un'impresa si può, essenzialmente, fondare in un qualsiasi momento. Tuttavia, non bisogna mai sottovalutare quanta forza e determinazione tale fondazione comporta.

Quali sono le imprese più colpite dalla crisi?
Secondo la mia opinione, le imprese che soffrono di più sono quelle che

nel momento di rinnovarsi, e adeguarsi, non si sono aggiornate.

La crisi ha generato grandi mutamenti soprattutto nei comparti della finanza e dell'industria.
Secondo lei come si rifletteranno queste alterazioni nel mondo del lavoro?
In merito alle imprese finanziarie c'é bisogno di grande riassettamento e di credibilita.
Evidente è il fatto che le grandi imprese per effetto della crisi finanziaria siano diventate più piccole.

Cosa dovrebbe insegnare la scuola moderna per preparare i giovani a fronteggiare, al meglio, le insidie future legate al mercato del lavoro?
Io penso che sia necessario trasmettere loro un insegnamento globale e generalizzato come anche elementi di utlizzo comune.

Assoii-Suisse si pone come obiettivo primario la sana e trasparente rappresentanza delle numerose imprese, con capitale umano, italiano, in Svizzera.
Cosa consiglia ai vertici dell'Assoii-Suisse? E agli associati?
Io vedo la cosa molto positiva e non mi rimane altro che dire: « Avanti cosi »…
La collaborazione, con gli associati, deve essere più forte ed intensa perche tutti quanti tiriamo alla stessa corda.
Ed in ogni caso tutti devono essere trattati egualmente.

Intervista al Signor Andrea Butruce

Chi è il signor Andrea Butruce?
Andrea Butruce proviene dalla meravigliosa terra di Calabria.
E' una persona modesta che ama i motori in quanto entità perfetta del movimento, una persona di radicata e profonda cultura continuamente alla ricerca di soluzioni meccaniche innovative che possano offrire, nel totale rispetto dell'ambiente, tranquillità e garanzia all'automobilista.

Ci racconta, in breve, le linee relative al suo percorso professionale?
Ho lavorato sempre duramente, facendomi forte nel mantenimento di una linea, quella della qualità e della puntualità.
Desideravo fare il medico, un lavoro professionale autonomo, ma sono convinto che il meccanico rappresenta il medico del motore, prima di tutto, perché ciò mi rende, in ogni modo, indipendente. Quel che conta, maggiormente, per me, è il potermi gestire con una certa autonomia. Mi sono impegnato sino in fondo per poter raggiungere questi livelli. L'essere indipendente per me cammina, di pari passo, con il piacere personale.

Cos'ha conquistato sino ad oggi? E cosa spera di conquistare ancora?

L'aver portato a compimento tutto il mio lavoro con serietà ed efficienza mi ricompensa più di ogni altra sensazione. L'onestà, la puntualità e la cortesia, alla base dei miei rapporti con la clientela, sono state sinonimo di fiducia. Spero di proseguire ancora, a lungo, sullo stesso percorso.

Come si raggiunge il vero equilibrio tra il lavoro ed il tempo libero?
La serenità può fungere da volano per il raggiungimento di un sano equilibrio, che compensi gli sforzi lavorativi con momenti di gradevole pausa da trascorrere tra le mura domestiche e, talvolta, godendo di una vacanza.

Quanta importanza riveste la dea bendata nell'attività dell'impresa?
In quanto essenza la fortuna si può invocare, talvolta si presenta sotto celate forme, assume strani sapori, la vivi inconsciamente.
Ma, tuttavia, alla realtà è necessario rispondere con operazioni tangibili, ponderate, attente e sempre lontane da soluzioni utopistiche, in nome di qualche strana entità superiore.

Quali imprenditori, personalmente conosciuti, hanno lasciato dentro di lei una traccia indelebile?
Alla luce delle mansioni lavorative che svolgo, pressoché giornalmente ricevo la gradita visita di imprenditori con cui ho, da tempo, un sano rapporto di amicizia.
Nutro stima e rispetto verso tutti coloro che hanno fondato la propria impresa sull'onestà, valore incommensurabile sia per la promozione morale dell'individuo sia per la fiducia addotta alla professione.

Ritiene l'attuale un momento adeguato per dare inizio ad una nuova attività imprenditoriale?
Le paure generate dalla crisi tendono a sminuire le idee d'impresa.
Occorre del coraggio, molta inventiva e soprattutto raccogliere la sfida che il mercato attuale ha lanciato.
Se in possesso di tali, preziosi, requisiti ognuno potrà dare libero sfogo alle proprie aspirazioni.

Quali sono le imprese più colpite dalla crisi?
Sono le imprese cui sono mancati i requisiti precedentemente elencati, cui si aggiungono altre, vittime, spesso, di scelte impulsive ed errori di valutazione.

La crisi ha generato grandi mutamenti soprattutto nei comparti della finanza e dell'industria.
Secondo lei, come si rifletteranno queste alterazioni nel mondo del lavoro?
L'avvento della recessione ha, di fatto, amplificato l'uso del vocabolo rischio. Attualmente si rischia in ogni situazione laddove siano presenti la produttività, il commercio, i consumi, le banche e tutto il sistema che muove l'economia.
E' necessaria, e indispensabile, da parte di tutti, la consapevolezza di dover, all'occorrenza, mutare le abitudini sia lavorative sia domestiche.

Cosa dovrebbe insegnare la scuola moderna per preparare i giovani a fronteggiare, al meglio, le insidie future legate al mercato del lavoro?
Nella mia professione è necessario un costante aggiornamento, specie in questo particolare periodo contrassegnato dall'avanzamento inesorabile della tecnologia altamente qualificata.
Ritengo, allora, che la scuola moderna dovrebbe aiutare maggiormente l'ampia forza studentesca ad orientarsi nella società fornendo strumenti operativi, sane e frequenti visite didattiche, presso strutture private e pubbliche, con traguardi di successo, al fine di entusiasmare chi, poi, dovrà reggere, in futuro, le redini dell'economia.

La storia dell'emigrazione italiana è anche una storia di larghi trionfi, una storia di umili operai divenuti, poi, apprezzabili imprenditori e di illustri connazionali, professori universitari e celebri avvocati eletti nei Parlamenti degli Stati in cui hanno vissuto ed operato. Come vede tutto ciò?
L'onore conquistato dai nostri cari connazionali, che hanno raggiunto traguardi impensabili, mitiga in parte le umiliazioni subite da chi, non possedendo istruzione e gradi di cultura, ha vissuto l'emigrazione come

l'unica possibilità per sfamare se stesso e la famiglia.
Innumerevoli sono stati, ed oggi ancor più, coloro che facendo leva sul potente dinamismo che contraddistingue l'italica stirpe sono riusciti a capovolgere le condizioni di un fenomeno che sino agli anni '60 parlava soltanto la lingua del paese che li ospitava.

Assoii-Suisse si pone come obiettivo primario la sana e trasparente rappresentanza delle nutrite imprese, con capitale umano, italiano, in Svizzera. Cosa consiglia ai vertici di Assoii-Suisse? E agli associati?
Il popolo italiano, vanta nella Svizzera una vigorosa cultura in ambito imprenditoriale; il fatto che sia nata un'associazione di imprenditori è un segnale tangibile della forte ed ininterrotta integrazione del nostro popolo.
Spero di poter favorire, insieme agli altri associati, lo sviluppo di nuovi progetti imprenditoriali, incentivando cosi la promozione della cultura italiana.

Intervista al Signor Angelo Capitelli

Chi è il Signor Angelo Capitelli?
Angelo Capitelli è un lavoratore/imprenditore che, fin da bambino, è sempre stato affascinato dalla natura, nonchè dal prodotto che la natura genera.
Ho avuto la grande fortuna di avere un padre che non ha mai smesso di insegnarmi a riconoscere i sapori autentici e la storia dei prodotti.
Ho avuto l'ulteriore fortuna di possedere un'azienda di famiglia che si occupava proprio di produzione alimentare ed appena ho potuto mi ci sono "buttato" con convinzione.
Oggi conduco la Capitelli F.lli S.r.l. con sede a Borgonovo Val Tidone, in provincia di Piacenza, che produce prosciutti cotti ed altri salumi.
Negli anni ci siamo ritagliati una chiara identità, a livello nazionale, nel settore della produzione del prosciutto cotto di alta qualità.

Qual è stato il suo percorso professionale?
Dopo la laurea in giurisprudenza conseguita sedici anni fa, sono entrato a pieno regime nell'azienda di famiglia.
Dapprima mi sono "formato le ossa" attraverso una full-immersion in produzione che mi ha aiutato a conoscere, a fondo, gli aspetti pratici del mio mestiere, successivamente ho iniziato ad occuparmi per gradi degli aspetti organizzativi e commerciali.
Negli anni ho formato delle figure professionali in grado di occupare ruoli di alta responsabilità, all'interno della mia azienda, in modo da consentirmi maggiore disponibilità di tempo per affrontare i numerosi progetti di sviluppo che abbiamo in corso.

Cos'ha ottenuto sino ad oggi? E cosa spera di ottenere ancora?
Il risultato che giudico maggiormente soddisfacente è la messa a punto di alcuni prodotti esclusivi nonchè il consolidamento di una grande rete commerciale, valida ed efficiente.

Come si raggiunge il vero equilibrio tra lavoro e tempo libero?
E' un risultato che ancora non ho raggiunto.

Fortunatamente il lavoro mi elargisce sufficienti soddisfazioni che compensano l'impegno che dedico.
Tuttavia, ritengo che il punto di equilibrio sia rappresentato da una condizione mentale nel senso che è fondamentale riuscire, nonostante la pressione psicologica in cui ci si trova ad operare quotidianamente, a staccare la spina quando, tutte le sere, giunge il momento di chiudere l'azienda.

Quanta importanza riveste la dea bendata nell'attività dell'impresa?
La fortuna è sempre importante ma credo sia altrettanto importante non contarci troppo.

Quali imprenditori, personalmente conosciuti, hanno lasciato dentro di lei una traccia indelebile?
Mio padre.

Ritiene, l'attuale, un momento adeguato per dare inizio ad una nuova attività imprenditoriale?
No, a meno che la molla sia rappresentata da un'idea autenticamente innovativa.

Quali sono le imprese più colpite dalla crisi?
Sono quelle aziende che, prima della crisi, non erano provviste di una chiara identità commerciale e di prodotto.

La crisi ha generato grandi mutamenti soprattutto nei comparti della finanza e dell'industria.
Secondo lei come si rifletteranno queste alterazioni nel mondo del lavoro?
Sono ottimista, nell'immediato penso che avremo di fronte ancora due anni molto difficili ma, una volta che i nodi saranno sciolti, i mutamenti avvenuti nel comparto della finanza, e dell'industria, non genereranno determinanti trasformazioni nel mercato del lavoro, ad esclusione di un'accelerazione della tendenza alla flessibilità.

Cosa dovrebbe insegnare la scuola moderna per preparare i giovani a Fronteggiare, al meglio, le insidie future legate al mercato del lavoro?
Penso che la scuola moderna, in genere, e quella italiana, che conosco molto più da vicino, abbiano bisogno, da un lato di una maggiore professionalità del corpo docente, e dall'altro dovrebbero riuscire a far comprendere agli studenti il piacere che si può ricavare dal lavoro quotidiano e dall'applicazione pratica; tutto ciò sarebbe, certamente, possibile se si approntassero programmi di studio pensati in tal senso.

La storia dell'emigrazione italiana è anche una storia di larghi trionfi, una storia di umili operai divenuto, poi, apprezzabili imprenditori ed illustri connazionali, professori universitari e celebri avvocati eletti nei Parlamenti degli Stati in cui hanno vissuto ed operato. Come vede tutto ciò?
Lo vedo come motivo di orgoglio.
Anche la mia famiglia, dal lato materno, nell'immediato dopoguerra si è trovata nella necessità di emigrare per trovare lavoro; ho parenti in Argentina con i quali intrattengo, tuttora, ottimi rapporti e che si sono fatti onore sviluppando rigogliose attività nel settore edilizio e delle comunicazioni.

Assoii-Suisse si pone come obiettivo primario la sana e trasparente rappresentanza delle nutrite imprese, con capitale umano, italiano, in Svizzera. Cosa consiglia ai vertici di Assoii-Suisse? E agli associati?
Consiglio di fare gruppo: in tutti gli sport di squadra è più importante l'unione e la motivazione del collettivo rispetto al fuoriclasse.
Sono sicuro che l'Assoii-Suisse sarà un buon allenatore, in grado di guidare e motivare le proprie individualità.

Intervista al Signor Albano Carrisi

Don Carmelo, Felicità, Aleatico, Mediterraneo, per citarne solo alcuni, dalla dolcezza, fragranza e classe eccellenti, sono vini, da lei prodotti, che profumano di storia.
Quali sono gli aspetti più interessanti della sua attività di produttore vinicolo?
Gli aspetti più interessanti sono legati al ciclo della lavorazione del vino: dalla cura, molto meticolosa, dei vigneti alla raccolta dell'uva, per finire all'imbottigliamento.
Sono tutti momenti particolari, che un pò mi riportano a quando mio padre produceva vino in maniera artigianale.
Ora i tempi sono cambiati, ma il fascino di questa lavorazione è rimasto intatto.

Quando è nato il suo interesse per la cultura enologica?
L'interesse per la cultura enologica è nato in… famiglia.
Me lo ha trasmesso mio padre, che era un grande intenditore.

Come avvenne il suo primo incontro con il vino?
Il primo incontro con il vino, diciamo che non fu dei più felici…
Ero un bambino e mio nonno mi fece bere qualche sorso.
L'effetto, a quell'età, fu notato subito da mia madre che rimproverò il nonno per avermi fatto bere per la prima volta il vino.

Quale vino ricorda con particolare piacere?
Il Don Carmelo perchè è stato il primo: nacque quasi per scommessa. Avevo promesso a mio padre, già dopo la mia partenza per Milano a cercare la fortuna nel mondo della musica, che sarei tornato e avrei prodotto un vino con il suo nome.
Ma sono legato a tutti i "miei" vini perchè tutti, comunque, hanno una storia particolare.

Vino Veritas. Qual è il suo rapporto personale con il vino?
Vino Veritas?
Certamente.
Ma anche vino come piacere e come scoperta di un territorio.
Il vino come peculiarità geografica, ma anche culturale.
Ecco il vero valore del vino, ed è in questo valore che si rispecchia il mio personale rapporto con il vino stesso.

Alcuni sostengono che i vini hanno il forte potere di far sognare e raccontare sempre avventure diverse. Cosa può aggiungere?
Il vino può avere effetti diversi a seconda della quantità e della qualità. Che possa davvero contribuire a far sognare è innegabile e che alimenti i racconti è certo.

Quali sono le peculiarità fondamentali che differenziano un grande vino dagli altri?
Un grande vino si caratterizza dalla qualità.

Alla base di tutto occorre sempre un'uva curata e genuina.
Poi, un ciclo di lavorazione che non perda mai di vista la tradizione. Un prodotto eccellente lo si riconosce al primo sorso.

Che influsso hanno avuto le sue origini familiari nella sua scelta di avvicinarsi, con sommo affetto, al vino?
Un pò tutte le famiglie salentine producevano in casa dell'ottimo vino. Anche la mia, ovviamente.
Questa tradizione ha, decisamente, influito nella mia forte decisione di produrre vini, che rappresenta, per me, una grande passione e un modo per essere "ancorato" alla mia terra.

Com'è avvenuto il passaggio della sua vasta produzione nel contesto internazionale?
È avvenuto per gradi.
Eravamo sicuri del nostro prodotto e così sono arrivate richieste anche dall'estero, dove ormai i vini pugliesi sono conosciuti e apprezzati come quelli che, forse, vantano una maggiore tradizione ma non sono certo qualitativamente migliori dei nostri.

Quando ha compreso che il suo vino sarebbe divenuto un grande successo internazionale?
Quando ho letto sul volto di alcuni miei amici la soddisfazione dopo aver sorseggiato i miei prodotti.
In ogni caso, prima dell'imbottigliamento, provo personalmente i vini e questo mi porta subito a capire il successo che avranno.

Cosa pensa del sostegno ricevuto da Assoii-Suisse nel processo di importazione e promozione, sul territorio elvetico, dei suoi vini?
Ogni azienda ha bisogno di partners per far conoscere ed esportare i propri vini. In siffatto contesto, la collaborazione con l'Assoii-Suisse è fondamentale per la distribuzione, sul territorio elvetico, delle nostre linee di vini.

Cosa suggerisce all'Assoii-Suisse per ottimizzare tale sostegno?

L'Assoii-Suisse conosce bene il proprio mestiere.
Non ha bisogno dei consigli del produttore per valorizzare, al meglio, questi vini.
Di certo, le degustazioni sono fondamentali: di un buon vino ci si può innamorare, al primo sorso.

Profilo ed intervista al Signor Francesco Catalano

Francesco Catalano è nato il 14 Febbraio 1958 a Giurdignano, un piccolo comune del Salento d'Italia.
E' padre di due figli ed è soprattutto una persona che, in un paese come la bella Svizzera, ha saputo conquistare un proprio spazio nel difficile mondo del lavoro.
Francesco è arrivato a Zurigo nel lontano 1978; con estrema umiltà, ha affrontato un lungo periodo di gavetta, cercando, con tanto sacrificio, lo spirito di adattamento fino a raggiungere il bramato traguardo nel 2002, quando, trasferitosi nel Cantone Ticino, laddove poteva comunicare con la sua madre lingua senza il dubbio di essere frainteso, diede inizio alla tanto desiderata attività nel settore edilizio.
Nonostante i numerosi impegni è sempre disponibile ad adoperarsi per il bene della comunità.

Qual è stato il suo percorso professionale?
Iscritto all'Istituto Professionale di Stato, in Italia, prima di iniziare il

terzo anno di frequenza, nel lontano 1978, ebbe inizio la mia avventura lavorativa in Svizzera.

Entrai nel mondo dell'edilizia come muratore, all'epoca rappresentava l'unica possibilità per ottenere un permesso di soggiorno, in Svizzera.

Durante il mio percorso lavorativo, nei mesi seguenti, compresi che avevo le possibilità, in questo paese, di esprimere, al meglio, le mie attitudini.

Fu cosi che, tre anni dopo, ero già vice capo presso la ditta dove lavoravo; mi trovavo molto bene, ero apprezzato e rispettato, tuttavia dentro di me una vocina, sempre più insistente, mi spingeva verso l'imprenditoria.

Questo paese mi offriva garanzie, sicurezza e fiducia, a mio modo di vedere i presupposti ideali per investire e costruire.

Nel 2002, decisi di concretizzare gli ideali e dare corso alla mia attività Imprenditoriale.

Cos'ha ottenuto sino ad oggi? E cosa spera di ottenere ancora?
Faccio l'imprenditore da otto anni e credo che l'attività imprenditoriale mi abbia dato tante soddisfazioni.

Ho raggiunto tanti traguardi prefissati e la professionalità, la lealtà ed il rispetto, verso la mia clientela, alla base di ogni giornata lavorativa, in futuro mi daranno altre, liete, soddisfazioni.

Spero di continuare sulla stessa linea, seguendo l'antico e saggio detto che recita:
cavallo vincente non si cambia mai.

Come si raggiunge il vero equilibrio tra lavoro e tempo libero?
I mille impegni mi sacrificano un po', cerco comunque di non trascurare mai i rapporti familiari, soprattutto con coloro che mi hanno dato un enorme appoggio, in particolare nei momenti più duri e difficili, anche se mi sforzo di tener separato il privato dal lavoro.

Senza mai trascurare la qualità della vita, il tempo libero lo si trova, lo si prende al volo, equilibrandolo con tutto ciò che ci circonda.

Quanta importanza riveste la dea bendata nell'attività dell'impresa?

In tutte le cose c'è bisogno di un pizzico di fortuna ma, personalmente, ritengo che nel mondo dell'imprenditoria sia molto più importante fare affidamento sulla professionalità, poi cogliere l'attimo per sviluppare i progetti in cui si crede, a volte assumendosi dei rischi.

Quali imprenditori, personalmente conosciuti, hanno lasciato dentro di lei una traccia indelebile?
Per quanto mi concerne tutti gli imprenditori sani portatori dell'illustre marchio Made in Italy nel mondo.

Ritiene, l'attuale, un momento adeguato per dare inizio ad una nuova attività imprenditoriale?
Tutti i momenti risultano adeguati per investire se si posseggono idee innovative ed un prodotto da lanciare sul mercato con professionalità.
Tuttavia, mi rifaccio ad una frase storica che recita testualmente:
il segreto del successo è avere qualcosa che gli altri non hanno.

Quali sono le imprese più colpite dalla crisi?
La scure della crisi s'è abbattuta, pesantemente, sulle aziende di tutti i settori.
Tuttavia, ciò che mi corrode, in maggior misura, è che abbia colpito il posto di lavoro, specie quello delle donne.
Una chiara ed attenta professionalità commerciale potrebbe favorire il superamento della crisi.

La crisi ha generato grandi mutamenti soprattutto nei comparti della finanza e dell'industria.
Secondo lei come si rifletteranno queste alterazioni nel mondo del lavoro.
Il capitalismo ha stravolto decenni di conquiste del movimento operaio, intaccandone regole e principi.
Sono necessari nuovi modelli di organizzazione di classe, solidi, che abbiano la capacità di ritrovare quegli strumenti, utili a far nascere una fitta rete di solidarietà, nonché sane ed oneste battaglie, e che siano, di nuovo, in grado di incidere sulla condizione del lavoro.

La natura della crisi, infatti, non permette una facile ricomposizione politica degli interessi e, da un punto di vista strutturale, le spinte alla valorizzazione, principalmente quelle di natura finanziaria, appaiono sempre più lontane da regole definite.

Cosa dovrebbe insegnare la scuola moderna per preparare i giovani a fronteggiare, al meglio, le insidie future legate al mercato del lavoro?
Insegnare credo sia molto difficile, i soli che possono ammaestrare sono coloro che, saliti lungo la scala spirituale, si trovano qualche livello sopra i giovani.
Credo che mettersi in linea con i nostri figli, specie quando si tratta dei loro desideri o, magari, del loro appagamento, sia una buona base per raggiungere il successo nell'educazione.
E' molto importante saper ascoltare ed, eventualmente, consigliare.
Riferiti al mondo del lavoro, dovremmo fornire ai giovani gli elementi capaci di aiutarli ad orientarsi in un simile contesto.
In tal senso, un ruolo assolutamente considerevole lo hanno la scuola ed il corpo docente, che devono essere ben preparati ed informati per poter trasmettere all'allievo le conoscenze sufficienti sul difficile mondo del lavoro.

La storia dell'emigrazione italiana è anche una storia di larghi trionfi, una storia di umili operai divenuti, poi, apprezzabili imprenditori ed illustri connazionali, professori universitari e celebri avvocati eletti nei parlamenti degli Stati in cui hanno vissuto ed operato. Come vede tutto ciò?
Purtroppo la nostra storia dell'immigrazione non è costellata soltanto di larghi trionfi.
Occorre ricordare i primi emigrati, coloro che sono andati in lontani paesi a cercar fortuna, viaggiando, spesso, in condizioni estreme.
Ritengo che simili circostanze dovrebbero mantenersi sempre vive nella nostra memoria, ma l'altra faccia, della stessa medaglia, ci mostra il genio e la capacità imprenditoriale che, annoverati fra i caratteri tipici dell'italianità, costituiscono un patrimonio prezioso ed indelebile.
Oggi posso asserire, senza timore di essere smentito, che tutto il popolo

italiano è molto amato, nel Mondo intero.

Assoii-Suisse si pone come obiettivo primario la sana e trasparente rappresentanza delle nutrite imprese, con capitale umano, italiano, in Svizzera.

Cosa consiglia ai vertici di Assoii-Suisse? E agli associati?

Assoii-Suisse sta dimostrando, giorno dopo giorno e con successo, una linea molto trasparente verso l'associazionismo e lo spirito di squadra conformemente con gli obiettivi prestabiliti.

Ritengo, altresì, che noi associati tutti, uniformandoci al programma di sviluppo comune, così ampiamente supportato dagli intenti, abbiamo il dovere di intraprendere un percorso di collaborazione e sinergia con le aziende iscritte.

Inoltre, è necessario adoperarci per aumentarne il numero, avvicinando delle nuove, al fine di creare un robusto baluardo capace di difenderci ed affrontare al meglio la crisi.

Intervista alla Signora Anna Cauzzo

Chi é la signora Anna Cauzzo?
Sono nata a Treviso da papà italiano e mamma svizzera.
All'età di otto anni, la nostra famiglia si è trasferita nelle vicinanze di Basilea. L'integrazione non é stata facile.
La vita tra due culture differenti, all'inizio, non si presentò semplice per me. Mi sono integrata e ho volentieri usufruito delle ampie possibilità scolastiche e professionali qui in Svizzera. Nel cuore e di carattere sono restata italiana. D'altra parte ho integrato un paio di tratti tipici svizzeri, che mi danno una certa stabilità.

Qual'é stato il suo percorso professionale?
Dopo la maturità ho cominciato lo studio di archeologia all'università di Zurigo. Durante e dopo lo studio universitario, ho lavorato al centro di archeologia cantonale zurighese.
Ho pubblicato diversi articoli archeologici. Dopo un paio d'anni sentivo di dover cambiare il mio percorso professionale. Ho deciso di studiare la medicina alternativa con la specializzazione sull'omeopatia. Nel 1997 ho aperto la mia prima prassi di omeopatia e medicina naturale. Nel 2003 mi sono trasferita a Zurigo, dove ho aperto la seconda prassi.

Durante questi anni di attività terapeutica ho cominciato ad integrare la numerologia e l'astrologia, per poter capire meglio una persona con i suoi punti forti e deboli, sia a livello psichico sia fisico. A partire dal 2008, ho cominciato ad offrire consultazioni numerologiche per clienti privati e ditte.

Cosa ha ottenuto sino ad oggi? E cosa spera di ottenere ancora?
La mia intensa attività terapeutica mi offre la possibilità di conoscere e comunicare con molte persone, con diversi caratteri e diverse storie di vita. I pazienti mi fanno vedere la vita da diverse prospettive e mi aiutano tanto a maturare personalmente. La cosa più importante, che ho ottenuto finora, é la grande gamma di esperienze ed emozioni umane. Un terapeuta può aiutare attraverso la sua esperienza e la sua maturità personale, ma é anche in grado di imparare molto dal paziente. Questa prospettiva crea un clima di rispetto reciproco, che é importantissimo per conseguire l'effetto positivo di una cura. Vorrei ottenere, ancora di più, comprensione e rispetto umano nel lavoro terapeutico. Un altro obiettivo é la ricerca di nuove strade terapeutiche nella cura di malattie e disturbi legati ai tempi moderni, come per esempio disturbi psichici e patologici, dove la medicina classica non offre possibilità e speranza di guarigione. È una bellissima esperienza notare, come presunti „casi disperati" trovino speranza e guarigione grazie all'aiuto della medicina omeopatica.

Come si raggiunge il vero equilibrio tra lavoro e tempo libero?
Avendo un lavoro emozionalmente molto stancante, ho dovuto trovare una buona possibilità di ricaricare le mie energie. All'inizio l'equilibrio tra lavoro e tempo libero non esisteva. Con il trascorrere del tempo, ho cominciato ad avere i primi problemi di salute, che, di conseguenza, mi hanno fatto reagire.
Con notevole sforzo, tuttavia, sono riuscita a prendermi dei tempi liberi per ricaricare le mie forze. Lavorando per il benessere altrui, facilmente ci si dimentica di se stessi.
Oggi i miei amici e le attività sportive mi danno tanta soddisfazione e

ricaricano le forze positive, che posso, in una certa misura, trasferire sui pazienti.

Quanta importanza riveste la dea bendata nell'attività dell'impresa?
Riveste un gran ruolo. I punti centrali della mia educazione sono stati l'onestà ed il rispetto. Credo che sia un punto umano importantissimo, che prevale sull'aspetto finanziario.

Quali imprenditori, personalmente conosciuti, hanno lasciato dentro di lei una traccia indelebile?
Nessuno.
Io ritengo che ognuno di noi abbia la propria strada da percorrere. Mi sono sempre presa degli esempi da altre persone, ma soltanto su punti speciali, e mai in generale.
Credo che l'individualismo sia molto importante per la mia vita. Vedo i successi degli altri e sono contenta per loro. Però non vorrei fare a loro modo.

Ritiene, l'attuale, un momento adeguato per dare inizio ad una nuova attività imprenditoriale?
Si. Dipende però dalle facoltà di una persona e dalla grinta che ha. Se si fa quello che si ama e che regala soddisfazione, senza avere troppa paura, credo che quasi tutte le imprese abbiano delle buone prospettive.

Quali sono le imprese più colpite dalla crisi?
Credo che siano quelle imprese, dove il fattore umano non funziona bene. Non vorrei ribadire che sia legato a dei rami specifici. Quando la paura e la mancanza di rispetto o la comprensione per il punto di vista dell'altro primeggiano sull'obiettivo professionale, danno una spinta negativa ad un'attività. Ritengo che le imprese di media grandezza con una buona configurazione umana tra imprenditore e impiegati abbiano migliori aspettative di altri.

Cosa dovrebbe insegnare la scuola moderna per preparare i giovani a fronteggiare, al meglio, le insidie del futuro legate al mercato del lavoro?

Non credo che siano soltanto le scuole a dover svolgere questo vitale ruolo di preparazione.
Il punto determinante é l'educazione e l'affetto che si concede ai giovani nell'ambito famigliare. Se un giovane riceve, in casa, questo sostegno, può usufruire meglio delle possibilità offerte dal sistema scolastico.
Quello che manca, di solito, é la sana stabilità affettiva ed emozionale e naturalmente l'umiltà, per farsi insegnare quello che ancora non si può sapere, con una indiscussa gratitudine. La scuola ha sempre migliorato la gamma di opportunità. Un giovane che non dispone di una salda base emozionale, tuttavia, avrà problemi di orientamento e di scelta.

La storia dell'emigrazione italiana é anche una storia di larghi trionfi, una storia di umili operai divenuti, poi, apprezzabili imprenditori e di illustri connazionali, professori universitari e celebri avvocati eletti nei Parlamenti degli Stati in cui hanno vissuto e lavorato. Come vede tutto ciò?
Quando una persona ha vissuto la mancanza del focolare domestico e la povertà trarrà ogni vantaggio che gli si offre.
Apprezzerà ogni occasione e si impegnerà a migliorare la propria vita. Questo é punto essenziale dell'emigrazione. L'emigrato cerca una vita migliore e vuole impegnarsi al massimo per raggiungere questa meta con rispetto e gratitudine verso il paese e la cultura che lo ospita.

**Assoii-Suisse si pone come obiettivo primario la sana e trasparente rappresentanza delle nutrite imprese, con capitale umano, italiano, in Svizzera.
Cosa consiglia ai vertici di Assoii-Suisse? E agli associati?**
Assoii é per me un'associazione che porta in contatto la cultura italiana con quella svizzera. Ambedue possono imparare molto combinando le culture.
Trovo che l'integrazione di imprese svizzere, interessate alla cultura italiana, sia un obiettivo importantissimo dell'Assoii-Suisse. È un segno di accoglienza che possiamo ricambiare con il Paese che ci ha accolto e ospitato finora.

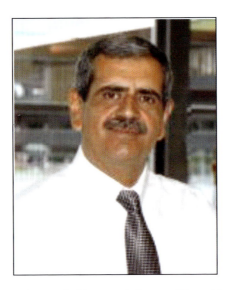

Intervista al Signor Merendino Cono

Signor Cono, ci racconti di quando è arrivato qui a Zurigo.
Sono nato a Naso, in provincia di Messina, il 16 febbraio 1958. All'età di 14 anni, con tutta la mia famiglia, sono venuto qui in Svizzera. Mio padre Antonio era un bravo cuoco.
Su invito di suo fratello, già in Svizzera, ha voluto provare una nuova esperienza.
In Svizzera egli si è trovato molto bene, gli è piaciuto così tanto che ha deciso di non andare più via. Era capo cucina di un ristorante. Io ho appreso il mestiere proprio in questa cucina, sia per quanto riguarda i piatti mediterranei, grazie a lui, sia per quando riguarda l'arte culinaria svizzera, grazie agli altri cuochi. Dopo cinque anni abbiamo provato ad aprire un ristorante, giù in Sicilia, ma non è andato molto bene così, prima che ci scadesse il permesso di soggiorno, lo abbiamo venduto e siamo tornati qui.

Dopo questo tentativo di ritorno nel paese natio ha cominciato le sue esperienze personali nel campo della ristorazione.

Si, prima con due soci col ristorante "La Brochette" ad Altstetten, poi ho voluto provare esponendomi personalmente.
Così, nel 1988 ad Oberglatt, ho aperto "Il Vigneto I" e dopo cinque anni "Il Vigneto II" a Sünikon. In questi ristoranti eravamo specializzati nel Bourguignonne e la Charbonnade, per questo motivo i tavoli avevano delle griglie, dove ciascuno poteva cucinare quello che voleva. Ma, da buoni cuochi italiani, mio padre, mio fratello ed io non tralasciavamo i piatti della nostra terra. I due locali andarono benissimo.

Come mai decideva di confrontarsi sempre con locali diversi?
Devo ammettere che ho avuto la passione di rilevare tutti quei locali trascurati e che, magari, non andavano poi benissimo, li restauravo e li rimettevo a nuovo. Devo dire che avevo sempre successo. La stessa cosa è avvenuta col Bocciodromo, che era ridotto così male che ho tentennato parecchio prima di decidere di proiettarmi su questo locale: sembrava una vera e propria bettola! È stato l'avvocato di famiglia ad insistere perché io lo rilevassi; sapeva bene cosa avevo fatto con gli altri locali. Inizialmente non ne volevo proprio sapere e per due anni ha cercato di convincermi. Poi nel 2002 mi ha dato le chiavi del locale e sono entrato qui dentro per vedere che cosa poteva offrire. Così, dopo 2 mesi di grandi lavori, abbiamo aperto il nuovo Bocciodromo-Pizzeria da Cono. Mi impegno personalmente nei lavori dei locali, mi piace parecchio il lavoro di architetto, così, spesso, mi dedico a progetti, disegni o anche solo a idee per apportare modifiche e per migliorare i locali. Devo dire che è subito andato molto bene, avevo lavorato in zona e già molti mi conoscevano come un bravo cuoco.

Cosa ha di bello o di particolare il Bocciodromo?
Intanto garantiamo un'ottima cucina italiana, la pizza non manca mai e prepariamo anche pasta fresca come i nostri famosi tortelloni ripieni al tartufo nero.
Il mercoledì arriva il pesce fresco, direttamente dalla nostra Sicilia, per cui offriamo anche specialità di pesce come l'ottimo filetto al tegame. Non meno della carne comunque: un piatto molto richiesto è la costata di vitello con osso lungo.

Per i nostri banchetti, organizziamo, gli aperitivi e gli antipasti al piano superiore dove ci sono le piste di bocce, per cui gli ospiti possono fare pure qualche partita e dopodichè scendono al piano inferiore per la cena. Organizziamo feste per varie occasioni (festa della mamma, della donna, etc.), gare di bocce e festival della canzone. Durante gli europei di calcio, proprio grazie alla posizione assai favorevole del locale, che è adiacente allo stadio Letzigrund, abbiamo avuto qui tutte le personalità ed i calciatori.
Abbiamo servito tutti, da Platinì a Blatter. È stato bellissimo! Inoltre, visto che in estate qui si svolgono le gare di atletica leggera, siamo noi ad offrire la ristorazione agli sportivi che partecipano.
I nostri clienti tornano spesso, anzi, si può dire che è quasi un punto d'incontro poiché, quotidianamente c'è gente che viene qui per giocare a carte o a bocce.
Nel fine settimana, invece, vengono sempre avventori italiani.
Ormai ci conosciamo tutti tanto che spesso chiamo i clienti per nome! Il nostro locale è particolarmente indicato per le famiglie che, come dicevo prima, si riuniscono qui il sabato e la domenica perché i figli possono giocare e fare quello che vogliono grazie allo spazio disponibile. I nostri clienti non sono solo italiani, anzi, devo dire che durante la settimana, per l'ora di pranzo, un buon 80% sono svizzeri, con cui mi trovo molto bene.
Un nostro cliente affezionato è il Sindaco di Zurigo, Ledergerber, che ha tanto lottato per farci ottenere i permessi che ci servivano per lavorare. Lui viene spesso per giocare a bocce, a mangiare, e dice che il nostro è uno dei ristoranti migliori.

In questi giorni state rinnovando il locale e vi preparate alla nuova apertura. Cosa state organizzando per l'occasione?
Sì, stiamo allargando il locale, lo stiamo sistemando a norma di legge con l'aggiunta di servizi igienici e di un grande, tecnologico, impianto per la ventilazione; renderemo, poi, l'intero locale insonorizzato.
Infatti, ho intenzione di offrire un nuovo servizio di piano bar la sera, così dopo cena la gente può fermarsi ancora per prendere qualche drink e ascoltare della musica. La nuova apertura è prevista tra un mese.

L'inaugurazione è segnata nei giorni 30 aprile, 1 e 2 maggio.
Il 30 aprile organizziamo una festa con le autorità svizzere che ci hanno permesso questa nuova apertura, mentre nelle giornate del 1° e del 2 di maggio, organizzeremo una grande festa, aperta al pubblico, dove sarà offerto uno gustoso buffet freddo a tutti, uno show brasiliano e apertura del nuovo piano bar con musica fino a notte inoltrata.

Intervista al Signor Romeo De Filippis

Signor Romeo, qual è stato il suo percorso professionale in Svizzera?
Sono arrivato in Svizzera nel lontano 1975, dopo aver frequentato le scuole medie in Italia. Qui ho raggiunto mio padre e mio fratello.
Dopo un corso di apprendistato quadriennale, nel 1981, mio fratello ed io abbiamo aperto un primo garage.
Si trattava della naturale conclusione di un'esperienza maturata con prestazioni lavorative presso alcune società del settore: lui era addetto alla verniciatura ed io alla carrozzeria.
Nel novembre del 2004 ho aperto, da solo, questo locale a Schlieren.

Quali fattori trainanti l'anno spinta ad investire in questo particolare settore?
Ho deciso di investire in questo settore perché si tratta di un lavoro che mi piace: lo pratico ogni giorno di persona e ci metto molta passione. Dopo tutti questi anni di attiva esperienza settoriale, ritengo di poter affermare, tranquillamente, che conosco abbastanza bene il mestiere.
Nonostante siano 28 anni che esercito, pienamente, questo lavoro e sia il titolare dell'azienda, preferisco curare, ogni giorno, in prima persona i lavori della mia autocarrozzeria, anche perché, al momento, ho notato quanto sia difficile trovare qualcuno che lavori per passione ed abbia la mia stessa conoscenza in materia.
Ci vuole tanto studio, precisione, manualità e pazienza.

Riesce a quantificare il numero di automobili che ha riparato sino ad oggi?
Non le posso contare, sono 28 anni che tutti i giorni riparo automobili. Ho avuto molte soddisfazioni.
Ricordo un'Alfa Romeo, modello Alfetta Gran Turismo 2500cc, per la quale mi viene difficile trovare il vocabolo giusto, capace di definire lo stato, pessimo, in cui era ridotta; ebbene, con pazienza e preparazione riuscii a rimetterla a posto.
Prima si riparavano molte macchine incidentate che si potevano, alla luce del danno subito, anche buttare via; ciò nonostante si optava per la riparazione, contando principalmente sulla coscienza e sulla correttezza dell'autoriparatore.
Adesso, invece, le macchine costano molto di meno e, talvolta, conviene ricomprarle anziché sostituire i pezzi.
Noi ci occupiamo di tutto, dalla carrozzeria esterna, alla verniciatura, al reinnesto dell'airbag, alla pulizia finale della macchina, in breve tutto tranne quel che riguarda la meccanica. Quello non è compito nostro.

Quali sono le difficoltà che incontra nel suo ambito lavorativo?
Non ce ne sono di eccessive perché basta essere sempre aggiornati sulle novità e stare al passo coi tempi. Io frequento, senza sosta, dei corsi per tenermi informato, c'è sempre da imparare.
La carrozzeria cambia, di continuo, nei dettagli e per modelli.
Ad esempio, un carrozziere della marca Mercedes saprà lavorare solo sulle automobili Mercedes e così per chi è specializzato esclusivamente con l'Alfa Romeo, l'Audi e via dicendo.
Io, invece, le macchine le conosco tutte e mi tengo aggiornato sempre su tutto.

Che rapporto ha con la clientela?
Ho parecchi clienti e mi ritengo una persona che si sforza sempre di andar loro incontro, di accontentarli quanto più possibile.
Da noi trovano indubbiamente tanta gentilezza e cortesia.
A me piace instaurare con i clienti abituali un rapporto familiare tanto che, sovente, li chiamo per nome.

I nostri clienti non sono soltanto italiani: tra di loro ci sono portoghesi, spagnoli, svizzeri, e quelli che mi fanno più disperare sono proprio gli italiani! Io cerco comunque sempre di aiutare tutti anche perché capisco il momento di crisi che si sta attraversando.

Quando è maturata l'intenzione di iscriversi ad Assoii-Suisse?
Ho scelto di iscrivermi a questa associazione intanto perché conosco il presidente, Fernando Catalano, una persona che apprezzo molto, e poi perché confido nella nascita di una collaborazione tra noi imprenditori italiani, in modo da poterci appoggiare, a vicenda, nel nostro lavoro. Purtroppo, tra noi italiani, si lamenta la mancanza di un forte spirito comune, tanto presente, invece, tra gli imprenditori di altre nazionalità che sono più organizzati e si favoriscono tra loro.
Mi sono iscritto all'associazione quando Fernando Catalano ha assunto la carica di presidente.
Non inseguo traguardi complicati, spero solo che, essendo tutti uniti, si possa fare sempre meglio.
E' necessario valutare molto bene ogni iniziativa, metterla sul tavolo, discuterne per bene e decidere azioni e linee di programma. Mi aspetto, in futuro, un'organizzazione più compatta.

Cosa chiede al suo lavoro per il futuro?
Semplicemente di continuare così. Per questo voglio ringraziare tutti coloro che fino ad oggi mi sono stati fedeli ed hanno scelto di affidare le loro macchine a me.
Per l'ininterrotta fiducia che mi hanno concesso desidero ringraziarli davvero tutti, dal profondo del cuore.

Intervista al Signor Rudy Denecke

Herr Denecke erzählen Sie ein bisschen von Ihrem Unternehmen und deren Tätigkeit.
In unserer Unternehmung kümmern wir uns
hauptsächlich um die Abschlüsse von kleinen und mittleren
Unternehmen, Steuererklärungen von Privatpersonen und
Unternehmen, wir beraten aber auch Unternehmen.
Wir erleichtern unseren Kunden gewisse Arbeiten, indem sie uns ihre
Dokumente bringen und wir sie bearbeiten.
Wir haben zwei Standorte, den Hauptsitz hier in Dietikon, den wir im
Jahre 2004 eröffneten und einen in Rüti, welcher seit letztem Jahr
besteht.
Die Inhaber sind Ruedi, welcher auf Gründung von Unternehmen
spezialisiert ist, und Hans, welcher hingegen der Fachmann für
gastronomische Betriebe ist. Frau Hassempflug kümmert sich um
Steuererklärungen von Privatpersonen und Unternehmen, ausserdem

beschäftigen wir seit drei Jahren einen Lehrling. Dann bin da noch ich, Jan, ich beschäftige mich mit allem, Steuern, Buchhaltung usw.

Seit wann sind Sie in dieser Branche tätig?
Grundsätzlich arbeiten wir seit fünf Jahren in dieser Branche. Ruedi und Hans waren schon immer in diesem Bereich tätig. Dank deren Erfahrung haben die Inhaber schliesslich entschieden, sich selbständig zu machen.

Wie halten Sie sich auf dem neuesten Stand?
Wir halten uns kontinuierlich auf dem Laufenden, das ist in unserem Bereich unentbehrlich. Sollte jemand ein Problem mit einer Versicherung, einer Bank oder einer anderen Institution haben, wendet dieser sich als Erstes an seine Vertrauensperson. Darum müssen wir immer über Veränderungen oder Neuigkeiten informiert sein. Dieser Sektor unterliegt einer ständigen Evolution.

Sie halten sich auf dem Laufenden was die Legislatur angeht, trifft dies auch für die Technik zu, zum Beispiel mit neuen Softwares und Programmen?
Natürlich. Auch in diesem Bereich dürfen wir nicht stehen bleiben. Bald werden wir einen Auffrischungskurs für ein Programm machen, das wir bereits in unserer Arbeit verwenden, aber das nun neue Funktionen besitzt.

Was schlagen Sie ihren Kunden vor, um sich vor der Krise zu schützen?
Wir verspüren noch nichts von dieser Krise, doch viele Unternehmungen hatten einige Probleme.
Man kann keinen allgemeinen Ratschlag geben, da man auf die verschiedenen Fälle genauer eingehen müsste. Sicherlich sollte man die Geduld nicht verlieren, da der Aufschwung langsam voran geht. Es kommt auch auf die finanzielle Lage an: Je mehr Fonds man auf der Seite hat, desto besser kann man die Krise überstehen. Ich kann sagen, dass wer gut gearbeitet hat, der wird gut geschützt. Ein guter Indikator

ist die Vorweihnachtszeit, je mehr ausgegeben wird, desto besser läuft die Überwindung der Krise. Wir werden sehen.

Welche Art von Kundschaft haben Sie?
Wir haben alles von A bis Z. Viele sind Italiener, aus der Gastronomie und vom Bau. Es kommen auch sehr viele Schweizer, eigentlich haben wir Kunden von überall und aus etlichen Bereichen, also wir sind vorbereitet für alle Typen von Kundschaft.

Wieso haben Sie sich entschieden, der ASSOII-Suisse beizutreten?
Wir haben enge Beziehungen zu Italienern. Da viele unserer Kunden Italiener sind und da wir täglich mit ihnen arbeiten, dachten wir, einem italienischen Verein beizutreten, um die Italianità hier in der Schweiz zu leben. Es hilft uns auch zu sehen, welches die Probleme zwischen der Schweiz und Italien sein könnten.
Ausserdem organisiert die ASSOII-Suisse interessante Treffen, zum Beispiel mit dem europäischen Parlamentarier De Magistris.

Welche Vorteile sehen Sie als Mitglied dieses Vereins?
Wir sind ein selbständiges Unternehmen, welches die Kundenbreite stets zu erweitern versucht.
Unsere Muttersprache ist Deutsch, wir sprechen aber auch Italienisch, darum glauben wir, dass unsere Arbeit sehr nützlich sein kann, für Unternehmungen wie auch für Privatpersonen. Auch darum möchten wir eine Offerte ankündigen, für alle Mitglieder der ASSOII-Suisse, welche eine eigene Unternehmung gründen wollen. Wir bieten allen Mitgliedern gratis Beratungen für die Eröffnung einer neuen Unternehmung an, vorausgesetzt, wir dürfen sie weiterhin als Kunden betreuen.

Traduzione italiana dell' intervista al Signor Rudy Denecke

Signor Denecke, può descrivere, brevemente, la sua azienda e di cosa vi occupate?
Ci occupiamo, soprattutto, della contabilità di piccole e medie imprese, tasse private e giuridiche, ma anche di consultazione aziendale.
In termine pratico, sbrighiamo tutte le pratiche che il nostro cliente ci porta, facilitandolo così nel loro completamento.
Abbiamo due uffici, uno qui a Dietikon, che è la sede principale, aperta nel 2004, ed uno a Rüti, che abbiamo aperto l'anno scorso.
I titolari dell'azienda sono Ruedi, il quale si occupa in maniera specifica della consulenza per la fondazione delle aziende, e Hans che, invece, è più specializzato nelle ditte gastronomiche.
Poi c'è la signora Hassempflug che, invece, si occupa di imposte private e giuridiche.
Fa parte della squadra anche un'apprendista, che è con noi già da tre anni, infine ci sono io, Jan, che mi occupo un po' di tutto, in generale, di tasse, contabilità, ecc.

Da quanto tempo operate in questo settore?
In questo comparto specifico vi lavoriamo da 5 anni, ma Ruedi e Hans erano già pratici del mestiere e si sono sempre mossi in questo settore. Così, forti della loro esperienza, gli attuali titolari un bel giorno hanno deciso di mettersi in proprio.

Come vi tenete aggiornati nel vostro campo?
Noi ci aggiorniamo continuamente elemento che, nel nostro campo, è assolutamente indispensabile perché se qualcuno ha un problema con un'assicurazione, con una banca, o altri organismi, la prima persona a cui pensa di rivolgersi è il fiduciario.
Per questo noi abbiamo il dovere di essere sempre informati e conoscere un po' di tutto, anche perché questo settore è in continua evoluzione.
Le leggi sono sempre soggette a cambiamenti e noi ci teniamo ad essere sempre al corrente di tutto.

Vi tenete aggiornati anche con il costante approfondimento di nuovi programmi e software?
Certo.
Nel nostro, scrupoloso, lavoro abbiamo bisogno di aggiornarci anche in questo senso.
Presto faremo un nuovo corso di aggiornamento per un programma che già utilizziamo nel nostro lavoro ma che, adesso, ha maggiori funzioni.

In questo periodo particolarmente delicato, cosa consigliate di fare ai vostri clienti per proteggersi dalla crisi?
Noi ancora, fortunatamente, non ne risentiamo ma tante aziende hanno avuto qualche problema.
Diventa difficile dare un giudizio generale perché bisogna considerare i singoli casi.
Sicuramente consiglierei di non perdere la pazienza perché la ripresa è molto lenta.
Dipende da come si è messi finanziariamente: più uno ha fondi, messi da parte, con cui riparare alla crisi e meglio sopravvive.
Posso affermare che la concretezza si potrà riscontrare nelle imprese che hanno lavorato bene e pertanto saranno protette da potenziali insidie.

Che clientela avete?
Abbiamo un po' di tutto, dalla A alla Z.
Tanti sono gli italiani del comparto gastronomico e delle imprese edili, naturalmente anche molti svizzeri, e poi veramente un po' da tutte le parti e di tutti i più variegati settori. In conclusione, siamo programmati per accettare tutti i tipi di clienti.

Come mai avete deciso di aderire all'ASSOII?
Poiché abbiamo stretti legami con gli italiani.
Essendo molti dei nostri clienti italiani, e dovendo lavorare giorno dopo giorno con loro, abbiamo pensato bene di iscriverci ad un'associazione italiana anche per poter vivere, più da vicino, un po' di italianità qui in Svizzera.

Tale vicinanza, ci può anche aiutare a vedere meglio quelle che possono essere le problematiche che vi sono tra Svizzera e Italia.
Inoltre, l'Assoi-Suisse organizza incontri interessanti come per esempio l'ultimo col parlamentare europeo De Magistris.

Quali vantaggi pensate di ricavare facendo parte di questa rilevante associazione?
Noi siamo un'impresa in proprio e cerchiamo sempre di allargare la nostra clientela.
Considerando che la nostra madre lingua è il tedesco ma parliamo bene anche l'italiano, pensiamo di poter essere molto utili agli imprenditori così come ai singoli che possano aver bisogno dei nostri servizi.
Anche per questo vorremmo rendere nota un'offerta rivolta a tutti gli iscritti dell'Assoii-Suisse che vorranno aprire nuove ditte o imprese.
Noi offriamo a tutti i soci la nostra consulenza gratuita per l'apertura e l'avviamento di nuove imprese, riservandoci però di poterli continuare a seguire come nostri clienti nel tempo.

Intervista al Signor Giuseppe De Pascali

Signor Giuseppe, oggi guida una rinomata ditta per piastrellamento e pavimentazioni: quando inizia questa sua attività in Svizzera?
Provengo da Muro Leccese, un paesino in provincia di Lecce, e sono arrivato in Svizzera, in cerca di un lavoro, nel 1986, all'età di 21 anni, dove ho raggiunto una buona parte della famiglia.
Dopo un breve primo periodo di difficoltà, mi sono trovato subito bene. Ho lavorato come muratore e come aiutante carpentiere per 2 anni ma il mio obiettivo era quello di lavorare come piastrellista, un mestiere che già avevo appreso in Italia.
Dall'anno 1988 sino al 1999, lavorando presso una nuova ditta, mi sono specializzato sul rivestimento delle facciate.
Dal marzo dell'anno '99 ho aperto la mia ditta, raggiungendo l'obiettivo prefissato, ossia di mettermi in proprio e di lavorare nel comparto delle piastrelle.
Da circa dieci anni sono sul mercato con questa ditta: insieme ai miei collaboratori, siamo specializzati nel piastrellamento, nei rivestimenti di pavimenti e muri in ceramica, nei lavori di mosaico e pietre naturali.

Come mai proprio in questo caratteristico settore imprenditoriale?
Perché sin da piccolo ho imparato questo lavoro con mio cognato, e poi si tratta di un mestiere molto diffuso nella mia famiglia. Infatti, oltre a mio cognato, anche i miei fratelli svolgono questa professione; pertanto, senza dubbio alcuno, possiamo affermare che si tratta dell'occupazione di famiglia.

Quali sono le particolarità del suo lavoro?
Le soddisfazioni in questo lavoro sono tante: è molto delicato e richiede la massima attenzione, cura e ancora un pizzico di buon gusto.
Il nostro lavoro giunge per ultimo: si svolge, infatti, nella fase terminale di costruzione di un ambiente o in quella di ristrutturazione ed è quindi immediato rendersi conto se è stato eseguito bene o no: il minimo errore balza subito all'occhio attento, ragion per cui non possiamo commettere imprecisioni. Elementi alquanto caratteristici sono i mosaici, ossia tutti quei disegni e raffigurazioni che si compongono con le piastrelle.
Noi forniamo anche il materiale, importato direttamente da Sassuolo, in Emilia Romagna, laddove è ubicata la grande, rinomata, distribuzione della ceramica.
Siamo provvisti di straordinari cataloghi e campioni, sempre nuovi, di piastrelle su cui il cliente può sviluppare l'idea ed effettuare, la propria scelta.
Successivamente si richiede il quantitativo necessario che, subito, si fa pervenire in sede. Il passo seguente è il montaggio.

Quindi il vostro è un lavoro che ha bisogno di molta precisione, come per i mosaici?
I mosaici sono la passione di noi piastrellisti perché richiedono tutta la nostra attenzione e precisione: la loro scrupolosa realizzazione ci offre grande appagamento e al termine sono molto piacevoli da guardare.
Qui c'è una grande richiesta di questi lavori, soprattutto per i bagni: i clienti guardano molto alle particolarità e alla qualità del lavoro per cui, molto spesso, non badano neanche a spese.
Richieste del genere ci vengono avanzate sia dal cliente privato sia dagli architetti, con i quali collaboriamo.

Abbiamo, poi, i clienti fissi ossia coloro che, da molti anni, gradiscono i nostri servizi, e non soltanto per lavori minuziosi, come appunto quello dei mosaici e dei quadri di mattone, ma, anche, per semplici rifiniture o per il ricambio della pavimentazione.

Ci parli del rapporto con la vostra clientela.
Il 99% della nostra clientela è composta da cittadini svizzeri, di medio - alto livello, che ci fanno richieste molto fantasiose alle quali noi, da sani, buoni e bravi italiani, siamo sempre in grado di fornire una soluzione pronta ed apprezzabile.
Noi forniamo anche un servizio di consulenza nel senso che il cliente, allorquando non si appoggia ad un architetto per i lavori che intende eseguire nella propria abitazione, ci chiede suggerimenti; noi riusciamo a fornire non solo i giusti consigli, ma anche le idee innovative, sempre ben accolte.
Una volta ci hanno commissionato di rivestire, interamente, una vasca da bagno, realizzata in cemento, con un mosaico composto da tasselli di quattro millimetri, in sostanza invisibili!
Per un lavoro del genere ci vuole tanta pazienza, praticità, attenzione ed esperienza.
Per fortuna, nel nostro lavoro, siamo molto esperti, per questo i nostri clienti continuano ad onorarci della propria fiducia.
Siamo dei buoni ed instancabili lavoratori e garantiamo non soltanto la perfezione dell'opera ma, anche, la buona educazione e, soprattutto, il rispetto della gente, cui abbiamo il preciso obbligo di servire sempre doverosamente.
I nostri prezzi non sono bassi ma possiamo dire che sono assolutamente adeguati al lavoro, di alto livello, che eseguiamo.

Come mai la sua ditta ha deciso di aderire all'Assoii-Suisse?
Ho avuto subito fiducia nell'attuale presidente dell'associazione.
Ne faccio parte con la mia ditta e poi mi adopero personalmente, con entusiasmo, facendo parte del direttivo come consigliere.
Obiettivo principe dell'associazione è quello di riuscire a riunire tutti gli imprenditori italiani in Svizzera.

Bisogna lavorare assieme e collaborare perché non è più un segreto, ma luogo comune, che l'unione fa la forza.

Bisogna concretizzare il concetto di solidarietà imprenditoriale: questo è quello che si prefigge l'Assoii-Suisse.

Spero che grazie a questa associazione possa aumentare la mia cerchia di clientela italiana che, purtroppo, è molto circoscritta rispetto a quella svizzera!

Intervista al Signor Damiano D'Errico

Chi e il Signor Damiano D'Errico:
Un imprenditore, pervenuto in Svizzera nel 1963, all'età di tre anni, al seguito del padre. Subito dopo, sono ritornato in Italia lasciandola, poi, definitivamente, nell'anno 1970.
Credo di possedere la capacità di concretizzare le mie idee facendo leva, soprattutto, sull'alta professionalità e sulla sana ed inequivocabile etica, principi fondamentali su cui poggiano le regole dell'imprenditoria.
Da bambino, sognavo di essere musicista ed imprenditore.
Con caparbietà e tanta voglia di fare, pian piano, ho concretizzato una parte dei miei sogni.
Tutto il resto è da realizzare, e ciascun giorno rappresenta una novella sfida. Confesso che tutto ciò mi affascina enormemente.

Qual è stato il suo percorso professionale?
Ho studiato musica, facendone una professione.
Dall'anno 1984 opero nel commercio, nell'ambito delle risorse umane, e nel Real Estate Management.

Cos'ha ottenuto sino a oggi? E cosa spera di ottenere ancora?
Ho ottenuto molti successi, quasi in ogni ambito, e nutro tanta voglia di ottenerne altri, credendo fermamente nelle idee e sorridendo alla vita.

Come si raggiunge il vero equilibrio tra lavoro e tempo libero?

Praticando lo sport, ascoltando e componendo musica e dedizione alla famiglia, ossia tutti i comportamenti umani che fanno piacere all'anima, costituiscono, per me, le sane soluzioni che donano il giusto equilibrio. Ciò che, al contrario, corre verso l'esagerazione, col perdurare nuoce.

Quanta importanza riveste la fortuna nell'attività dell'impresa?
La fortuna ha il suo peso specifico; unità alla sincerità, alla qualità e alla trasparenza diventano le solide basi per un'ascesa imprenditoriale di ottimo livello.

Quali imprenditori, personalmente conosciuti, hanno lasciato dentro di lei una traccia indelebile?
Ho avuto la grande fortuna di conoscere tante personalità, svolgendo la mia professione, quasi in tutta l'Europa. Ma, devo riconoscre un grande merito soprattutto al mio grandissimo amico e socio, che ha trascorso, durante il secondo conflitto mondiale, quattro anni della sua giovane vita nei cruenti e famigerati campi di concentramento tedeschi, per poi dimenticare il passato, e con una reazione sana e meravigliosa diventare un imprenditore eccellente, di notevole spessore.

Ritiene l'attuale, un momento adeguato per dare inizio a una nuova attività imprenditoriale?
Il momento è sempre quello buono. L'importante è presentare soluzioni conformi al mercato, ed ecco che la buona riuscita appare più possibile, il resto dipende dall'impostazione e la linea strategica dell'impresa.
La mia opinione consiste nel non aver timore di rischiare, ma proporre soluzioni ed affrontare il mercato.

Quali sono le imprese più colpite dalla crisi?
La crisi ha colpito duro pressoché ogni settore produttivo, finanziario e commerciale.
Particolarmente danneggiate, dal ristagno economico, risultano essere l'industria automobilistica e gli aggregati di produzione.

La crisi ha generato grandi mutamenti soprattutto nei comparti della

finanza e dell'industria.
Secondo lei come si rifletteranno queste alterazioni nel mondo del lavoro?
Il mondo del lavoro rispecchia l'economia reale, laddove la puoi toccare con mano, e credo che questa crisi…. possa, forse, rinnovare la voglia di ristrutturazione del sistema imprenditoriale, di mercato e della finanza, si spera, tuttavia, con molta più umiltà.

Che cosa, secondo lei, dovrebbe insegnare la scuola moderna per preparare i giovani a fronteggiare, al meglio, le insidie future legate al mercato del lavoro?
Insegnare che tutto è discontinuo. Pertanto, è necessario essere pronti e preparati ad affrontare ogni cambiamento messo in atto dalla continua evoluzione che il mercato globalizzato, ormai, impone. Dicevano i miei "Impara l'arte e mettila da parte, che può sempre servire".

La storia dell'emigrazione italiana è anche una storia di larghi trionfi, una storia di umili operai divenuti, poi, apprezzabili imprenditori e d'illustri connazionali, professori universitari e celebri avvocati eletti nei Parlamenti degli Stati in cui hanno vissuto ed operato. Come vede tutto ciò?
Sono un Federale del CTIM per Zurigo e Svizzera Orientale (Comitato Tricolore Italiani nel Mondo) fondata dall'Onorevole Ministro Mirko Tremaglia che è stato, ed è ancora, il portavoce e la fiaccola degli italiani ed imprenditori italiani nel mondo.
Siamo ben integrati ed il nostro incessabile lavoro e ben riconosciuto in tutto l'universo sia per la qualità e sia per il Made in Italy, presentato e promosso in ogni angolo del pianeta.
Peccato che la struttura Italia spesso non conceda il sostegno necessario alle imprese che esercitano al di fuori dei confini, di fatto rallentando la promozione del noto e popolare marchio di vessillo.
Invece, sostenendo, pur limitatamente, le imprese italiane all'estero, il fatturato export sarebbe molto più apprezzabile: più lavoro equivale a più potere d'acquisto e pertanto maggiore qualità della vita.

Assoii-Suisse, si pone come obiettivo primario la sana e trasparente rappresentanza delle nutrite imprese, con capitale umano, italiano, in Svizzera.
Che cosa consiglia ai vertici di Assoii-Suisse? E agli associati?
Sono socio fondatore dell'Assoii.ch sin dall'inizio, e dal 2009, con molto piacere, di Assoii-Suisse.

Il mio consiglio è sicuramente di fare gioco di squadra volto al beneficio di tutti gli associati.

A costoro consiglio, spassionatamente, di interagire e comunicare con la reale consapevolezza di essere in buone mani e che, da forti e dinamici rapporti, ognuno trarrà soltanto profitti e gratificazioni.

Intervista ai Signori Elvira e Jacob Faes

Frau Elvira und Herr Jakob Faes, wie kommt es, dass eine Schweizer Firma wie die Ihre, ein Mitglied der Assoii wurde?
Wir haben zwar keine Italienischen Wurzeln, ich bin im Tessin aufgewachsen und mein Mann in Zürich, aber wir schätzen die italienische Kultur und das Land, in dem wir gerne Ferien verbringen. Das ist einer der Gründe weshalb wir die Einladung des Präsidenten der Assoii, Fernando Catalano, ein uns sehr wertvoller Freund, gerne nachkamen und Mitglieder wurden. Nebst unseren italienischen Mitarbeitern pflegen wir auch sehr gute Kontakte, nicht zuletzt wegen der Mitgliedschaft zu unserer aus Italien stammenden Kundschaft.

Erzählen sie uns von ihrer Firma, der ASD Porsche Altstetten, wie kommt es, dass sie sich dafür entschieden genau diese Automarke zu vertreten?
Ich war schon immer von der Autowelt fasziniert, schon als kleiner Junge. So kam es auch, dass ich meine Lehre Automechaniker in einer Porsche Vertretung absolvierte.

An der Uni Zürich habe ich mich in Betriebswirtschaft vertieft, 9 Jahre arbeitete ich als nationaler Schadeninspektor für Motor- Wasser- und Luftfahrzeuge für eine Versicherung. Anschliessend war ich Direktor in einer grossen Autofirma. In dieser Zeit war ich für 7 Garagen mit 200 Mitarbeitern zuständig und entschied mich dann schlussendlich für die Selbständigkeit.

Entstand so die ASD AG?
Seit bereits 30 Jahren besteht die ASD und seit 1989 hat sie den Sitz an der Hohlstrasse 536 in Zürich-Altstetten. Wir sind ein Team von 10 Mitarbeitern, alle mit sehr gutem Fachwissen, davon 6 in der Werkstatt tätig. Nebst dem Verkauf von Porsches sind wir auf die Reparaturen aller gängigen aber auch der Porsches der ersten Stunde, der Porsche Classics, spezialisiert. Die heutigen Fahrzeuge beinhalten sehr viel Elektronik. Für die Fehlersuche bedienen wir uns den modernen Porsche-Diagnosegeräten. Uns ist es ist sehr wichtig, dass auch die älteren Porsche Motoren in unserer Werkstatt noch repariert werden können. Es kann vorkommen, dass unsere jungen Mechaniker mich rufen, da sie meine Hilfe bei der Reparatur der "alten" Motoren brauchen. Wie bereits erwähnt, verkaufen wir auch Porsches aus unserer Ausstellung, bestellen Neuwagen, oder suchen ein dem Kundenwunsch entsprechendes Occasions-Fahrzeug.

Warum eigentlich die Marke Porsche?
Es ist die Perfektion dieser Autos! Seien es die Motoren, die Karosserie oder das Design. Da ich bereits in der Ausbildung mit Porsche arbeitete, lag es nahe, dass ich mich für die Marke Porsche entschieden habe, obwohl ich im Verlaufe meiner Berufstätigkeit mit verschiedenen, auch sehr guten Automarken zu tun hatte. Aber mein Autoherz schlug für Porsche und so verfolge ich seit 1972 die Entwicklung und die Herstellung der Fahrzeuge.

Was waren die wichtigen Veränderungen dieser Fahrzeuge in den letzen Jahren?
Nun, die Fahrzeuge sind immer Porsches geblieben, die Technik der

Autos hat sich weiter entwickelt. Der Porsche ist ein perfektes Auto, er ist sportlich, aber alltagstauglich auch im Stadtverkehr und zudem effizient.

Warum sollte ein Kunde Ihre Garage auswählen?
Unsere Erfahrung, unsere kompetenten und vertrauenswürdigen Mitarbeiter sollten Grund genug sein, das Fahrzeug in dessen Hände zu geben. Wir sind bestrebt dem Kunden besten und einwandfreien Service zu bieten. Selbstverständlich offerieren wir unseren Kunden die Fahrzeuge an seiner Wohn- oder Geschäftsadresse abzuholen und bei Bedarf auch wieder zurück zu bringen. Wir versuchen unseren Kunden alle Autosorgen abzunehmen und beraten sie auch in allen Fragen. Wir dürfen Kunden aus der ganzen Schweiz bedienen und die Umfrageergebnisse des Importeurs bestätigen, dass wir eine treue langjährige und zufriedene Kundschaft haben. Der Zulauf an Neukunden, die durch Empfehlung unserer Stammkunden zu uns kommen, ist bestimmt auch ein gutes Zeugnis für uns.

Traduzione italiana dell'intervista ai Signori Elvira e Jacob Faes

Signora Elvira e signor Jakob Faes, come mai una ditta svizzera come la vostra fa parte di un'associazione italiana come l`Assoii-Suisse?
Noi non abbiamo origini italiane, io sono ticinese e mio marito è di Zurigo, ma ci sentiamo molto vicini all`Italia e agli italiani perché amiamo molto la vostra cultura e anche il vostro Paese, dove spesso trascorriamo le vacanze. Per questo motivo abbiamo accettato l'invito del presidente dell'Assoii-Suisse, il Signor Fernando Catalano, che è anche un caro amico, ad iscriverci a questa associazione. Abbiamo tantissimi clienti e collaboratori italiani con cui manteniamo buoni rapporti proprio grazie alla nostra iscrizione all'Assoii.
Abbiamo il piacere di farvi parte e sarebbe una cosa bella se tutti noi imprenditori decidessimo di aiutarci vicendevolmente.

Parlateci della vostra azienda, la ASD Porsche Altstetten, che cura un marchio così importante: come mai avete deciso di dedicarvi a questa particolare marca?
Sono sempre stato appassionato dal mondo delle automobili: sin da ragazzo, infatti, ho fatto l'apprendistato con le Porsche. All`Università di Zurigo ho studiato economia, ho fatto il perito di una compagnia assicurativa per nove anni, poi sono stato direttore di un grande marchio con sette saloni di macchine e duecento collaboratori finché ho deciso di mettermi in proprio.

Nasce così la ASD Porsche Altstetten?
Sì, nasce ben 30 anni fa e dall'89 siamo in questa sede in Hohlstrasse 536 a Zurigo. Siamo un team di dieci persone, tutte molto competenti, di cui sei addetti alla riparazione. Infatti, oltre ad essere rivenditori Porsche, siamo molto forti nella riparazione e nell'assistenza delle auto, non solo quelle di ultima generazione ma anche quelle più antiche, la riparazione delle quali è proprio una nostra specialità che non tutti sanno fare perché adesso i giovani sono molto più pratici con l'elettronica che con le cose manuali. A volte i giovani che lavorano da noi mi chiamano per

farmi sentire il motore e io capisco se c'è qualcosa che non va semplicemente dal rumore: sono, infatti, specializzato nella meccanica del motore, del carburatore e delle regolazioni. I nostri ragazzi rimangono molto affascinati da questa capacità. Come già detto, siamo anche un punto vendita: i nostri clienti possono acquistare le auto che abbiamo in sede ma lavoriamo anche su richiesta, contattando tutte le altre succursali Porsche in Svizzera.

Perché proprio la Porsche?
Per la perfezione di queste macchine! Sono davvero perfette, sia come motore che come carrozzeria e design. Questa scelta è stata un po' indotta dal fatto che da ragazzo ho praticato il mio apprendistato sulle Porsche. Ai tempi in cui ero direttore di quella grande ditta, avevo a che fare con tante macchine di alto livello ma il mio cuore era sempre per la Porsche: sono cresciuto con questa macchina e in tutti questi anni ne ho seguito l'intero sviluppo, vedendone l'evoluzione e assistendo a tutte le migliorie: posso definirmi un vero e proprio esperto in materia.

Quali sono i cambiamenti più evidenti che ha subito quest'auto negli ultimi anni?
Diciamo che il carattere è sempre lo stesso, è rimasta sempre una Porsche, mentre la tecnologia si è sviluppata molto sia nella meccanica sia nell'elettronica. La Porsche è la macchina più perfetta e meglio sviluppata. È sportiva ma va bene anche per tutti i giorni, sia in autostrada sia in città: è sempre efficiente.

Perché le persone dovrebbero scegliere le vostra Ditta?
Da noi possono trovare tanta serietà e competenza e riporre in noi tutta la loro fiducia. Il servizio clienti è il nostro forte: cerchiamo sempre di assecondarli e di andare loro incontro. Se per esempio un cliente ha un problema nella sua auto e non può venire a lasciare qui la macchina, la andiamo a prendere noi e, all'occorrenza, la riportiamo. Facciamo molte agevolazioni, trattiamo il cliente con molto rispetto e cerchiamo di coccolarlo in modo che ritorni con piacere perché sa che verrà trattato bene. Cerchiamo di comportarci come una grande famiglia. Poi

seguiamo i nostri clienti nel tempo, suggerendo le mosse giuste da fare: per esempio, se una macchina ha più di due anni, di solito suggeriamo di aggiungere qualcosa nell'assicurazione per prevenire ogni tipo di problema. Abbiamo clienti da tutta la Svizzera: Berna, Losanna, Basilea e Ticino. Dalle statistiche Porsche, nelle quali si chiede ai clienti il grado di soddisfazione per il trattamento ricevuto dalle varie succursali, la nostra è risultata al primo posto in tutta la Svizzera come miglior centro di servizio Porsche. Abbiamo circa settecentocinquanta clienti fissi che usufruiscono dei nostri servizi di riparazione e tornano anche per l'acquisto di nuove autovetture. Dobbiamo molto anche grazie al passaparola: i nostri clienti sono talmente contenti del nostro trattamento che invitano gli altri a servirsi da noi.

Profilo del Signor Giovanni Fernando

Giovanni Fernando all'apertura dell'Antico Caffè Toran

E' nato a Saviano il 9 luglio 1956, in un piccolo paese dell'Agro Nolano, un bambino di nome Giovanni, il figlio di Anna e di Felice Fernando, e secondogenito di quattro fratelli.

Questo bambino oggi è un uomo di mezz'età, padre di quattro figli ed è soprattutto una persona che ha saputo conquistare il proprio spazio nel mondo del lavoro, attraverso una lunga e difficile gavetta, dimostrando costanza, alto spirito critico e nobile senso del sacrificio nell'affrontare diversi trasferimenti e diverse esperienze lavorative all'estero, oltre che a popolari realtà autoctone quali Alassio, Venezia, Cortina, Madonna di Campiglio, Lignano Sabbiadoro (dove è rimasto per quindici anni per essersi poi trasferito a San Daniele del Friuli, dove ha aperto l'"Antico Caffè Toran").

L'ambiente della ristorazione e della sana cucina appartiene a Giovanni Fernando da quando era, ancora, molto piccolo; a soli sei mesi di vita, infatti, a causa di una situazione lavorativa precaria dei suoi genitori, viene temporaneamente affidato alle cure e alle attenzioni dei suoi

nonni e dei suoi zii, in un paesino della provincia di Avellino: Lauro.
E' proprio a Lauro, che i nonni e gli zii di Giovanni gestiscono una vecchia trattoria, rilevata otto anni dopo dai suoi genitori Anna e Felice Fernando e, successivamente, tutta rinnovata fino a diventare, ad oggi, "Ristorante al dente d'oro".
Ha soltanto otto anni, quando impara a svolgere il ruolo di cameriere nel ristorante dei suoi genitori; mentre, a quindici anni incomincia a viaggiare con la finalità di proseguire la sua gavetta in diversi alberghi e ristoranti nazionali e non.
A tal proposito, risulta poi significativo tenere presente che Giovanni si diploma con impegno e passione in una scuola alberghiera, coniugando in modo encomiabile teoria e pratica; competenze, queste, che lo hanno portato, oggi, ad essere lo stimato gestore dell'"Antico Caffè Toran" di San Daniele del Friuli che, con alcuni soci, ha permesso che tale locale potesse riaprire i battenti il 28 di aprile 1987, dopo ben undici anni di chiusura, dovuta alla drammatica esperienza del terremoto avvenuto in Friuli Venezia Giulia nel maggio del 1976.
Dapprima cameriere, in seguito, Giovanni Fernando acquisisce il ruolo di commis di sala, fino a diventare chef de rang e, in un secondo tempo, maitre d'hotel.
Oltre all'attività di gestore del ristorante "Antico Caffè Toran", nel poco tempo libero, Giovanni Fernando si offre di mantenere attive le proprie passioni, tra cui: il canto, il diletto gioco del calcio (attualmente a livello amatoriale), il gioco del biliardo e la raccolta dei funghi.
Alla luce del curriculum vitae del signor Fernando è possibile affermare con certezza che la sua forte vita lavorativa è stata interamente dedicata all'ambito della ristorazione e che, attraverso sacrifici e responsabilità, è riuscito ad applicare, con tanta serietà ed impegno, tutto il suo excursus lavorativo e vitale alla materialità professionale in cui, tuttora, opera con diligenza e passione.

Profilo dell'"Antico Caffè Toran"

L'"Antico Caffè Toran" è lo storico locale del centro di San Daniele del Friuli. Nato nel 1898, come insegna di "Puntingam", viene aperto dal Barone Toran, il proprietario del palazzo in cui vi è ad oggi l'ubicazione dell'omonimo locale. Memorabili a tal proposito sono le frequentazioni del grande poeta, nonché "il Vate della Terza Italia" Giosuè Carducci, il poliedrico Felice Cavallotti ed il suo acerrimo nemico, il conte Ferruccio Macola.

Dalla data della sua nascita a maggio 1976, quello che oggi è l'"Antico Caffè Toran", prendeva il nome di "Caffè Moretti", fino a trovare il suo punto di arrivo nella tragica esperienza del terremoto, avvenuta nella primavera di quell'ultimo, stesso, anno, che ha generato, appunto, una "paralisi forzata" del locale che aveva, ed ha tuttora, sede nel cuore di San Daniele: la piazza che si affaccia sul Duomo.

Il 28 aprile 1987 rappresenta il giorno della svolta dell'attuale "Antico Caffè Toran":

è proprio così che viene battezzato il vecchio "Caffè Moretti", in onore dei suoi vetusti fautori, ossia la famiglia degli antichi baroni Toran.

Il signor Giovanni Fernando ed i suoi soci, fino al 1996, hanno voluto determinare un'impostazione di un Caffè e di un locale sulla linea dello stile viennese con le seguenti caratteristiche:

piano bar, american bar, caffetteria e degustazione prosciutto.

Proprio nel 1996 avviene un processo di ristrutturazione nell'"Antico Caffè Toran"; oltre a mantenere i servizi di caffetteria e degustazione prosciutto (anche per asporto), si caratterizza, infatti, anche per i servizi di catering e soprattutto diventa ufficialmente un ristorante.

Dal punto di vista prettamente strutturale, il "Toran" (ossia come viene, oggi, soprannominato dai cittadini sandanielesi), è contraddistinto da centocinquanta posti a sedere, nelle rispettive due sale e nello spazio esterno, che consiste in un'ampia terrazza, con la vista panoramica del centro storico del Paese e del Duomo.

Dal punto di vista tecnico vi è una tendenza a privilegiare i prodotti del paese, ed in modo particolare (ma non solo) tutto ciò che fa riferimento al prosciutto crudo di San Daniele.

Tuttavia, la politica decisionale dei gestori, per quanto riguarda l'arte culinaria del "Toran", mira, altresì, a spaziare oltre i confini autoctoni, non facendo mancare mai, nei menù del ristorante, nemmeno la cucina internazionale.

In merito al tema connesso alla cucina, risulta indicativo tenere presente che, nel semestre da maggio fino a novembre, è possibile trovare presso l'"Antico Caffè Toran" diverse pietanze a base di funghi freschi ed erbe tipiche del luogo, raccolti personalmente dal gestore del ristorante, il signor Giovanni Fernando.

Infine, analizzando gli avventori di questo, caratteristico, locale, risulta poi appropriato sottolineare la massiccia affluenza turistica proveniente dall'estero, principalmente dall'Austria, assai favorita dalla vicinanza del luogo (confinante a nord con il Friuli) e, in particolare, dalla positiva immagine e considerazione collettiva dell'"Antico Caffè Toran", che, in tutti questi anni, è riuscito a riscuotere con soddisfazioni e successo.

Intervista al Signor Dominic Hasler

Wer ist Dominic Hasler?
Ich absolvierte eine Lehre im Detailhandel und arbeitete mich zum stellvertretenden Filialleiter empor. Nebenberuflich bildete ich mich im Marketing- und Kommunikationsbereich weiter.
Seit dem Sommer 2008 arbeite ich bei Nationale Suisse, anfänglich im Fürstentum Liechtenstein und wechselte im Herbst 2009 nach Zürich. Heute betreue ich vorwiegend Firmen- und Privatkunden in und um Zürich. Durch meine aufgeschlossene Art und der vertrauten Problematik als Zuwanderer, kann ich eben solche Kunden kompetent und vertrauenswürdig beraten.

Was habe Sie bis heute erreicht und welche Ambitionen haben Sie für die Zukunft?
Seit knapp zwei Jahren in der Versicherungsbranche tätig, schliesse ich in Bälde, die Ausbildung zum eidg. Versicherungsvermittler ab.
Um eine noch umfassendere Beratung zu gewährleisten, stehen bereits weitere Ausbildungen im Vorsorge- und Finanzbereich an. Zur Zeit

lerne ich intensiv die italienische Sprache und kann mir sehr gut vorstellen, einen grossen Teil meiner Lebzeit beruflich wie auch privat in Italien zu verbringen.

Wie halten Sie Ihre Arbeit und Ihre Freizeit im Gleichgewicht?
Durch die anfängliche Ausbildung als Musikinstrumenten-Verkäufer, verbringe ich sehr viel Freizeit mit meinen erlernten Instrumenten. Ein weiteres Interesse gilt der zeitgenössischen und sachlichen Literatur.

Wie wichtig ist Glück in der Laufbahn eines Unternehmers?
Glück im Sinne einer inneren Einstellung, das heisst, sich in der eigenen Haut und gedanklich wohl zu fühlen, ist wichtig für eine erfolgreiche Geschäftsführung.
Nur wer Zufriedenheit ausstrahlt, hat bei den Kunden Sympathie und dadurch Kundennähe gewonnen. Ein Garant für den Geschäftserfolg.

Welche Unternehmer, zu denen Sie persönlichen Kontakt pflegen, haben bei Ihnen am meisten Eindruck hinterlassen?
Einzelne Unternehmer sind nur schwer auszumachen. Es sind diejenigen Unternehmer, die sich zu einer Interessensgemeinschaft zusammenschliessen wie die daraus resultierende ASSOII-Suisse,
die gegenseitige Hilfsbereitschaft und Unterstützung für Dritte zu Verfügung stellen.
Synergien die aus solchen Arbeiten entstehen können, übertreffen oft die kühnsten Erwartungen.

Denken Sie, dass momentan ein guter Zeitpunkt ist, um ein neues Unternehmen zu gründen?
Ja, es ist immer eine gute Zeit, Unternehmen zu gründen, auch in scheinbar ungünstigen Zeiten. Hauptsache die Dienstleistung und Produkte entsprechen einem guten Qualitätsstandard und machen über Medien auf sich aufmerksam. Somit können sie sich auf dem Markt etablieren.
Eine gute Business-Planung ist in jedem Fall zwingend nötig.

Welches sind die Unternehmer, die am meisten unter der momentanen Wirtschaftslage leiden?
Wie die jüngste Wirtschaftskrise zeigte, liegt der Misserfolg stark mit risikoreichen Produkten zusammen, welche durch fremde Interessen beeinflusst wurden.
KMU's, die gute Produkte und ein gutes Image haben, können sich auch in Krisenzeiten halten. Sie sind zwar kurzzeitig von der Krise betroffen, jedoch können sie sich schnell wieder erholen. Sofern in guten Zeiten die nötigen Mittel zurückgestellt wurden.

Die Krise hat grosse Veränderungen mit sich gebracht, vor allem in der Finanz- und Industriebranche. Wie reflektieren sich diese Änderungen im Arbeitsmarkt?
Die Auswirkungen ergeben sich meist aus einem unumgänglichen Anstieg der Arbeitslosenzahl.
Erwerbstätige müssen sich heut zu tage, wie die Unternehmen, sehr flexibel und wandlungsfähig zeigen.
Gute Fachkräfte werden wie gute Produkte schnell wieder die Akzeptanz des Marktes finden können.

Was sollte die schulische Ausbildung von heute unbedingt vermitteln, um die Jugendlichen auf die Arbeitswelt vorzubereiten?
Bereits die Schulen sollten Jugendlichen aufzeigen, dass sich beruflicher Erfolg erst mittel- bis längerfristig einstellen kann. Sofern der Schüler auch gewillt ist, sich auf einen lebenslangen beruflichen Lernprozess einzustellen.
Das heutige Berufsbildungssystem, bietet diverse Möglichkeiten, im Beruf sowie auch im Leben weiter zu kommen.
Die später angesammelte Berufserfahrung, begleitet von einer ständigen beruflichen Weiterbildung,
kann einen heute schulischen schwachen Schüler zum Erfolg bringen. Wichtig ist, dass die Weiterbildungen auch mit den Anforderungen des Arbeitsmarktes abgestimmt sind, um eine gute Einstellbarkeit zu gewährleisten.

Die Immigration der Italiener in die Schweiz ist eine erfolgsgekrönte Geschichte von mittellosen Arbeitern, die sich zu bemerkenswerten Unternehmen, Hochschulprofessoren, Anwälten und Parlamentsmitgliedern hochgearbeitet haben. Wie sehen Sie diese Entwicklung?

Diese Entwicklung ist nur möglich geworden, weil sich besonders die zweite Generation der Immigranten um eine ernsthafte Integration bemüht hat. Weil von vielen „Secondos" ein guter Effort geleistet wurde, sind auch die Ergebnisse dem entsprechend ausgefallen.

Die ASSOII Suisse hat es sich zum obersten Ziel gesetzt, die gesunde und transparente Repräsentierung der Unternehmen in der Schweiz darzustellen, welche italienische Staatsbürger oder Schweizer mit italienischen Wurzeln beschäftigen. Was empfehlen Sie der Direktion der ASSOII Suisse und deren Mitgliedern?

Der ASSOII Suisse obliegt es, die Zeichen der Zeit zu erkennen und als Interessensvertreter nach innen wie nach aussen proaktiv zu wirken, damit Unternehmungen sich auch in Zukunft erfolgreich entwickeln können.

Ich empfehle ihnen, weiterhin als ein starkes Netzwerk auf zu treten, um sich gegenseitig zu unterstützen und von einander zu lernen.

Traduzione italiana dell'intervista al Signor Dominic Hasler

Qual'e stato il suo percorso professionale?
Ho concluso un apprendistato nel settore del commercio al dettaglio e ho fatto carriera, in veste di rappresentante, e di responsabile di filiale. Mentre svolgevo questa bella professione ho frequentato un corso di perfezionamento nel settore del marketing e della comunicazione.
Dall'estate del 2008 lavoro per conto di Nationale Suisse: ho iniziato nel Principato del Liechtenstein per, poi, trasferirmi a Zurigo nell'autunno dell'anno 2009. Oggi assisto, prevalentemente, clienti aziendali e privati di Zurigo e dintorni.
Essendo di carattere fondamentalmente aperto e conoscendo, in prima persona, le problematiche che si trovano a dover combattere i migranti, sono in grado di fornire onesti suggerimenti a questo tipo di clientela, con particolare competenza e affidabilità.

Cos'ha ottenuto sino ad oggi? E cosa spera di ottenere ancora?
Operando, ormai, da quasi due anni nel settore assicurativo, concluderò fra poco il corso di formazione per intermediario assicurativo AFA.
Per garantire una sana consulenza, ancora più allargata, ho già deciso di dedicarmi ad altri corsi di formazione, specie nel campo previdenziale e finanziario. Attualmente sto studiando, con intensità, la lingua italiana e posso ben immaginare di poter, poi, trascorrere gran parte della mia vita professionale, e privata, in Italia.

Come si raggiunge il vero equilibrio tra lavoro e tempo libero?
Data la mia formazione iniziale in qualità di venditore di strumenti musicali, dedico buona parte del mio tempo libero agli strumenti che ho imparato a suonare e alla musica.
Mi interesso, inoltre, di letteratura contemporanea e saggistica.

Quanta importanza riveste la dea bendata nell'attività dell'impresa?
Parlerei piuttosto di fortuna come atteggiamento a livello mentale, ossia sentirsi bene nella propria pelle e mentalmente, e questo è senz'altro un

elemento importante per un management efficace.
Solo chi appare soddisfatto, è in grado di conquistarsi la simpatia e la fiducia del cliente; una garanzia per il successo in campo lavorativo.

Quali imprenditori, personalmente conosciuti, hanno lasciato dentro di lei una traccia indelebile?
È difficile individuare il singolo imprenditore: sono soprattutto quelli che si raggruppano in base ad una comunanza d'interessi, come quelli facenti parte della Assoii-Suisse, che si supportano vicendevolmente ed offrono il proprio sostegno a terzi.
Le sinergie che possono derivare da tali collaborazioni, superano spesso le attese più audaci.

Ritiene, l'attuale, un momento adeguato per dare inizio ad una nuova attività imprenditoriale?
Sì, è sempre il momento giusto per creare un'impresa, anche in tempi apparentemente sfavorevoli. L'importante è che i servizi ed i prodotti rispondano ad un notevole standard qualitativo e richiamino su di loro l'attenzione dei potenziali interessati, attraverso sani media. Solo così possono affermarsi saldamente sul mercato.
Un buon business-plan è in ogni caso assolutamente necessario.

Quali sono le imprese più colpite dalla crisi?
Come largamente dimostrato dalla recente crisi economica, il fallimento è strettamente collegato ai prodotti ad alto rischio che, alla fine, hanno subito l'influsso di interessi esterni.
I prodotti di buona qualità seguiti da un'immagine positiva consentono alle piccole e medie imprese di superare anche i momenti di stallo. È vero che sono state investite brevemente dalla crisi, eppure sono state in grado di risollevarsi velocemente, ma soltanto se in tempi migliori sono stati accantonati i mezzi necessari.

La crisi ha generato grandi mutamenti soprattutto nei comparti della finanza e dell'industria.
Secondo lei come si rifletteranno queste alterazioni nel mondo del

lavoro?
Gli effetti si rispecchiano soprattutto in un incremento indispensabile del numero dei disoccupati.
Le persone che svolgono un'attività lavorativa devono, al giorno d'oggi, mostrarsi molto flessibili e disponibili al cambiamento, proprio come le stesse imprese.
Come quei prodotti ad alto livello qualitativo anche quelle persone che dispongono di un'ottima, reale, formazione professionale riusciranno a riguadagnare velocemente la loro posizione nel mercato.

Cosa dovrebbe insegnare la scuola moderna per preparare i giovani a fronteggiare, al meglio, le insidie future legate al mercato del lavoro?
Già le istituzioni scolastiche dovrebbero manifestare ai giovani che il successo professionale arriva solo a medio-lungo termine, purché lo studente abbia anche la profonda volontà di impegnarsi ad affrontare un processo formativo professionale che duri tutta la vita.
Il sistema formativo offre svariate possibilità di maturazione e crescita personale e professionale.
L'esperienza professionale raccolta successivamente, affiancata da sani e costanti corsi di perfezionamento, può portare al successo anche uno studente che oggi risulta avere difficoltà scolastiche. L'importante è che questi corsi di perfezionamento tengano conto delle tante esigenze del mercato del lavoro per poter in futuro garantire una migliore possibilità d'impiego.

La storia dell'emigrazione italiana è anche una storia di larghi trionfi, una storia di umili operai divenuti, poi, apprezzabili imprenditori e di illustri connazionali, professori universitari e celebri avvocati eletti nei Parlamenti degli Stati in cui hanno vissuto ed operato. Come vede tutto ciò?
Questa grande evoluzione si è resa possibile solo perché specialmente la seconda generazione di migranti ha voluto seriamente integrarsi. Molti dei cosiddetti „Secondos" si sono impegnati a fondo, ottenendo, poi, i meritati successi.

Assoii-Suisse si pone come obiettivo primario la sana e trasparente rappresentanza delle nutrite imprese, con capitale umano, italiano, in Svizzera.

Cosa consiglia ai vertici di Assoii-Suisse? E agli associati?

All'Assoii-Suisse spetta riconoscere i segnali del tempo e agire in qualità di rappresentate degli interessi dei soci verso l'interno e verso l'esterno in modo funzionale, affinché le imprese, anche in prospettiva futura, possano svilupparsi efficacemente.

Consiglio di continuare ad essere una potente rete di collegamenti per fornire un reciproco sostegno e imparare gli uni dagli altri.

Intervista al Signor Antonio Iacovazzo

Qual è stato il suo percorso professionale?
Dopo gli studi di ragioneria, entro nel mondo del lavoro, da subito nel settore turistico e molto presto in posizioni di responsabilità.

Cos'ha ottenuto sino ad oggi? E cosa spera di ottenere ancora?
Ho ottenuto grandi soddisfazioni come responsabile commerciale per Alitalia in Svizzera, ovvero nel rappresentare la Compagnia di bandiera in Svizzera. In tutto 18 anni.
Posso sostenere di aver ottenuto, insieme allo staff, enormi risultati in termini commerciali e di posizionamento dell'immagine, sul mercato elvetico, pur attraversando dei periodi molti difficili, per le vicissitudini note che hanno toccato la nostra Compagnia negli ultimi vent'anni.
Dopo questa esperienza, un periodo di studio di approfondimento di

due anni nel campo della psicologia, con conseguimento di diploma di coach, ho aperto un mio studio di consulenza. Curo, in particolare, due settori; le risorse umane ed i servizi nel settore Sales & Marketing. Da evidenziare uno dei miei tanti programmi, il portale www.go-italy.ch. Quest'ultimo consegue come obiettivo la promozione dell'italianità in Svizzera. Partito nel luglio 2009 ha, da subito, destato molta attenzione ed è oramai un punto di riferimento per la comunità italiana, e gli amici dell'italianità, in territorio elvetico (la lingua ufficiale del portale è il tedesco). Nato come portale da gestire nel tempo libero, sta diventando una vera e propria attività.

Come si raggiunge il vero equilibrio tra lavoro e tempo libero?
Il lavoro non pesa quando genera entusiasmo e trasmette divertimento. In questo caso il periodo di recupero risulta indubbiamente più breve rispetto al contrario. Importante trovare secondo me il giusto equilibrio tra famiglia e lavoro. L'appoggio ed il sostegno del nucleo familiare, e la comunicazione aperta, risultano, secondo me, punti essenziali grazie ai quali sarà possibile avere accesso al carburante, indispensabile atto per il raggiungimento dell'equilibrio in oggetto.

Quanta importanza riveste la fortuna nell'attività dell'impresa?
Forse la fortuna di poter trattare il prodotto giusto nel momento più opportuno, con i partner giusti e con capacità di investimento a portata di mano. Affondare nel burro, in conclusione.
Ma dove rimarrebbe il divertimento della sfida quotidiana?

Quali imprenditori, personalmente conosciuti, hanno lasciato dentro di lei una traccia indelebile?
Ho incontrato e sono in contatto con moltissime persone importanti le quali meriterebbero di essere citate. Non faccio nomi. Ho grande stima di chi trova quotidianamente nuove motivazioni, credendo nel gioco di squadra, nel rispetto delle persone.

Ritiene, l'attuale, un momento adeguato per dare inizio ad una nuova attività imprenditoriale?

Dipende dal settore/prodotto. Penso comunque che a fronte di un'idea, strategia e programma, ben strutturato, non ci siano paletti dettati dal periodo.

E' mia convinzione che la cura del dettaglio, la professionalità e, quindi, la qualità del prodotto, insieme alle qualità imprenditoriali ed umane siano elementi indispensabili per arrivare al successo.

Quali sono le imprese più colpite dalla crisi?
Forse faccio prima ad elencare quelle che dalla crisi sono state colpite di meno, come la categoria degli psicologi.

La crisi ha generato grandi mutamenti soprattutto nei comparti della finanza e dell'industria.
Secondo lei come si rifletteranno queste alterazioni nel mondo del lavoro?
Stiamo uscendo da una crisi globale la quale ha toccato pressochè tutti i settori ed inciso sulle strutture.

Qualcuno fa notare come, grazie allo scossone, alcuni equilibri etici, nel campo professionale, si stanno riposizionando.

Auspicabile una ripresa (già in atto) e una ricrescita industriale a medio termine, ma più duratura, dove l'essere umano risulterà maggiormente valorizzato e responsabilizzato.

Cosa dovrebbe insegnare la scuola moderna per preparare i giovani a fronteggiare, al meglio, le insidie future legate al mercato del lavoro?
La grande qualità del lavoro e la professionalità insieme alla tenacia e determinazione ripagano, a tutti i livelli. Il tutto basato su valori etici intatti e profondi, preservando e sviluppando le caratteristiche che noi italiani possediamo nel nostro DNA come la creatività, la personalità spiccata, la capacità reattiva e la collegialità.

La responsabilità del corpo docente riveste grandissima importanza. E' dovere dello Stato fornire loro la formazione e aggiornamenti continui, necessari. Aggiungo che, il ruolo dei genitori assume, in tutto ciò, una tenuta fondamentale, come conduttori e trasmettitori di componenti strategici quali la moralità e l'etica.

La storia dell'emigrazione italiana è anche una storia di larghi trionfi, una storia di umili operai divenuti, poi, apprezzabili imprenditori e di illustri connazionali, professori universitari e celebri avvocati eletti nei Parlamenti degli Stati in cui hanno vissuto ed operato. Come vede tutto ciò?
Non c'e alcun dubbio che l'italiano all'estero porta con se la capacità di adattamento, l'inventiva, la creatività. Caratteristiche che trova nel suo DNA, come già evidenziato. Il vivere e lavorare per scelta, o casualità, all'estero, sviluppa secondo me una forma di stimolo ulteriore, di sfida nella sfida, che conduce l'uomo italicus ad una performance fuori dal comune.

Assoii-Suisse si pone come obiettivo primario la sana e trasparente rappresentanza delle nutrite imprese, con capitale umano, italiano, in Svizzera. Cosa consiglia ai vertici di Assoii-Suisse? E agli associati?
Gli esempi di italiani, tanto ben integrati in Svizzera, sono molti, senza distinzione di settori.
Assoii-Suisse ha l'opportunità di fidelizzare questo capitale.
L'imprenditore italiano ha, con Assoii-Suisse, l'opportunità di coltivare l'interscambio con gli altri imprenditori in Svizzera e, sempre di più, anche a livello internazionale.

Intervista al Signor Giovanni Moret

Chi è il Signor Giovanni Moret
Sono il presidente in carica dell'Associazione Fogolâr Furlan Udinese Club Zurigo.
Nato nel 1950 a La Thuile, in Valle d'Aosta, da emigranti veneti che nel dopoguerra sono andati a lavorare nelle miniere di carbone di Cogne. Sono, poi, rientrato in Veneto, con la famiglia, nel 1968.
Come molti miei coetanei, il territorio, che ci circonda, diventa molto stretto e non per necessità, ma per scelta, vengo in Svizzera nel 1971.
Dal 1982 sono sposato con una friulana, nata a Zurigo. Sono entrato a far parte dell'associazione Fogolâr Furlan nel 1991 e dal 2000 ricopro la carica di presidente.

Qual è stato il suo percorso professionale?
Fin dal 1971, considerai diverse prospettive future, ma senza conseguire grandi entusiasmi.
Nello stesso anno, ho abbandonato, in maniera definitiva, la professione di cuoco.

Successivamente mi affacciai nel ramo dell'edilizia non per passione ma per pura casualità.
Un gruppo di giovani, di cui facevo parte, una sera, al bar, decisero di espatriare e, di comune accordo, seguendone le orme, ci siamo trovati a Zurigo.

Cos'ha ottenuto sino ad oggi? E cosa spera di ottenere ancora?
Entrato in una grande ditta di Zurigo e partendo dalla gavetta oppure "caretta" sono arrivato a fare, attualmente, il capo cantiere in un settore ben definito, quello dei pavimenti decorativi.
In vent'anni sono riuscito a promuovere, nella confederazione, ed oltre confine, un pavimento di gomma sintetica, portandolo ad un alto livello qualitativo; ora siamo leader, a livello mondiale, in questa specialità.
Ciò che spero di ottenere, ancora, è di passare il responsabile testimone in mani giovanili e preparate che, con la medesima passione, possano migliorare ulteriormente il prodotto e, magari, rinnovarlo ancora.
Spero nel coinvolgimento della Scuola di Mosaico della città italiana di Spilimbergo perché ci sono tutte le premesse per una collaborazione.

Come si raggiunge il vero equilibrio tra lavoro e tempo libero?
Personalmente credo che l'equilibrio si ottenga quando le due cose si intrecciano e la linea che le distingue appare molto sfumata, difficile da rintracciare; ciò significa lavorare con passione ed essere appagati del proprio risultato alla pari di un giocatore che fa gol dopo una brillante azione.
Inoltre, è importante sviluppare una vita tra virgolette normale, dando spazio a piccoli hobby.

Quanta importanza riveste la dea bendata nell'attività dell'impresa?
La fortuna nell'imprenditoria ha un ruolo, ma non determinante.
Può favorire gli inizi ma, a lungo termine, la sua importanza viene sostituita, e sminuita, dalla caparbietà, dalla diligenza, dal dinamismo e dalla costanza nel ricercare la perfezione.
Comunque è l'uomo il centro dell'attività con le sue caratteristiche.
E lui che scandisce la differenza tra un prodotto mediocre ed il prodotto

di alta qualità.

Quali imprenditori, personalmente conosciuti, hanno lasciato dentro di lei una traccia indelebile?

Sono diversi gli imprenditori conosciuti ma, non posso confermare che abbiano lasciato, nel mio intelletto, un traccia ben definita.
Tante nozioni, messe insieme, possono donare fiducia agli imprenditori, specie quando iniziano una nuova attività.
Alcuni, poi, non facendone tesoro, si perdono per strada.
Tuttavia sono certo che una società senza imprese avrebbe vita breve.

Ritiene, l'attuale, un momento adeguato per dare inizio ad una nuova attività imprenditoriale?

Il buon momento, come accennato in precedenza, non dovrebbe tener conto di periodi migliori o peggiori.
Il soggetto fondamentale rimane sempre la buona idea, realizzata dalle persone giuste e soprattutto competenti.
Credo, tuttavia, che questo sia il buon momento per iniziare.

Quali sono le imprese più colpite dalla crisi?

Le imprese più colpite sono quelle che, cercando il profitto a tutti i costi, hanno sacrificato, sull'altare della speculazione, la qualità, la puntualità e la precisione.

La crisi ha generato grandi mutamenti soprattutto nei comparti della finanza e dell'industria.
Secondo lei come si rifletteranno queste alterazioni nel mondo del lavoro?

Non tutti i mali vengono per nuocere.
Penso che, sia per il settore dei servizi sia per quello dell'industria, la parola globalizzazione riprenda il significato che aveva all'inizio e cioè favorire scambi e le conoscenze che aiutino la ricerca di risoluzioni per consolidare, ma soprattutto per favorire, lo sviluppo di nuovi mercati, come, per esempio l'apertura dell'Europa verso l'Est.
Altresì, sostenere lo sviluppo qualitativo credo sia un sano investimento

per tutti gli imprenditori.

Cosa dovrebbe insegnare la scuola moderna per preparare i giovani a fronteggiare, al meglio, le insidie future legate al mercato del lavoro?
La scuola ha sempre avuto un ruolo fondamentale e tutte le imprese che hanno investito nella ricerca e nella formazione hanno, da sempre, fatto centro.
Quindi penso che la scuola debba seguire l'evoluzione del lavoro e che gli imprenditori si debbano anche impegnare perché la scuola abbia le risorse necessarie per continuare a formare la società del domani.
Vorrei ricordare il familiare motto del Fogolâr Furlan Udinese Club – non c'è futuro senza passato – e credo, fortemente, in questo!

La storia dell'emigrazione italiana è anche una storia di larghi trionfi, una storia di umili operai divenuti, poi, apprezzabili imprenditori e di illustri connazionali, professori universitari e celebri avvocati eletti nei Parlamenti degli Stati in cui hanno vissuto ed operato. Come vede tutto ciò?
Emigrazione = Integrazione.
Una cosa semplice sulla carta, un po' meno nella realtà.
È vero che ci sono stati, e ci sono, nostri connazionali che hanno capito e Vissuto, al meglio, tutto ciò e sono coloro che hanno fatto fortuna, come suol dirsi.
Ma, onestamente, se guardiamo le cifre degli italiani sparsi per il mondo noteremo che ad essersi realizzati sono relativamente pochi.
In molti casi, è stato determinante il paese di accoglienza; qui l'Italia di oggi dovrebbe fare un profondo esame di coscienza sul comportamento da tenere verso coloro che cercano in Italia quanto i nostri connazionali hanno cercato, in passato, per il mondo!

Assoii-Suisse si pone come obiettivo primario la sana e trasparente rappresentanza delle nutrite imprese, con capitale umano, italiano, in Svizzera. Cosa consiglia ai vertici di Assoii-Suisse? E agli associati?
Primo di rimanere fedele all'idea iniziale e cioè di rappresentare al meglio le imprese associate rimanendo, essenzialmente, un'associazione

no profit.

Come presidente del Fogolâr Furlan Udinese Club Zurigo mi auguro che gli imprenditori rimangano solidali con la grande comunità italiana residente in Svizzera e, dove necessario, magari sostenerla nel limite del possibile per preservare il capitale umano che essa rappresenta con la sua forte creatività.

La lingua italiana, poi, va promossa e preservata; qui credo che con la scuola ci sia molto da lavorare e non solo per gli italiani, ma anche per gli svizzeri di lingua italiana.

E' necessario promuovere il prezioso idioma italico a tutti i livelli, ogni giorno, specie ora che si denota un leggero calo d'interesse.

Credo che dovremmo rivedere i vari programmi e cercare con la scuola svizzera di unire sforzi e risorse per favorire il recupero di interesse tra i giovani per l'italiano.

Per noi friulani lo sforzo è doppio perché dobbiamo, anche, preservare la lingua dei nostri padri e cioè il friulano.

Agli associati di Assoii-Suisse consiglio di essere molto attenti e darsi una mano, perché quanto più gli imprenditori sono dinamici tanto più grandi sono le opportunità di sviluppo.

Intervista al Signor Umberto Panini

Chi è il Signor Panini?
Umberto Panini nasce il 3 febbraio a Pozza di Maranello (Modena) da Antonio e Olga Cuoghi, penultimo di otto fratelli.
Dopo l'avviamento professionale, lavora come fabbro, saldatore e come meccanico presso diverse officine di Modena, tra cui la Stanguellini e la Maserati Moto.
Nel 1957, parte per il Venezuela in cerca di fortuna, lavorando prima a Caracas e poi a Maracaibo.
Qui viene raggiunto nel 1959 dalla moglie Tina Bertacchini, sposata per procura, dalla quale avrà i figli Manuela, Marco, Giovanni e Matteo.
Nell'anno 1964, rientra in Italia per affiancare i fratelli Giuseppe, Benito e Franco nell'attività delle Edizioni Panini, la casa editrice specializzata nella produzione di figurine, dove progetta e realizza, personalmente, svariati macchinari tra cui la celebre "Fifimatic".
Dopo la cessione delle Edizioni Panini, si dedica allo sviluppo della "Hombre", un'azienda agroalimentare, a ciclo completamente biologico, dove produce un Parmigiano Reggiano DOP di alta qualità.

Qui raccoglie anche un'importante collezione di auto e moto storiche, aprendo, gratuitamente, ai visitatori le porte del suo Museo denominato C.U.P. (Collezione Umberto Panini) Edizione fuori commercio.

Qual è stato il suo percorso professionale?
Lavoro……….lavoro e lavoro.

Cos'ha ottenuto sino ad oggi? E cosa spera di ottenere ancora?
Ho raggiunto gli obbiettivi prefissati e spero di poterne aggiungere altri con la consapevolezza di aver fatto il mio dovere

Come si raggiunge il vero equilibrio tra lavoro e tempo libero?
E' importante sapere e dosare bene tutte le opportunità.

Quanta importanza riveste la dea bendata nell'attività dell'impresa?
E' un fattore molto importante, però occorre saperla dosare bene e darle la sua esatta collocazione.

Quali imprenditori, personalmente conosciuti, hanno lasciato dentro di lei una traccia indelebile?
Tutti quelli che hanno svolto la loro missione con passione.

Ritiene, l'attuale, un momento adeguato per dare inizio ad una nuova attività imprenditoriale?
I momenti sono tutti buoni, è importante avere idee vincenti e credere nell'innovazione.

Quali sono le imprese più colpite dalla crisi?
Quelle che sono improvvisate e perciò senza fondamenta.

La crisi ha generato grandi mutamenti soprattutto nei comparti della finanza e dell'industria.
Secondo lei come si rifletteranno queste alterazioni nel mondo del lavoro?
Bisogna sapere affrontare questi cambiamenti che, tante volte, sono

dovuti all'evoluzione naturale, e prepararsi ad un mondo nuovo.

Cosa dovrebbe insegnare la scuola moderna per preparare i giovani a fronteggiare, al meglio, le insidie future legate al mercato del lavoro?
Il rispetto delle idee altrui e soprattutto il rispetto delle regole civili.

La storia dell'emigrazione italiana è anche una storia di larghi trionfi, una storia di umili operai divenuti, poi, apprezzabili imprenditori e di illustri connazionali, professori universitari e celebri avvocati eletti nei Parlamenti degli Stati in cui hanno vissuto e operato. Come vede tutto ciò?
Peccato che il nostro paese si dimentichi così facilmente degli emigranti e che non sono sufficientemente valorizzati.
Penso che siano stati una grande risorsa per i paesi che li hanno ospitati e anche per la società italiana.

Pensiero del Signor Massimo Pillera

Quando percorro le scale interne dell'aereoporto di Kloten e mi immergo in quell'atmosfera ovattata, silenziosa e sterilizzata, ho come l'impressione di sentirmi a casa. Sento il rumore delle suole delle mie scarpe, il rumore soffice dei miei passi. Mi capita solo a Zurigo. La mia vita in Svizzera conta, apparentemente solo 15 anni, ma essendo gli anni della mia prima figlia e otto della seconda, è come se fossero tutti gli anni della mia vita. Se è vero, come afferma Umberto Eco, che per sentirsi soddisfatti nella vita bisogna avere un figlio oppure scrivere un libro…bhè io, in questo scorcio di vita nella Svizzera, ho avuto due meravigliose figlie ed ho scritto un libro. Quindi posso affermare che la mia vita ha un senso perché parte di essa l'ho vissuta in Svizzera. Credo che questo mi determinerà in un profondo sentimento di gratitudine verso un paese che è Patria per le mie figlie ed è con le sue inquietudini uno dei più bei posti al mondo in cui trascorrere parte della propria vita. Si certo non tutto viaggia alla stregua di un orologio svizzero. Lo sanno bene le centinaia di migliaia di italiani che verso questo paese nutrono quel sentimento di odio amore tipico di chiunque è emigrato. Un odio amore che generalmente si nutre anche verso la propria Italia. Da una parte un amore sconfinato per la propria terra, mentre dall'altra il rincrescimento poiché quella "mamma" non è riuscita ad alimentare sufficientemente costringendo all'emigrazione. Ma questo è ciò che di indelebile resta appiccicato all'anima di ogni italiano in Svizzera che si dimena nel tempo tra questo contrasto, traendone fuori, comunque, sempre il meglio. Da una parte una forte capacità critica verso il proprio paese d'origine – segno di costruttiva passione e vitalità innovativa -, dall'altra un amore profondo che non ci risparmia giammai lacrime ed angosce dovute alla lontananza forzata. Un mix che, poi, si rivela una inesauribile fonte di forza e di intrapresa che tutti gli imprenditori, i lavoratori, i giovani italiani in Svizzera, dimostrano giorno per giorno. Una energia che restituisce molto all'Italia ed alla Svizzera. Una fonte continua di novità e di creatività che rende questo grande popolo unico e particolare. Proviamo a chiamarli in un modo, simpatico e che non abbia troppe pretese, che condensi allo stesso tempo il modo di sentirsi di questi italiani unici per circostanze e per sensibilità. Proviamo pure a chiamarli che dite…"SVITALIANI", perché Svizzeri sono nel modo di lavorare, agire sul territorio, parlare, fare affari, stare sul pezzo…come si suol dire, e italianissimi nel pensare, nello scegliere, nel capire al volo, nell'intuire ed ancora nel dedurre. Si…siamo così, SVITALIANI, perché prendiamo il meglio dagli uni e dagli altri e ci commuoviamo pensando al nostro diletto amico che ricordiamo attorno ad uno stammtisch come a quello incontrato al banco per l'ennesimo caffè al paese. Svitaliani con uno stile unico ed inconfondibile, con una voglia di vita che ti palpita dentro, imponente, e ti spinge ad oltrepassare tutti gli ostacoli, dai più semplici ai più complessi. Quando ho avuto il modo di incontrare gli imprenditori dell'Associazione imprenditori italiani in Svizzera, l'ho capito. Questi uomini sono come i marinai di Melville, che sarebbero capaci di remare contro tutte le asperità con naturalezza, come se fosse l'unica cosa che sanno fare nella vita. E di fronte alla balena bianca, non si tirano indietro, ma vanno avanti pur sapendo che dinnanzi a loro c'è l'imponderabile, l'infinito. Il mare in tempesta è, per gli Svitaliani, un invito a nozze, una sfida da raccogliere, un problema che sicuramente ha una risoluzione racchiusa da qualche parte. Si tratta di remare, di andare avanti, di sopportare la fatica, il dolore, l'abisso, ma dopo … la soluzione si troverà, il ghiaccio non rimane eterno, il mare prima o poi si rivela una tiepida culla, meravigliosa. Con il mio mestiere ne ho incontrati di questi svitaliani, tutti con una bella storia da raccontare che costituirebbe davvero l'enciclopedia più interessante che il nostro Paese dovrebbe dare in dono, nelle case degli italiani di oggi. Ad ogni voce troverebbero una risposta utile per capire l'oggi e per affrontare meglio il domani. L'enciclopedia che l'Italia si merita, trasportata in giro per il mondo da queste donne e questi uomini, in Patria invisibili e spesso incompresi, ma che fanno girare al massimo l'immagine del Bel Paese e la sostanziano con tanti piccoli gesti, con umili parole, e con il semplice "esserci".

Quando ho conosciuto Fernando Catalano, il Presidente dell'ASSOI, ho capito che mi trovavo accanto ad uno di questi uomini. Uno, tra tanti, costruttori di questa enciclopedia straordinaria che, un giorno, la storia capirà a pieno. Perché la sua testimonianza, è la storia di una intrapresa che supera le difficoltà e diviene successo, a allo stesso tempo diventa "spirito di servizio" verso l'Italia e la Svizzera.

Gli Svitaliani sono interessati, sempre, al futuro, perché per dirla con Groucho Marx: "il futuro è la parte più interessante perché è lì che si decide di trascorrere il resto della propria vita".

Con questa *weltanshaung* essi vanno dovunque, sentendosi, ovunque, a proprio agio. E questa visione non può che alimentarsi fuori e lontano dalla propria terra, perché spesso le radici, andando verso il basso per ancorarsi al terreno, lasciano intorpidire gli uomini. La lontananza e gli ostacoli sono il pane quotidiano degli svitaliani, e di chiunque, oggi, in questo mondo globale, in continuo movimento, cerca di trovare il flusso giusto, la corrente idonea per spostarsi con disinvoltura e adeguatezza. Non era così agli inizi, come non è così, oggi, per numerosi migranti nel mondo, ma la strada è tracciata, la mobilità di questa epoca troverà le sue legittime dimensioni, perché così è stato per noi svitaliani ed allo stesso modo sarà per gli altri nel futuro, perché la vita viaggia, e corre, inesorabile e veloce.

Percorro i corridoi di Kloten flughafen, gente che va e che si incrocia, un silenzio rasserenante mi invade l'animo... sono a casa.

Massimo Pillera

Intervista alla Signora Manuela Salamone

Chi è la Signora Manuela Salamone?
Sono, dall'anno 2010, la direttrice editoriale de "La Pagina". Mi occupo di diverse cose, come le nostre apprendiste, i clienti etc.

Qual è stato il suo percorso professionale?
Pur avendo, in parte, origini italiane sono nata e cresciuta in Svizzera e quindi ho frequentato le sedi scolastiche svizzere, fino al liceo, la Freie Katholische Schule di Zurigo. Considerato che sin da piccola sognavo di lavorare nel giornale, fondato e diretto da mio padre, La Pagina, subito dopo il diploma ho iniziato ad inserirmi in questo contesto lavorativo. Nello stesso tempo, non ho abbandonato gli studi, ma cerco sempre di perfezionarmi, per cui ho preso insegnamenti di contabilità, economia e diritto.

Cos'ha ottenuto sino ad oggi? E cosa spera di ottenere ancora?
Il nostro obiettivo è di fornire ai nostri lettori informazioni di svariato tipo, da quelle più utili, come quelle politiche e di attualità, a quelle più leggere, e magari anche più divertenti. Io sono ancora all'inizio del mio percorso, ho tanto da apprendere, ma altresì molte idee innovative che auspicherei applicare; sono molto ottimista per il futuro e spero di poter realizzare molto. Sicuramente, fra i tanti, l'obiettivo principale rimane sempre quello dell'informazione ma cercando di rendere il tutto sempre più interessante, gradevole ed innovativo perché, si sa, il campo della comunicazione è in continua evoluzione, e bisogna tenersi al passo coi tempi! Sono davvero molto curiosa di ciò che riserva il futuro, spero di fare tante esperienze, conoscere nuove persone e stabilire collaborazioni interessanti e stimolanti.

Come si raggiunge il vero equilibrio tra lavoro e tempo libero?
Secondo me, è difficile trovare l'equilibrio vero. Personalmente, anche quando non sono in redazione, penso, di continuo, al giornale.
Magari per strada osservo qualcosa, e già mi vengono in mente possibili nuove idee da sviluppare ed approfondire.
È davvero assai difficile rispondere a questa domanda, per me il lavoro, anche se è fuori l'orario d'ufficio, non è mai un peso.

Quanta importanza riveste la dea bendata nell'attività dell'impresa?
Ogni azienda ed ogni persona hanno bisogno di fortuna, ma questo non basta. Dietro ogni successo, secondo me, c'è anche un grande impegno e sicuramente, talvolta, perfino grandi sacrifici. Non ci si può aggrappare alla sola fortuna, che è comunque una componente importante, bisogna invece contare sulle proprie forze, essere informati, competitivi ed avere intuito, per riuscire a capire quali siano le mosse giuste da fare.
Si, tutti hanno bisogno di un poco di fortuna, ma occorre, anche, sapere che la fortuna potrebbe abbandonarci, ed allora si deve essere preparati ad andare avanti con le proprie gambe.

Quali imprenditori, personalmente conosciuti, hanno lasciato dentro di lei una traccia indelebile?

I miei genitori, come imprenditori, mi hanno sempre affascinato. Hanno ottenuto tanto, ma, nello stesso tempo, hanno dovuto sopportare tanto. In situazioni assai difficili hanno sempre continuato a portare avanti le proprie idee, non hanno mai mollato. L'esperienza di mio padre e il suo modo di gestire le cose mi impressionano. È intuitivo: ha la capacità di analizzare subito contesti o situazioni particolari, di cui riesce sempre a farsi una visione generale, in breve termine. La passione e la tenacia con cui ha perseguito i suoi obiettivi, mi hanno spinta a proseguire per la sua strada e cercare di portare avanti tutto ciò che, con grandi sacrifici, è riuscito ad ottenere. Mia madre mi affascina perché, pur avendo sempre lavorato da casa, è continuamente riuscita a svolgere tutto il lavoro con l'impegno necessario non trascurando mai né me, né mia sorella.

Ritiene, l'attuale, un momento adeguato per dare inizio ad una nuova attività imprenditoriale?
Credo che dipenda dal settore in cui si vuole iniziare una nuova attività. Qualsiasi momento è quello giusto, se l'idea è buona e studiata! Credo che si debba tener, in ogni modo, conto dei desideri e dei bisogni della gente, rinnovarsi in continuazione e stare al passo con i tempi.

Quali sono le imprese più colpite dalla crisi?
Forse bisogna chiedersi quale impresa non sia stata colpita dalla crisi. È una domanda per cui sto ancora cercando risposta. Penso che l'attuale crisi sia stata avvertita, più o meno, da tutti i settori. Chi in maniera più evidente chi, forse, in modo meno grave, tutti hanno dovuto far fronte a questo periodo difficile.

La crisi ha generato grandi mutamenti soprattutto nei comparti della finanza e dell'industria.
Secondo lei come si rifletteranno queste alterazioni nel mondo del lavoro?
Ritengo che il problema principale sia stato che molte, troppe aziende, per fronteggiare la crisi, hanno adottato la soluzione "più semplice", ossia quella del contenimento dei costi tramite la dolente riduzione del personale.

Le persone che hanno perso il lavoro costituiscono un problema, prima di tutto in campo sociale, perché non sono più in grado di mantenere la famiglia, ed ancora in campo economico in quanto hanno meno soldi da spendere che, tradotto, significa meno quattrini immessi sul mercato. In conclusione, ci rimettiamo qualche cosa tutti, chi in maniera diretta chi indirettamente. C'è un clima di paura. I dipendenti vedono a rischio la propria posizione, e ciò non giova né alla produttività sul lavoro né a mantenere la tranquillità nelle loro famiglie. Le aziende fanno parecchi meno investimenti e quindi anche poche assunzioni. Forse è proprio in momenti come questo che c'è più necessità di persone volenterose e creative, con idee brillanti al punto tale da ridare fiducia e rimettere in moto l'intero sistema.

Cosa dovrebbe insegnare la scuola moderna per preparare i giovani a fronteggiare, al meglio, le insidie future legate al mercato del lavoro?
Fare l'apprendistato qui in Svizzera significa che un giovane di 15/16 anni si ritrova di colpo catapultato nel mondo degli adulti. Secondo me la scuola dovrebbe ben preparare i ragazzi ad affrontare questa nuova realtà. Inoltre, penso che forse si pretenda un po' troppo dai giovani che in questo modo si scoprono a dover conseguire una buona formazione scolastica e, nello stesso tempo, a dover fare fronte a certe responsabilità in ambito lavorativo.
Una cosa che, nella preparazione dei giovani all'inserimento del mondo del lavoro, non dovrebbe essere mai sottovalutata, a parer mio, è far apprendere loro il valore dell'indipendenza e l'essere sicuri di se stessi.

La storia dell'emigrazione italiana è anche una storia di larghi trionfi, una storia di umili operai divenuti, poi, apprezzabili imprenditori e di illustri connazionali, professori universitari e celebri avvocati eletti nei Parlamenti degli Stati in cui hanno vissuto ed operato. Come vede tutto ciò?
Conosco tanti italiani, e gente di altra nazionalità, che hanno lasciato la loro patria per andare a vivere in altri Paesi. Sono molto fiera di tutte queste persone che sono riuscite a costruirsi una vita nuova, in un luogo che non conoscevano affatto.

Credo che sia una cosa molto difficile ritrovarsi in un paese dove, forse all'inizio, non si viene nemmeno accettati, riuscire ad ambientarsi, ossia crearsi un proprio spazio di vita e, addirittura, anche ad affermarsi nel proprio ambito lavorativo. Per fortuna, ci sono tanti italiani che, grazie all'ingegnosità, la forte volontà, amore e passione per il proprio lavoro comprovano che niente è irrealizzabile, e che quando ci si prefigge un obiettivo "non importa dove sei ma dove vuoi arrivare!"

Assoii-Suisse si pone come obiettivo primario la sana e trasparente rappresentanza delle nutrite imprese, con capitale umano, italiano, in Svizzera. Cosa consiglia ai vertici di Assoii-Suisse? E agli associati?
L'idea del sano associazionismo tra imprenditori italiani nella terra che li ospita, nel nostro caso la Svizzera, può rivelarsi l'effettiva formula vincente degli ultimi tempi. Bisogna collaborare molto tra noi, aiutarsi a vicenda, essere solidali l'uno con l'altro, per la realizzazione dei nostri intenti. Per questo, agli associati consiglio di approfittare delle diverse proposte pianificate da Assoii—Suisse poiché raffigurano delle concrete opportunità a favore delle aziende. Occasioni che mirano a favorire lo sviluppo, l'avviamento, la realizzazione, la crescita e l'espansione della propria attività.

L'Assoii-Suisse si offre, infatti, come piattaforma di incontro per tutti gli associati che, grazie agli eventi, anche di natura sociale e culturale, che organizza, permette di fare nuove conoscenze e dare vita a relazioni con altri imprenditori scambiando esperienze e suggerimenti, attraverso cui realizzare collaborazioni utili. Penso che ultimamente l'associazione stia facendo un ottimo lavoro in questo senso, riuscendo così ad agevolare i contatti tra gli iscritti, proponendo, senza sosta, delle iniziative lodevoli che tendono a promuovere, con oculatezza, le aziende degli associati e che recano prestigio, e fanno onore, alla stessa associazione.

Intervista al Signor Alberto Scavolini

Chi e il Signor Alberto Scavolini?
Un imprenditore di quarant'anni, figlio di Elvino, uno dei due fratelli fondatori della Scavolini Spa nonchè attuale Amministratore Delegato di Ernestomeda, l'azienda leader, in Italia, nel settore medio alto/alto delle cucine di design, appartenente al Gruppo Scavolini.

Qual è stato il suo percorso professionale?
Dopo gli studi, ho iniziato la carriera professionale presso l'azienda di famiglia la Scavolini S.p.a come Responsabile della Comunicazione.
Una scuola importantissima per me.
Lavorare a stretto contatto non soltanto con la mia famiglia, ma, altresì con altri manager del gruppo, mi ha permesso non solo di acquisire un bagaglio importante di cognizioni "tecniche" bensì di sviluppare anche una crescita personale e professionale nelle sue componenti più umane, etiche e sociali.

Cos'ha ottenuto sino ad oggi? E cosa spera di ottenere ancora?
Più che soffermarmi sul mio percorso personale, preferisco parlare di Ernestomeda che nasce nel 1996, e di cui faccio parte dal 2003.
Ernestomeda è, ormai, un'azienda leader nella fascia alta del mercato delle cucine di design che, in pochi anni, ha raggiunto una popolarità in Italia pari al 39%.
Un dato eclatante in questo settore!
Abbiamo, sempre, cercato di raccontarci attraverso la comunicazione su tutti i mezzi possibili e di essere un po' avanguardisti.
Certo abbiamo avuto la buona fortuna di avvalerci della collaborazione di prestigiosi designer, dalla fama internazionale, quali Zaha Hadid per esempio, con cui abbiamo condiviso le magnifiche sorti della Z. Island, una splendida cucina multisensoriale che ha fatto parlare di sé tutto il mondo e che abbiamo esposto, anche, al Guggenheim Museum di New York.
Jean Nouvel, con il quale abbiamo progettato un prototipo di cucina, all'interno di un concept abitativo, imperniato sull'illuminazione con

straordinari giochi di luce, creati dalle superfici retro-illuminanti.
Rodolfo Dordoni, progettista eccellente di una delle nostre cucine, più prestigiose, attualmente sul mercato, e Marc Sadler che, con sconfinato piacere, dal 2010, annoveriamo tra i nostri più importanti designer!
Lo stile, che ci contraddistingue, è fortemente innovativo e aperto alle influenze delle più moderne tendenze di design, alle esigenze e ai gusti più differenti. La qualità è testimoniata dalla costante ricerca estetica e tecnologica. La nostra gamma di prodotti è molto ampia: cerchiamo di produrre cucine "preziose", ma non irraggiungibili.
Siamo gli unici, in Italia e nel nostro settore (insieme alla Scavolini), ad aver raggiunto le tre certificazioni internazionali:
Sistema di Gestione della Qualità (UNI EN ISO 9001)
Sistema di Gestione Ambientale (UNI EN ISO 14001)
Sistema di Gestione per la Salute e Sicurezza dei lavoratori (OHSAS 18001).

Come si raggiunge il vero equilibrio tra lavoro e tempo libero?
Non si raggiunge!
Io ho fatto una scelta di vita imprenditoriale, consapevole e importante, che mi occupa gran parte della giornata e quindi dedico, con gioia, ogni minuto del mio tempo libero alla famiglia, anche a discapito di quelli che possono essere gli hobby o gli interessi più personali.

Quanta importanza riveste la dea bendata nell'attività dell'impresa?
Certo la fortuna aiuta, ma bisogna essere anche attenti nel coglierla!
A volte ti si presentano alcune opportunità che devi saper percepire in pochissimo tempo ed "affrontare" con una buona dose di perspicacia e perché no, un pizzico di "sana follia" per comprendere che potrebbero essere, veramente, fruttuose!

Quali imprenditori, personalmente conosciuti, hanno lasciato dentro di lei una traccia indelebile?
Senz'altro mio padre Elvino e mio zio Valter.
Il loro percorso è stato davvero un esempio di saggezza, buona volontà e competenza e non da trascurare anche il miglior esempio di equilibrio

fra i rapporti familiari/aziendali.

Al di fuori, conosco tantissimi imprenditori, alcuni molto bene, e fra costoro citerei Tilli Antonelli, il Presidente di Pershing Yacthting con il quale collaboro per la divisione Yacht Division dell'azienda, altri meno bene che comunque ammiro moltissimo …

Ne citerei uno, al contrario, che non conosco personalmente, ma che ho sempre stimato e che considero portatore del Made in Italy nel mondo: Giorgio Armani.

Ritiene, l'attuale, un momento adeguato per dare inizio ad una nuova attività imprenditoriale?

Dipende dall'idea che si vuole realizzare.

Se l'idea è forte, originale, con tutte le carte in regola per districarsi nei meandri della crisi, non mi tirerei indietro.

L'originalità, l'intuizione, il coraggio e l'impegno possono venire a galla anche in periodi non apparentemente favorevoli.

Quali sono le imprese più colpite dalla crisi?

Non ritengo che ci siano stati settori, o imprese, totalmente immuni alla crisi.

Tra i settori più colpiti possiamo ricordare il mercato dell'auto, il settore metalmeccanico, il tessile, ma anche il settore tecnologico/elettronico.

Panasonic aveva annunciato la chiusura di ventisette impianti, Sony, Nec, Nissan hanno annunciato tagli assai consistenti, senza contare che il nostro stesso settore dell'arredamento ha perso circa il 20% del valore della produzione …

La crisi ha generato grandi mutamenti soprattutto nei comparti della finanza e dell'industria.
Secondo lei come si rifletteranno queste alterazioni nel mondo del lavoro?

Lo scenario è diverso e bisogna prenderne atto ma non necessariamente in senso negativo.

Credo che questa alterazione porti ad una selezione, naturale, di tante realtà. Gli acquisti saranno meno compulsivi quindi si presterà assai più

attenzione alla qualità e alla durabilità dei prodotti.
Sicuramente si presterà anche molta più attenzione all'ambiente perché ci saranno meno sprechi, e in quest'ottica credo che bisognerà porsi non come vittime di fronte alla decadenza, ma come nuovi pionieri capaci di sfruttare al meglio le risorse disponibili.
Poi, nell'era del WEB 2.0 nasceranno le professioni del futuro.
Cresceranno nuove tipologie di lavoro magari nei settori della cultura, del tempo libero, dell'ambiente, dell'educazione.

Cosa dovrebbe insegnare la scuola moderna per preparare i giovani a fronteggiare, al meglio, le insidie future legate al mercato del lavoro?
Per affrontare la vera sfida del futuro che è la globalizzazione non basta istruire, bisogna educare.
Senza l'educazione non c'è il progresso.
Educare alla responsabilità, alla valutazione, alla libera espressione, alla messa in gioco.
La scuola deve essere una palestra laddove la mente e il corpo vengono allenati per confrontarsi con l'esterno.
La teoria è importante, ma l'applicazione lo è altrettanto.
Nel mondo del lavoro non servono nozioni stantie, fini a se stesse.

La storia dell'emigrazione italiana è anche una storia di larghi trionfi, una storia di umili operai divenuti, poi, apprezzabili imprenditori e di illustri connazionali, professori universitari e celebri avvocati eletti nei Parlamenti degli Stati in cui hanno vissuto ed operato. Come vede tutto ciò?
Aldilà dei grandissimi emigranti che hanno fatto la storia, da Cristoforo Colombo, a Marco Polo, ad Amerigo Vespucci, allo stesso Leonardo da Vinci, chiamato in Francia presso la celebre corte del Re Francesco I, noi abbiamo quasi sempre avuto una emigrazione di talenti e ritengo che si possano considerare il preludio del grande esodo migratorio del Made in Italy nel mondo. L'Italia è una culla d'arte, artigianato, mille culture, abilità manifatturiera, memorie storiche.
E' davvero una miniera preziosa che va, costantemente, salvaguardata e valorizzata. Noi, nel nostro piccolo, esportiamo i nostri cari prodotti nel

mondo cercando di trasmettere gli alti valori e le qualità innate, che ci contraddistinguono nella nostra italianità.

Abbiamo aperto considerevoli flagshipstore in città come Chicago, Los Angeles. Seoul, Atene, Dubai, Madrid, Barcellona, Palma di Maiorca, Londra, Belfast, Saint Raphael, Cipro e naturalmente Lugano.

Assoii-Suisse si pone come obiettivo primario la sana e trasparente rappresentanza delle nutrite imprese, con capitale umano, italiano, in Svizzera. Cosa consiglia ai vertici di Assoii-Suisse? E agli associati?

Non credo che i vertici di Assoii-Suisse aspettino i miei consigli anche perché è un po' imbarazzante accedere in una realtà che non si conosce alla perfezione. Direi di non dimenticare mai i punti di forza del Made in Italy, come valore aggiunto, e di metterli in risalto.

L'Italia è davvero un Paese di icone.

Non esistono campi inesplorati da grandi uomini, nel corso della nostra storia, ma se ci pensiamo è un'icona anche nelle piccolissime cose: dalle biciclette Bianchi, o Graziella, alla Nutella, dal gusto pieno della vita di un'Averna, al piacere del mangiar sano in un Mulino Bianco, alla diletta Cinquecento, dalla lampada ad arco di Flos alla cucina "più amata dagli Italiani" … dove gioco in casa!

Ci sono imprenditori che dedicano la loro vita all'impresa, esportano la cultura del lavoro, della serietà, del rispetto.

Questi sono ampi pregi che vanno sottolineati perché, purtroppo, molto spesso l'Italia viene dipinta, solo nei suoi lati negativi, dai media italiani ed internazionali.

Intervista al Signor Valter Scavolini

Qual è stato il suo percorso professionale?
Ho fondato l'Azienda a Pesaro, nel 1961, insieme a mio fratello Elvino. Eravamo giovanissimi, ed in pochi anni ci siamo trasformarti da piccola azienda per la produzione artigianale di buone cucine, in una delle più importanti realtà industriali del centro d'Italia. In quegli anni, si era appena concluso il felice, famoso, momento del "miracolo italiano" ma, continuava ad incrementarsi il reddito delle famiglie italiane e si stava consolidando una collettività del benessere che richiedeva sempre più nuovi e qualificati prodotti per l'arredamento. Il momento era, dunque, favorevole alla nascita di moderne imprese del settore: abbiamo iniziato così producendo cucine in tamburato laccato ai poliesteri, con ripiani in laminato plastico, composte da buffet, il tavolo e le sedie. Ma ben presto abbiamo incominciato la fabbricazione, in parte meccanizzata, di cucine componibili, fino a trenta in serie: questo, in sintesi, è stato l'inizio della

storia della nostra marca, del nostro prodotto e della nostra avventura. Un percorso che ci ha portato nell'anno 1984 a conquistare la leadership del settore, in Italia, e che tutt'ora deteniamo.

Già dai primi anni di attività, abbiamo, progressivamente, aumentato il fatturato ed abbiamo, in modo costante, ampliato le dimensioni iniziali della sede di produzione. Nel 1967, abbiamo inaugurato lo stabilimento di Montellabate, laddove lavoravano 20 dipendenti su di una superficie di 1.200 mq. che, oggi, sono diventati 500 per una superficie di 175.000 mq. (di cui 75.000 coperti).

Il 1967, è stato, particolarmente, importante altresì perché Scavolini ha assunto la connotazione di una struttura societaria, passando da micro-impresa ad industria, con una rete di vendita di ampiezza nazionale.

Il 1975 è l'anno del grande balzo in avanti: abbiamo iniziato ad investire in pubblicità, a livello nazionale, anche con spazi pubblicitari televisivi della RAI. Questa scelta risultò felice perché contribuì ad incrementare, in modo ragguardevole, il fatturato (dai 3 miliardi del '75 ai 19 nel '79), segnando, così, il nostro ingresso nel gruppo delle imprese conosciute dal grande pubblico. Questo è il primo esempio del vigoroso impegno pubblicitario, che ha sempre rappresentato per noi un'importante scelta strategica, su cui abbiamo investito risorse e continuiamo ad investirne costantemente: siamo stati, in realtà, i precursori nell'utilizzo del media televisivo per il settore dell'arredamento. Nasce, così, il noto slogan "la cucina più amata dagli Italiani" che è, oramai, entrato a fare parte delle espressioni gergali del linguaggio comune. Infine, nell'anno 1996, per completare il piano, programmato, di consolidamento ed espansione, abbiamo intrapreso la strada della diversificazione dell'offerta creando il Gruppo Scavolini: lanciando il marchio Ernestomeda che si posiziona nella fascia medio-alta/alta e la linea Scavolini Basic che copre la fascia medio/medio-bassa.

Cos'ha ottenuto sino ad oggi? E cosa spera di ottenere ancora?
La nostra Azienda rappresenta uno dei punti di riferimento del settore arredamento e costituisce uno dei marchi italiani più conosciuti in Italia e all'estero.

Indagini di mercato hanno, infatti, dimostrato che il nome ed il marchio

Scavolini hanno una notorietà spontanea (con penetrazione che sfiora il 100%) che li colloca ai primissimi posti, tra le grandi marche italiane ed internazionali. Il livello di notorietà sollecitata lambisce il 97% (con una media del 63% per le prime dieci aziende di cucine).
Che cosa spero di ottenere ancora? Un incessante miglioramento per assicurare, sempre, l'alta qualità, e lo stile 100% Made in Italy, ai nostri consumatori, in tutto il mondo.

Come si raggiunge il vero equilibrio tra lavoro e tempo libero?
Lavorare con passione e soprattutto insieme alla propria famiglia, è da sempre per me il valore fondamentale sul quale ho basato tutta la mia vita: ho fondato la Scavolini, con mio fratello Elvino, e al presente, che purtroppo lui ci ha lasciato, lavoro tutti i giorni fianco a fianco con i miei ed i suoi figli.
Non solo, in Azienda, il clima è quello di un gruppo … di una grande famiglia: abbiamo dipendenti che lavorano con noi da sempre, siamo cresciuti insieme. Ed ormai non ci lega soltanto la passione per la nostra azienda, ma anche profonde amicizie. Con i miei dipendenti ho creato il gruppo del ciclismo, poi, ad unirci ancora di più, c'è il tifo per le nostre squadre di basket e pallavolo.

Quanta importanza riveste la dea bendata nell'attività dell'impresa?
Come nella vita, non si può far molto affidamento alla fortuna, bisogna costruire giorno per giorno, basandosi sulle proprie forze e capacità.

Ritiene, l'attuale, un momento adeguato per dare inizio ad una nuova attività imprenditoriale?
Non è indubbiamente dei migliori; l'attuale contesto socio-economico, e quello legislativo non sono, sicuramente, favorevoli, ma ritengo che se un'azienda possiede un progetto vincente possa raggiungere il proprio obiettivo, in ogni momento.

Quali sono le imprese più colpite dalla crisi?
Direi che non c'è un settore più colpito di altri … per la prima volta tutti i settori, e in tutto il mondo, sono stati colpiti. Questo è sicuramente uno

dei lati negativi della globalizzazione.

La crisi ha generato grandi mutamenti soprattutto nei comparti della finanza e dell'industria.
Secondo lei come si rifletteranno queste alterazioni nel mondo del lavoro?
Ritengo che tutti dovremmo adattarci a questi cambiamenti ma saranno più forti per le aziende non organizzate. Nel nostro percorso, abbiamo vissuto numerosi adattamenti alle mutevoli condizioni dei mercati, ai cambiamenti nei modi di vivere, all'affacciarsi di nuove tecnologie, ma non abbiamo, mai, subìto drastici cambiamenti di rotta, siamo rimasti fedeli ad uno stile, ad un modo di essere marca, di programmare, con meticolosità, ogni mossa per pilotare la crescita senza squilibri, senza compromessi sulla qualità e sul servizio, per mantenere il consenso del pubblico.

Cosa dovrebbe insegnare la scuola moderna per preparare i giovani a fronteggiare, al meglio, le insidie future legate al mercato del lavoro?
Ritengo sia necessario sviluppare una maggiore attività di ricerca ed un maggiore legame tra la scuola e l'industria, condizione necessaria – che trovo oggi troppo poco sviluppata - per offrire un percorso formativo completo ed in grado di preparare, sempre di più, gli studenti altresì a livello pratico.
Quello che, spesso, registriamo, infatti, è l'assenza di un legame tra la formazione e l'industria. I giovani designer appena laureati e diplomati sono molto preparati dal punto di vista teorico, conoscono molto bene i programmi informatici di rendering, ma sono troppo poco preparati a livello di progettazione pratica. Ritengo, al contrario, fondamentale per un miglioramento della qualità della formazione, lo sviluppo di questo legame. All'estero, per esempio, le scuole riconoscono più attenzione a questo fattore, sempre maggiormente rilevante.

La storia dell'emigrazione italiana è anche una storia di larghi trionfi, una storia di umili operai divenuti, poi, apprezzabili imprenditori e di illustri connazionali, professori universitari e celebri avvocati eletti

nei Parlamenti degli Stati in cui hanno vissuto ed operato. Come vede tutto ciò?
Da italiano sono davvero orgoglioso, come lo sono, profondamente, dei traguardi che la nostra azienda ha ottenuto, e sta ottenendo, in tutto il mondo… in qualche modo è anche questa la storia di un'"emigrazione" di successo! Al momento, abbiamo importanti progetti che coinvolgono, in modo particolare, gli Stati Uniti e l'India, ma anche tutti gli altri Paesi emergenti laddove il prodotto Made in Italy è sempre più apprezzato e ricercato.

Assoii-Suisse si pone come obiettivo primario la sana e trasparente rappresentanza delle nutrite imprese, con capitale umano, italiano, in Svizzera. Cosa consiglia ai vertici di Assoii-Suisse? E agli associati?
Dare consigli è sempre molto difficile, soprattutto in riferimento a realtà che non si conoscono perfettamente: quello che mi sento di dire è che occorre continuare a fare leva sui valori dell'italianità, dell'innovazione e del gusto che ci contraddistinguono nel mondo. E' il solo metodo che abbiamo per vincere la globalizzazione: aumentare il valore aggiunto della nostra offerta, a prescindere da dove sia localizzata l'attività.
A chi amministra, il consiglio è sempre lo stesso: onestà e voglia di fare bene.

Intervista al Signor Francesco Stomeo

Ci racconta, in breve, le linee relative al suo percorso professionale?
Ho vissuto la mia infanzia in un piccolo paese del Salento, dove, ancora oggi, il sistema economico locale è basato sul commercio del tessile e, grazie alle significative cognizioni acquisite, in tale comparto, ho creato Stomeo Moda.
Da bambino, ero affascinato dai vestiti che mia madre, una sarta molto conosciuta ed apprezzata nella zona, riusciva a confezionare e riparare.
Impaziente, attendevo il portalettere che mi recapitasse i libri di moda più importanti, ai quali ero abbonato, per osservare i nuovi modelli.
Durante l'adolescenza, costantemente, nel mio pensiero vagavano senza sosta l'ambizione e la convinzione di realizzare qualcosa di personale, portando le creazioni dell'alta moda italiana in un altro paese estero.
Grazie al propizio sostegno della mia famiglia e di alcuni collaboratori ho aperto, nell'anno 1992, il primo negozio a Zurigo.
Oggi, i negozi sono diventati due, entrambi punti vendita di alta moda italiana, che accolgono compratori provenienti da tutto il cantone.
Non posso, tuttavia, dimenticare lo straordinario apporto ricevuto da

mia madre che mi ha trasmesso competenza e capacità nel saper creare, e scegliere, il modo di vestirsi e vestire. Non finirò mai di ringraziarla.

Cos'ha ottenuto sino ad oggi? E cosa spera di ottenere ancora?
L'aver compiuto un passo oltre la meta agognata, rappresenta, di certo, un ottimo punto d'arrivo.
Spero di avere, ancora, la capacità di soddisfare appieno le esigenze dei sempre più attenti e preparati clienti, alcuni dei quali mi considerano il loro punto di riferimento per il delicato settore del vestiario.

Come si raggiunge il vero equilibrio tra lavoro e tempo libero?
Il frequente aggiornamento nell'arduo, difficile comparto dell'alta moda obbliga il serio operatore a visitare le fiere che costantemente si tengono in Italia ed in varie parti del mondo. Dal mio punto di vista, considerato che spesso mi reco a tali manifestazioni, per godere delle stravaganze che gli stilisti presentano in passerella, approfitto di questa piacevole possibilità per viaggiare e spendere il tempo per rilassarmi, socializzare e conoscere posti nuovi.

Quanta importanza riveste la dea bendata nell'attività dell'impresa?
La dea bendata, in ogni attività e nella vita, rappresenta una costante ma non dovrebbe essere fondamentale e necessaria, ma un attributo cui appellarsi, con prudenza, nei momenti di sconforto che, magari, occorre evitare assumendo posizioni responsabili, ponderate e giudiziose.

Quali imprenditori, personalmente conosciuti, hanno lasciato dentro di lei una traccia indelebile?
Di imprenditori, considerato il lavoro che svolgo, ne ho conosciuti tanti. Provo ammirazione per coloro che sono riusciti, dal nulla, ad emergere facendo prevalere la forza dell'intelletto sull'economia che, alla lunga, li ha ricompensati offrendo loro la possibilità di vivere dignitosamente ed insegnare agli altri i percorsi della rettitudine.

Ritiene, l'attuale, un momento adeguato per dare inizio ad una nuova attività imprenditoriale?

Quando le pulsazioni sanguigne aumentano la frequenza, per causa di un'idea o di un progetto cui si crede ciecamente, se vi sono le premesse per incominciare l'avventura allora vorrà dire che è giunto il momento di lanciarsi sul mercato.

Quali sono le imprese più colpite dalla crisi?
La crisi ha colpito ogni comparto economico, dalla produzione ai servizi bancari. Mancando il sostegno finanziario ogni impresa che sosteneva il proprio programma su tale, indispensabile, servizio s'è trovata a lottare contro difficoltà impreviste e di difficile risoluzione.

La crisi ha generato grandi mutamenti soprattutto nei comparti della finanza e dell'industria.
Secondo lei come si rifletteranno queste alterazioni nel mondo del lavoro?
A causa della crisi, il mondo del lavoro ha subito una stagnazione senza precedenti.
Mancando le commesse, molte aziende sono costrette a chiudere o nella migliore delle ipotesi a diminuire l'orario di lavoro per consentire una rotazione dei dipendenti.
L'augurio è che le istituzioni preposte producano, molto velocemente e prima che sia troppo tardi, ogni fatica a salvaguardia delle imprese, così tanto colpite da tassazioni ed incertezze di mercato.

Cosa dovrebbe insegnare la scuola moderna per preparare i giovani a fronteggiare, al meglio, le insidie future legate al mercato del lavoro?
In quanto vettore di notevole importanza, il fondamentale complesso di socializzazione che ogni persona, sin dalla più tenera età, incontra, ossia la scuola, dovrebbe porgere l'orecchio all'esterno molto più seriamente, per sentire i suggerimenti e le preghiere che vi giungono e trasmetterle, con professionalità, agli alunni.
Gli operatori scolastici dovrebbero cooperare molto più attivamente con il difficile mondo del lavoro, e pilotare le nuove classi, a seconda delle loro attitudini, nei comparti più idonei, evitando, in tal modo, rischi di inadeguatezza lavorativa.

La storia dell'emigrazione italiana è anche una storia di larghi trionfi, una storia di umili operai divenuti, poi, apprezzabili imprenditori e di illustri connazionali, professori universitari e celebri avvocati eletti nei Parlamenti degli Stati in cui hanno vissuto ed operato. Come vede tutto ciò?
Stilare un elenco di nomi dei nostri connazionali che, all'estero, si sono contraddistinti per le alte qualità intellettuali, politiche, imprenditoriali e comunicative sarebbe molto difficile.
Utilizzando una metafora tessile posso affermare che ogni persona ha la propria eleganza e cerca di sbandierarla per ottenere un buon giudizio critico, e stupire.
Molti ci sono riusciti disegnando, nelle pianure delle nazioni che hanno visitato e laddove sono vissuti, solchi indelebili.

Assoii-Suisse si pone come obiettivo primario la sana e trasparente rappresentanza delle nutrite imprese, con capitale umano, italiano, in Svizzera. Cosa consiglia ai vertici di Assoii-Suisse? E agli associati?
Assoii-Suisse è la vera e trasparente associazione che mancava.
Durante le fasi dell'emigrazione molte comunità all'estero hanno deciso di associarsi per creare forza e peso sociale nei luoghi d'arrivo.
Non sempre, tuttavia, l'obiettivo prefissato è stato raggiunto, creando, invece, molto spesso, dispersione di risorse, temporali ed economiche, a svantaggio di coloro che avevano riposto la propria fiducia nelle mani di qualcuno che per ragioni dirette o contingenti non aveva risposto alle attese.
Assoii-Suisse, di cui faccio parte, al contrario, ha dimostrato, tramite gli attuali dirigenti, e specie in quest'ultimo periodo di saper operare, con promozioni ed appuntamenti ad altissimo livello, sia all'interno della confederazione sia oltre i confini.
La condotta competente, rispettabile e vigorosa con cui Assoii-Suisse si pone, produce sane e reali opportunità per gli imprenditori associati, raffigurandosi come un autentico veicolo, rapido, su cui rimettere ogni energia personale in un contesto critico globalizzato.
A loro mi sento di augurare, sinceramente, che procedano sul percorso intrapreso, quello giusto.

Agli associati consiglio di crescere nel numero poiché, considerato che sono rappresentati degnamente, quanto più si acquisisce forza tanto più aumenta il peso nelle tavole delle decisioni, e delle statistiche.

Ringraziamenti

Per l'autorevole intervento letterario sulle pagine della presente opera, mi sia concesso ringraziare:
S.E. il Presidente della Repubblica Italiana On. Giorgio Napolitano;
la Consigliera Federale Elvetica, titolare del Dipartimento per gli Affari Esteri On. Micheline Calmy Rey;
il Ministro per gli Affari Esteri Italiani On. Franco Frattini;
la Consigliera Federale Elvetica On. Nicoletta Mariolini;
l'Ambasciatore d'Italia a Berna Ministro Giuseppe Deodato;
il Console Generale d'Italia a Zurigo Ministro Mario Fridegotto;
il Sindaco della Città di Lugano On. Giorgio Giudici;
il Ministro della Gioventù Italiana On. Giorgia Meloni;
il Deputato Europeo On. Antonio Razzi.

Bibliografia

Fonti letterarie
Alessandro Manzoni – I promessi sposi.
Mattia Pelli – Storie di vita e di lavoro nell'acciaieria svizzera Monteforno dal Dossier – Migrazioni e lavoro.
Nino Sassi Giovenale – Poesie.
Fonti cronologiche: Stadthaus Zurich – L'emigrazione italiana in Svizzera.
Stefano Tricoli – La situazione della comunità italiana in Belgio.
Stefano Tricoli – Marcinelle, cronaca di una tragedia.
Grazia Prontera – L'emigrazione italiana verso la Repubblica federale tedesca.
Dario Robbiani – L'emigrazione italiana in Svizzera (1960-1980) estratti dal volume "Cinkali".

Fonti orali
Interviste e testimonianze di alte cariche istituzionali, personalità politiche, giornalisti, emigranti ed imprenditori.

Scritti elettronici
www.spazio22.eu/...i_/germania – Intervista rilasciata da Andrea Siggi da Vittoria (SR)
www.storiologia.it/emigrazione - I numeri dell'emigrazione italiana
Wikipedia – Sacco e Vanzetti
Antiwar Songs (AWS) Il tragico naufragio del vapore Sirio

INDICE

Messaggio del Presidente della Repubblica On. G. Napolitano — Pag. 3

Presentazione — Pag. 5

Dalla valigia di cartone all'impresa

La storia racconta — Pag. 11

Gli anni '60 — Pag. 59

I giorni nostri e l'impresa — Pag. 105

Assoii-Suisse — Pag. 135

Profili e pensieri di politici ed alte cariche istituzionali

Micheline Calmy-Rey — Pag. 143

Giuseppe Deodato — Pag. 150

Franco Frattini — Pag. 154

Mario Fridegotto — Pag. 161

Giorgio Giudici — Pag. 165

Nicoletta Mariolini — Pag. 171

Giorgia Meloni — Pag. 178

Antonio Razzi — Pag. 183

Profili e pensieri di alcuni imprenditori associati

Albanese Franco	Pag. 189
Amendolara Luigi	Pag. 193
Ballarino Giuseppe	Pag. 197
Bellomo Salvatore	Pag. 201
Boccellato Nicolò	Pag. 206
Bongiovanni Francesco	Pag. 211
Brem Thomas	Pag. 215
Butruce Andrea	Pag. 220
Capitelli Angelo	Pag. 224
Carrisi Albano	Pag. 227
Catalano Francesco	Pag. 231
Cauzzo Anna	Pag. 236
Cono Merendino	Pag. 240
De Filippis Romeo	Pag. 244
Denecke Rudy	Pag. 247
De Pascali Giuseppe	Pag. 253
D'Errico Damiano	Pag. 257
Faes Elvira e Jacob	Pag. 261

Fernando Giovanni	Pag. 267
Hasler Dominic	Pag. 271
Iacovazzo Antonio	Pag. 279
Moret Giovanni	Pag. 283
Panini Umberto	Pag. 288
Pillera Massimo	Pag. 291
Salamone Manuela	Pag. 295
Scavolini Alberto	Pag. 301
Scavolini Walter	Pag. 305
Stomeo Francesco	Pag. 310
Ringraziamenti	Pag. 315
Bibliografia	Pag. 316

Finito di stampare nel mese di Maggio 2010
da Tiemme s.r.l. Manduria (Ta)
per conto di Edizioni Atena